L 120
f 14

LES AVOUÉS

RÉDUITS

A LEUR PLUS SIMPLE EXPRESSION,

OU

INSTRUCTION GÉNÉRALE

SUR LA TAXE DE LEURS FRAIS.

La profession d'avoué est cette industrie célèbre qu'un concert unanime d'accusations a sans cesse poursuivie sans jamais l'atteindre. Honneur au génie des praticiens français! Ils sont les doyens, les patrons, les saints, les dieux de l'art de faire une rapide fortune; et, avec la sagacité qui leur attire tant de *louanges*, ils répondent à la critique par cet argument plein de force : « Ce n'est pas notre faute si Thémis, dont nous sommes les grands dignitaires, « mécontente toujours une personne sur deux. » De là vient que, si l'on juge par an cent mille procès en France, il y a cent mille détracteurs du corps honorable des avoués; et les cent mille autres, qui ont gagné leur procès, se plaignent, avec raison, de ce que les avoués leur ont pris si cher pour leur obtenir gain de cause, car de toutes les marchandises de ce bas-monde la plus chère est, sans contredit la justice, que les avoués ont le priviflége exclusif de faire rendre.

M. Selves a fait de nombreux procès aux avoués de son temps, et il en a gagné beaucoup; mais il n'a pas ramené les avoués à cette probité d'officiers ministériels qu'on ne devrait jamais trouver en défaut chez des hommes revêtus d'un caractère public, et en qui la confiance est en quelque sorte commandée par un droit exorbitant qui n'est plus depuis long-temps en harmonie avec nos mœurs, et qui disparaîtra de nos lois lorsque nous aurons obtenu cette égalité devant la loi, jurée par la Charte, tant promise et si inutilement réclamée depuis long-temps.

M. Selves a fait sa fortune et n'a pas empêché les avoués de faire la leur aux dépens des justiciables.

Il ne faut point faire de procès aux avoués pour raison de leurs mémoires de frais; ils ont trop d'avantages, puisque la loi leur permet d'occuper pour leur compte personnel et qu'elle leur accorde les mêmes rétributions et les mêmes droits que s'ils agissaient pour le compte d'autrui. J'indiquerai la marche à suivre pour éviter ces sortes de procès, que les avoués cherchent l'occasion d'intenter aux uns pour intimider les autres et par là se rendre maîtres d'exiger ce qu'ils veulent.

Je ne veux donc point imiter M. Selves en faisant des procès aux avoués. Je veux leur faire la guerre; mais une guerre franche, loyale, dégagée de toutes ses ruses et de toutes ces subtilités de palais et de cabinet qu'ils emploient souvent pour égarer la justice des magistrats et leur donner quelques triomphes que leur conscience répudie en secret; car, il faut en convenir, les avoués, comme hommes, sont pour la plupart de fort honnêtes gens; mais comme avoués...... l'homme qui fait un calcul de sa position et de sa profession est si enclin à augmenter ses profits d'une manière licite ou non! Les avoués sont si spéculateurs et ils sont si bien placés par la loi pour cela! ils sont environnés d'une certaine autorité, d'une réputation de lumière dont ils abusent toujours, et ils savent parfaitement tirer parti des peines, des joies et des inquiétudes de leurs cliens! ils ont à faire à tant de gens qui ignorent ce qu'on appelle les affaires, à tant de personnes faibles et craintives! ces messieurs ont des manières si persuasives, qu'on ne reconnaît qu'on a été trompé par eux que lorsqu'on compare leurs mémoires de frais avec le tarif que le législateur leur a fait afin de mettre une barrière à leurs concussions; car *il n'y a pas un seul mémoire de frais d'avoué* qui ne renferme une infinité de droits et d'honoraires que non-seulement la loi ne leur accorde pas, mais qu'elle leur refuse au contraire: elle va même jusqu'à leur imposer des peines. Mais ils en rient, encouragés qu'ils sont par l'impunité. Il faut donc se borner à les empêcher de prendre ce que la loi leur refuse; mais pour y parvenir il faut savoir ce qu'ils ont le droit d'exiger, et c'est ce dont je me suis occupé dans l'intérêt général de ceux qui sont forcés d'avoir recours au ministère des avoués.

Depuis dix ans que je travaille à cette partie, je peux dire:

« Nourri dans le sérail, j'en connais les détours. »

J'ai donc rédigé et je vais publier une instruction in-4° à l'aide de laquelle le plus simple particulier, pour peu qu'il sache lire, écrire et faire les quatre premières règles, pourra apprécier et régler le mémoire de frais d'avoué le plus compliqué, sans le secours de personne; et ce règlement ne pourra jamais être infirmé par les tribunaux, car il aura pour base la loi.

Cette instruction se divisera en trois tableaux à colonnes dans lesquels on trouvera la désignation de tous les actes de la procédure, l'espèce de chaque procédure, le détail de chaque acte, le montant des déboursés et les émolumens auxquels les officiers ministériels ont droit, avec l'indication des articles du tarif, correspondans aux articles des différens codes.

Le premier tableau comprendra les juges de paix, leurs greffiers et les huissiers qui leur sont spécialement attachés; le deuxième tableau est relatif aux actes des huissiers ordinaires; enfin, le troisième concerne tout ce qui a rapport aux avoués.

Et pour mettre chacun à portée de pouvoir régler soi-même la procédure qu'il aura été obligé d'intenter ou de subir, et de suivre les avoués pied à pied, j'ai adopté dans mon travail le classement que j'ai trouvé tout fait dans une instruction *occulte* que les avoués de Paris ont rédigée dans le silence et le mystère de leur chambre; qu'ils ont fait imprimer en 1808 et réimprimer avec des variantes, en 1832, mais qu'ils ont bien défendu de livrer au commerce par intérêt pour la corporation; car cette instruction n'est pas en tout conforme à la loi. Elle contient, comme leurs mémoires, une multitude de droits, qui ne leur sont pas dus; et, lorsqu'on discute leurs mémoires dans leurs cabinets, ils vous jettent cette instruction au visage pour vous convaincre, et le client, qui ne sait pas dans quel but on l'a imprimée, prend un mensonge pour une vérité: voilà un échantillon de bonne foi de praticien. Souvent leurs mémoires ne sont pas conformes à l'instruction, c'est-à-dire qu'ils ont encore augmenté leurs émolumens, et qu'ils se sont créé des honoraires. Alors ils ne vous parlent pas de l'instruction, en sorte qu'elle n'est faite que dans leur intérêt personnel.

C'est donc avec leurs propres armes que je me propose de les combattre, et, lorsque mon travail sera connu, je suis persuadé que tous les cliens des avoués se tourneront contre eux et passeront dans mon camp.

Puisqu'on ne peut pas extirper le privilége et le monopole qui paraissent vouloir s'enraciner et s'acclimater chez nous, tâchons, autant que possible, d'en détruire ou d'en tempérer les excès en paralysant les abus qui en dérivent.

Les avoués voudraient centraliser tout dans leurs études et traduire en procédures de leur ministère exclusif de simples formalités facultatives; et cela dans le but de se créer un droit de copie de pièces et de vacations sans nombre.

J'établis dans mon ouvrage, non par le raisonnement seulement, mais encore par la force de la loi, que la prétention des avoués n'est nullement fondée ; que, toutes les fois qu'aucune exclusion n'est prononcée par les codes, chacun est libre de faire ou de faire faire par un fondé de procuration spéciale tout ce que la loi n'a pas qualifié postulation et tout ce qu'elle n'a pas spécialement et exclusivement attaché et attribué aux fonctions d'avoué.

En remplissant soi-même ces formalités on s'épargnera des frais considérables qui tournent en grande partie au profit personnel des avoués.

J'indiquerai tous les droits illégaux que les avoués exigent de leurs cliens, toute l'extension qu'ils donnent à ceux que la loi leur accorde; et, lorsqu'on sera parvenu à les faire rentrer dans les limites du tarif et dans celles de leurs attributions privilégiées, on verra cesser le scandale des ventes de leurs titres, partant qu'ils ont été créés pour l'intérêt général et non pour pressurer les justiciables, les tailler à merci et les entraîner souvent dans des procédures ruineuses.

Je sais que l'entreprise est difficile; mais, secondé par tous ceux qui sont intéressés au succès, j'ai l'assurance que j'opérerai tout le bien que je projette.

Les essais que j'en ai déjà faits ont été couronnés d'un plein succès. Je n'ai pas présenté un seul mémoire à la taxe qu'il n'ait été plus ou moins réduit; et, sur 36934 f. 20 c. de frais, déboursés et honoraires, exigés par vingt-trois avoués, j'ai fait opérer pour 5839 f. 21 c. de restitution, et, chose à remarquer, afin de faire ressortir la nécessité de s'instruire, c'est que, dans ces 36,934 f. 20, il y avait plus de 20,000 f. de déboursés qui n'étaient pas susceptibles de réduction ; ainsi les 5839 f. 21 c. ne portent que sur 16934 f. 20 d'émolumiens. On peut dès lors se faire une idée de la manière dont les mémoires d'avoués sont faits, et se pénétrer de l'utilité qu'il y a de les faire régler par des personnes versées dans ce genre de travail, et capables de soutenir une discussion.

Ce que j'avance ici, je suis en état de le prouver les pièces à la main, si les avoués osaient le mettre en doute.

Il est encore un point essentiel sur lequel je dois me hâter d'éclairer le public : beaucoup de personnes qui ont acquitté des mémoires d'avoués, se persuadent qu'elles n'ont pas le droit de revenir à règlement et que c'est chose consommée. Elles sont dans l'erreur. D'abord, ce qu'on a payé sans être être dû est sujet à répétition (art. 1235 du Code civil), et ensuite on peut se faire restituer pendant trente ans. Ainsi, que ceux qui ont eu à faire à des avoués revoient les états de frais qu'ils ont payés, et j'affirme, sans crainte d'être démenti par les avoués eux-mêmes, qu'il n'y a pas un de ces mémoires qui ne présente une réduction plus ou moins forte à faire; et, dans les adjudications aux criées des tribunaux, elle est considérable.

L'avoué qui emploie un avocat pour son client se trouve chargé de le rétribuer, et les tribunaux accordent toujours ce que les avoués affirment avoir payé à l'avocat; cela n'empêche pas que l'avoué, qui sait tirer parti de tout, ne glisse, dans la colonne des déboursés de son état, une somme de 15 fr. par chaque plaidoirie pour l'avocat déjà payé, et cette somme reste à l'avoué auquel l'avocat ne se permettrait pas de la demander, parce que ..... Ces 15 fr. ne sont donc plus dus : c'est ce qu'on appelle un tour de gibecière.

Pour éviter que l'avoué ne rétribue l'avocat contre la volonté et l'intention du client, il faut toujours choisir son avocat et le rétribuer soi-même.

Veut-on connaître deux espèces de contributions qu'on lève illégalement sur les justiciables à Paris? La première est levée indirectement par le greffier du tribunal civil de la Seine. Elle consiste dans une bagatelle de 15 c. prise isolément et qui lui rapporte 54,000 fr. par an. La voici : pour mettre l'avoué dans le cas de n'être pas surpris sur l'appel de la cause, le greffier est dans l'usage de l'en avertir par un bulletin qu'on appelle *bulletin d'audience*, qu'il lui fait payer 15 c. ; il en délivre à chacun des avoués de la cause; il y a quelquefois quatre ou cinq avoués en cause, plus ou moins: mais je n'en suppose que deux, c'est le moins. Il y a dans chaque cause au moins six remises, quelquefois douze et quinze; adoptons le chiffre six. Chaque avoué a au moins 200 causes par an, ce qui fait pour 150 avoués 30,000 causes, et par cause 12 bulletins à

15 c. 1 fr. 80, et pour 30,000 causes 54,000 fr. que le greffier perçoit illégalement sur les avoués et que ceux-ci font payer aux cliens.

La seconde est levée directement par les avoués sur leurs cliens. C'est le placet dont l'usage a été interdit par l'art. 3 de la loi du 21 ventose an 7, qui n'a été rétabli par aucune loi nouvelle et que les avoués emploient dans leurs états de frais.

Ils comptent 2 fr. par cause sommaire et 2 fr. de conclusions jointes au placet, ainsi 4 fr. par cause sommaire; 3 fr. en matière ordinaire, et 3 fr. de conclusions. 6 fr. par cause ordinaire. Il faut compter 15,000 causes, sommaires 60,000 fr., et 15,000 causes ordinaires, 90,000 fr.; en tout 150,000, et les 54,000 du greffier, voilà 204,000 fr. perçus illégalement sur les justiciables du département de la Seine; et ce qu'il y a de plus fâcheux, c'est que les magistrats taxateurs passent ces articles en taxe; mais on pense qu'il suffira de signaler ces faits à M. de Belleyme, président, pour n'avoir plus à s'en plaindre.

Les avoués ne se bornent pas à exiger des droits et à se créer des honoraires qui ne leur sont pas dus; il y en a qui se font payer plusieurs fois les droits d'enregistrement des jugemens qu'ils obtiennent, et d'autres qui les exigent sans les avoir déboursés. J'en ai pris plusieurs la main dans le sac et je les ai forcés à une honteuse restitution.

Je ne fais qu'indiquer quelques-uns des nombreux moyens que les avoués emploient pour grossir leurs mémoires; c'est dans l'instruction que je me propose de donner tout le développement possible. En attendant la publication, je donnerai gratuitement tous les renseignemens dont on aura besoin.

Par la publication de mon ouvrage « *Les Officiers ministériels dévoilés* », et de mon tableau synoptique « *Le Régulateur des notaires* », j'ai déjà rendu quelques services au public; mais je suis persuadé que mon instruction générale sur les frais des avoués en rendra de plus grands encore.

Paris, le 5 février 1836.

COURGIBET,
ancien agréé, rue Montmartre, n° 55.

IMPRIMERIE DE FÉLIX MALTESTE ET Cⁱᵉ,
Rue Traînée, 15 et 17, place Saint-Eustache.

LISEZ AVEC ATTENTION

CE PROSPECTUS.

EST LA MISE EN PRATIQUE DE LA THÉORIE DE MON LIVRE, INTITULÉ :

LES AVOUÉS,

RÉDUITS A LEUR PLUS SIMPLE EXPRESSION,

OU

INSTRUCTION GÉNÉRALE SUR LES FRAIS DE JUSTICE EN MATIÈRE CIVILE (1).

AVOUÉS.

« Les monastères, pour se préserver des attaques des seigneurs, employèrent
» un grand nombre de moyens : entre autres ils payaient un ou plusieurs cheva-
» liers chargés de les protéger contre les brigands. Ces chevaliers portaient le
» titre d'*avoués*, de *défenseurs*, etc.... ; mais la plupart, brigands eux-mêmes,
» rendirent cette fonction héréditaire dans leur famille, usurpèrent l'autorité,
» opprimèrent les moines et pillèrent les monastères qu'ils étaient chargés de
» défendre. »

C'est ainsi que s'exprime Dulaure dans son histoire physique, civile et morale
de Paris, sous Louis VII, au XIe siècle, période 5, tome 11, page 13.

Au XIXe siècle il y a aussi des avoués à Paris, qui sont de fait inamovibles,
qui ont le droit de vendre leurs titres et de présenter leurs successeurs à l'approbation du roi qui ne peut la refuser, si l'impétrant réunit d'ailleurs l'aptitude
voulue, ce qui équivaut à l'hérédité dans leurs familles.

Ils sont chargés également de défendre leurs cliens devant les tribunaux. *Les
oppriment-ils, les pillent-ils* comme les avoués du XIe siècle opprimaient et
pillaient les moines qui les avaient choisis pour les défendre? Demandez-le aux
justiciables de toutes les classes; ils sont seuls compétens et croyables pour répondre d'une manière irréfragable à cette double question.

Je pourrais bien aussi dire quelque chose à cet égard, et ce que je dirais au-

---

(1) Un vol. grand in-8. Prix, 5 fr. Chez l'Auteur, rue de Cléry, n. 25; chez PISSIN, libraire,
Palais-Royal, 1; chez ROUANET, rue Verdelet, 4; chez Mme DESOER, rue de Seine Saint-
Germain, 10.

rait quelqu'autorité, moi qui suis pas à pas les officiers ministériels depuis plusieurs anuées, et qui leur ai fait opérer tant de restitutions. Mais en présence de ce qui se disait naguères au tribunal civil de la Seine, je n'ai que des faits à présenter qui parleront bien plus haut que tous ces éloges de circonstance qui ne satisfont qu'à demi ceux-là même à qui on les adresse, et qui ne sont souvent qu'une épigramme adroitement déguisée.

Que disait-on à l'audience du 12 juillet dernier, à l'occasion d'un procès qui paraissait froisser les intérêts de la corporation des avoués de Paris et qui avait mis tous ses membres en émoi, dont l'un refusait son ministère sous un prétexte futile, et l'autre, commis d'office, ne l'acceptait qu'avec réserve, et qui, par sa conduite, manquait de respect à la loi qui lui a donné un privilége exclusif, et au magistrat qui l'avait désigné?

Laissons parler le ministère public :

« Il est possible, disait aux juges M. l'avocat du roi, que votre décision, si
» elle est conforme à notre avis, froisse une compaguie dont *l'immense majorité*
» *a des droits incontestables à votre estime, et dont vous êtes à même tous*
» *les jours d'apprécier les services;* et s'il fallait choisir entre cette compaguie
» et l'homme qui se constitue aujourd'hui son adversaire, notre choix serait
» bientôt fait; mais il est des cas où la sympathie doit se taire pour faire place au
» devoir; et notre devoir nous fait une loi de conclure à l'admission de la de-
» mande qui vous est déférée. » *(Gazette des Tribunaux, du 13 juillet 1838).*

L'homme qui se constituait l'adversaire des avoués (suivant le ministère public) avait cependant raison, dans l'opinion même du magistrat qui venait de se prononcer d'une manière si extraordinaire contre un membre qui faisait, il n'y avait encore que quelques jours, partie de cette compagnie à laquelle il prodiguait tant d'éloges! Cet homme avait raison, et l'on mettait en discussion si on la lui donnerait; et l'on a été une heure en délibération pour la lui donner enfin, en déclarant, par le jugement du 12 juillet 1838, que le but et l'objet de la société (qui avait donné naissance au procès) n'avaient rien de contraire ni aux lois, ni aux bonnes mœurs, ni à l'ordre public; que cette société ne tendait en effet qu'à *réaliser une évaluation déclarée provisoire par une convention, et à assurer ainsi l'exécution complète et définitive d'un contrat.*

Que de pensées ce procès a fait surgir! Que d'yeux la discussion a dessillés! Que d'enseignemens pour les justiciables qui allaient tête baissée et la bourse ouverte, chez les hommes de la postulation privilégiée ! Et quelle leçon pour les avoués qui n'ont pas eu assez de jugement et de tact pour éviter le scandale qui n'a tourné que contre eux!

Quant à moi, je ne me suis point constitué l'adversaire des avoués, mais bien le défenseur de ceux qui ont à se plaindre d'eux pour la manière dont ils se font payer *les services qu'ils rendent et la justice qu'ils font obtenir.*

J'éclaire mes concitoyens par mes écrits; je les aide de mes conseils, et je les defends lorsqu'ils n'ont pas assez d'instruction ou pas assez de caractère et de force morale pour résister aux cajoleries ou aux menaces de procès que les avoués leur font pour s'approprier ce qui ne leur appartient pas, et que la loi leur défend de percevoir.

J'ai publié l'instruction dont le titre est en tête de ce prospectus; elle est répandue dans les différentes classes de la société; elle a rendu déjà de grands services, et plus elle sera connue, plus on sentira la nécessité de la consulter toutes les fois qu'on aura un mémoire de frais à payer aux avoués, afin de ne leur donner que ce qu'ils ont le droit légal d'exiger. *Les magistrats peuvent la suivre avec confiance, elle ne les égarera pas, car il n'y a pas un article qui ne soit basé sur la loi ou sur la jurisprudence des tribunaux.*

Il ne suffisait pas de donner une instruction au public; il était nécessaire de l'expliquer en partie par la pratique, afin de prouver l'efficacité du remède appliqué pour extirper un des chancres qui rongent la société.

J'ai donc été chargé de taxer, de discuter et faire taxer un grand nombre de mémoires de frais d'avoués. En voici le résultat en partie, car rien ne prouve mieux que les exemples, et j'ai dans ce moment plus de quatre-vingts avoués à faire taxer, dont les restitutions s'élèveront à plus de 20,000 francs.

Le nom des avoués qui ont résisté et qui ont exigé qu'on fît régler, soit devant la chambre, soit devant le tribunal, est porté en entier dans l'état qui suit. Quant aux avoués qui ont été assez adroits pour se rendre à la raison et à l'évidence, et qui ont réglé à l'amiable dans le silence du cabinet, je ne les désigne que par leurs lettres initiales : c'est une fiche de consolation qu'il m'a paru juste de leur accorder.

	NOMS DES AVOUÉS DE PREMIÈRE INSTANCE.	DEMANDES.	TAXES.	réductions.
1	Gasnault, taxé par le juge,	1,165 16	844 86	320 30
2	Darlu, — par le tribunal.	275 85	200 45	75 40
3	Cadet de Chambine, — par le tribunal.	144 05	80 20	63 85
4	Petit-Dexmier, — par la chambre.	7,272 81	6,701 57	571 24
»	*Le même,* — *Idem.*	3,931 10	3,658 15	272 95
5	L.....t, — à l'amiable.	1,500 00	1,300 00	200 00
6	M...e-G...t, — *Idem.*	1,843 44	1,643 44	200 00
7	Huet (Félix), — par le tribunal.	287 80	201 81	85 99
8	Pinson, — *Idem.*	229 15	142 70	86 45
9	V.......r-D.........s, — à l'amiable.	1,100 00	767 95	332 05
10	B. — *Idem.*	214 75	114 75	100 00
11	Archambault-Guyot, — par la chambre.	161 95	143 90	18 05
12	Leguey, — *Idem.*	35 90	22 60	13 30
13	Vivien, — par la chambre et le tribunal.	12,961 33	11,289 28	1,672 05
14	Crosse, — par le tribunal.	349 35	241 25	108 10
»	*Le même,* — à l'amiable.	164 30	121 60	42 70
15	P...., — *Idem.*	2,904 85	2,104 85	800 00
16	Delaruelle. — par la chambre.	966 66	520 62	446 04
17	Auquin, — par la chambre et le tribunal.	2,085 90	1,328 39	757 51
18	Vigier, — par la chambre.	291 80	201 90	89 90
19	Bauer, — par le tribunal.	152 62	118 50	34 12
20	Marchand, — *Idem.*	44 16	21 50	22 60
21	Moreau, (Ernest). — *Idem.*	1,184 50	762 85	421 65
22	Jolly, — à l'amiable.	557 05	414 10	142 95
23	Hocinelle aîné, — par le tribunal.	270 49	182 05	88 44
24	Dujat, — par le juge.	465 27	210 18	255 09
25	Gamard, — par la chambre.	4,276 15	3,974 15	302 00
26	M....d-G...t, — à l'amiable.	514 45	404 40	110 05
27	Jacquet, — par la chambre.	1,425 95	1,103 80	322 15
28	Vallée, — *Idem.*	3,546 70	3,366 95	179 75
29	Poisson-Seguin, — par le tribunal.	178 05	114 34	63 71
30	Gauthier. — *Idem.*	71 05	47 00	24 05
31	Cadet de Chambine, — par la chambre.	137 30	90 20	47 10
32	Bauer, — à l'amiable après plainte,	1,140 00	500 00	640 00
33	G.....n, — à l'amiable.	1,860 00	1,590 00	270 00
		53,709 89	44,526 35	9,183 54

L'espèce de guerre que les cliens des avoués leur font depuis qu'on a signalé les abus, les exactions et les concussions d'un grand nombre de ces officiers, les a effrayés et ils se sont ingéniés à trouver quelque honnête moyen qui pût les sauver des restitutions nombreuses et considérables dont ils sont menacés et qu'il faudra bien qu'ils effectuent tôt ou tard.

Le moyen que quelques uns veulent employer, et dont toute la corporation userait largement s'il réussissait, est vraiment digne d'eux : c'est le *moyen honorable et loyal de la prescription*; et voici comment ils l'entendent :

Ils prétendent s'armer de l'article 2276 du Code civil qui porte que « les ju» ges et les *avoués* sont déchargés des pièces cinq ans après le jugement des pro» cès », s'étayer de la prescription quinquennale et dire aux parties ou à leurs ayant cause qui demanderaient la taxe des frais de poursuite de vente après cinq ans de l'adjudication, que n'ayant plus les pièces, ou en étant *déchargés* par la loi, ils ne peuvent présenter d'états de frais. Voilà comment quelques avoués de première instance de Paris prétendent échapper à la restitution, car pour ne pas restituer il ne faut pas faire taxer. C'est un moyen tout comme un autre, et *Robert Macaire* est un excellent maître. Il paraîtrait même que certains avoués le surpasseraient; car pour escobarder la responsabilité de conscience et pour ne pas prêter un serment que la loi défère en général à celui qui oppose une prescription, il en est qui lacéreraient les pièces ou qui les brûleraient pour pouvoir se sauver de la moralité d'un serment et de ses conséquences; en sorte que, sans jurer qu'ils ont remis les pièces, ils se borneraient à dire au tribunal qu'elles n'existent plus entre leurs mains. Voyez comme les bons exemples font des progrès. Il y a bien des honnêtes gens à qui il ne serait jamais venu dans la pensée, et qui doutent peut-être encore que des avoués auraient été assez instruits pour donner des leçons à Robert-Macaire, à Robert-Macaire qui est le *prototype* de la bonne foi personnifiée sous toutes les formes. Pauvres gens, que je plains votre aveuglement ! Si vous avez manqué de tact et de bonne foi dans bien des occasions, faites donc en sorte de ne pas manquer de jugement. Dans quelle impasse allez-vous vous engager? *Au reste, tant mieux ! il est fort utile que les justiciables sachent que des hommes qui ont un caractère public et qui sont institués par la loi pour les défendre, emploient cet odieux moyen, quoique légal, pour se soustraire à la restitution de leurs concussions.* Avis aux cliens des avoués!

Qu'il serait curieux et moral si un beau jour je traduisais devant le tribunal civil de la Seine, les cent-cinquante avoués qui y sont attachés, pour remettre les pièces des procédures qu'ils ont suivies pour parvenir à la vente de biens aux criées, soit par expropriation, soit par conversion ou licitation ! qu'il serait curieux et moral surtout, dis-je, de voir ces cent cinquante officiers revêtus d'un caractère public qui commande la confiance, *quand même, et par exclusion à tous les autres citoyens*, venir dire tous ensemble : « Nous n'avous plus les » pièces qu'on nous demande (*in petto* nous les avons brûlées ou lacérées), » nous en sommes déchargés après cinq ans du jugement d'adjudication; il y a » cinq ans et un jour que l'adjudication a eu lieu, et nous affirmons par serment » que nous les avons remises. — M. le président : A qui? — Les avoués : Nous » n'en savons rien, il y a si long-temps et nous avons la mémoire si courte lors» qu'il s'agit de restituer, que nous ne nous le rappelons pas; au reste, nous avons » dû les remettre à qui de droit. »

Si le tribunal se contentait de cette réponse, légale si l'on veut, pensez-vous, messieurs les avoués, que le public s'en contenterait de même? Si un tel scandale arrivait, il y aurait lieu, de la part du gouvernement, de supprimer immédiatement les avoués et d'en revenir aux dispositions du décret du 3 brumaire an 2, et de l'article 94 de la constitution de 1793, qui posait en principe : « Que » les contestations seraient décidées sur défense verbale ou sur simple mémoire, » sans procédure et sans frais. »

Si l'intention d'invoquer la prescription quinquennale et le serment décisoire est irrévocablement arrêtée par la compagnie des avoués de première instance de la Seine, je leur fournirai l'occasion de faire cet acte de probité. Mais qu'ils ne croient pas se soustraire à la restitution, et qu'avant d'employer le moyen ils lisent avec attention et se pénètrent bien de la lettre et de l'esprit de la condition banale qu'ils insèrent eux-mêmes dans tous les cahiers de charges : « Que l'adju-

» dication est faite moyennant la somme de.......... en sus des charges, et *no-*
» *tammnet en outre des frais de poursuites de vente, fixés provisoirement à*
» *la somme de......., sauf la taxe qui ne pourra profiter qu'aux vendeurs*
» *ou à leurs créanciers.* »

Voilà une condition, quoique faite dans l'intérêt personnel des avoués, qui ne se prescrit que par trente ans. Car de quoi s'agit-il? De réaliser une évaluation déclarée provisoire par une convention, et d'assurer ainsi l'exécution complète et définitive d'un contrat. Comment réaliser cette évaluation? Par la taxe des frais que ceux à qui elle profite ont toujours la faculté de demander dans les termes de droit. On peut même soutenir, dans ce cas, que la prescription quinquennale est subordonnée à la prescription trentenaire, et qu'elle ne peut s'exercer qu'après que la taxe aura été légalement faite; car, s'il en était autrement, ce serait une prescription de cinq ans qui en absorberait une de trente. Que les avoués ne viennent pas dire qu'on leur tient continuellement l'épée de Damoclès suspendue sur leur tête, il ne tient qu'à eux de faire cesser cette inquiétude en faisant taxer, immédiatement après l'adjudication, les frais de poursuites. Pourquoi ne le font-ils pas? La raison en est palpable, c'est qu'ils ne veulent pas rendre ce qu'ils ont pris de trop.

Ainsi, que les avoués remettent ou non les actes de la procédure dans les poursuites de vente, et c'est une question que l'on va faire décider, ils n'en seront pas moins tenus de faire taxer leurs frais lorsqu'ils en seront requis, et ce n'est pas en alléguant une prescription qu'ils repousseront, par une fin de non recevoir, une demande en taxe et l'exécution d'une convention écrite.

Il paraîtrait que la compagnie aurait mis en délibération générale si les avoués, poursuivant les ventes de biens immeubles devant le tribunal, continueraient de porter, dans les frais imposés aux acquéreurs, des honoraires extraordinaires comme ils l'avaient fait jusqu'au moment où cette exaction a été révélée au public. Les anciens de la corporation penchaient pour la suppression totale de ces honoraires (ils agissaient à peu près comme le rat dans le fromage de Hollande) . mais les moins anciens et les nouveaux surtout, qui ont acheté leurs charges en raison de tous les profits licites ou non, s'y sont fortement opposés, et l'on continuera, comme par le passé, à prendre aux vendeurs ce qu'ils ne doivent pas. jusqu'à ce que ces derniers, mieux instruits de leurs droits, les réclament, ou plutôt jusqu'à ce que les magistrats n'admettent dans les cahiers de charges que des frais légalement justifiés et taxés par le tribunal, et conformément à l'article 129 du tarif des frais et dépens, *qui défend expressément d'y stipuler d'autres et plus grands droits au profit des avoués, que ceux énoncés au tarif; et s'il y est inséré quelque clause pour les exhausser, elle sera réputée non écrite.*

Les avoués de la chambre de discipline se récrient sur les expressions dont je me sers dans les plaintes que j'adresse au ministère public, et dans lesquelles je traite comme ils le méritent ceux dont je me plains. Il faut en convenir, les membres de la chambre sont bien exigeans. Lorsque j'accuse un avoué, deux avoués, trois avoués et un plus grand nombre si je voulais, d'avoir fait payer par voie d'exécution un droit d'enregistrement qu'ils n'ont pas déboursé, ce qui serait un vol dans un simple particulier, n'est-il pas une véritable concussion pour un officier ministériel? Et quand, dans deux plaintes déposées au parquet, j'établis par des preuves écrites que M⁰ Poisson-Séguin a exigé deux droits d'enregistrement qu'il n'avait pas déboursés, et que M⁰ Hocmelle aîné a fait comprendre dans un exécutoire de dépens un droit d'enregistrement qu'il n'avait également pas déboursé, que leur chambre a reconnu ces faits, est-ce trop fort de dire qu'ils sont des concussionnaires et qu'on devrait leur appliquer les dispositions de l'article 174 du Code pénal? Les plaintes et les deux avis de la chambre sont restés dans les cartons du parquet ; qu'on les consulte.

Je dis un chat est un chat, à moins qu'on ne veuille que d'un chat j'en fasse un lapin ; cela est-il possible ? Que messieurs les avoués prennent la peine de me dire de quel mot il faut que je me serve pour exprimer qu'un vol est une action répréhensible chez les uns, et une *simple erreur* chez les autres. Depuis que l'industrie a fait tant de progrès, il est possible que les habiles de la chambre trouvent ce mot pour justifier leurs confrères de la chose.

Comment appellera-t-on, par exemple, le moyen que les avoués de Paris emploient pour se donner des honoraires illicites (que la loi proscrit) dans les frais de poursuites de vente aux criées du tribunal ? Voici comment ils s'y prennent pour tromper le tribunal et les vendeurs : ils forment leur état de frais de tous les actes de la poursuite dans lequel ils comprennent leurs déboursés ; ils les totalisent, puis ils ajoutent ce qu'ils appellent leurs honoraires ; et ce sont ces prétendus honoraires qui font l'objet d'une partie de l'article banal imposé aux acquéreurs. Cet état est présenté à la chambre des avoués qui le vérifie, ou plutôt qui l'approuve et qui le conserve dans ses archives d'où il ne sort plus. Le tribunal qui reconnait, comme on l'a dit à l'audience du 12 juillet 1838, *les services que l'immense majorité des avoués rend*, ne peut pas se permettre de se faire représenter ces mémoires afin de vérifier s'il ne se serait pas *glissé* quelques erreurs, de ces erreurs que l'article 129 du tarif indique, et que l'article 174 du Code criminel punit ; *ce serait méconnaître les droits incontestables que cette majorité a acquis à son estime*, et ce que l'on ne fait pas contre cette *majorité si estimable*, la minorité en profite avec la majorité.

Si l'immense majorité des avoués, par la confiance qu'elle s'est acquise auprès du tribunal, a pu interdire aux magistrats tout contrôle sur les frais de poursuite de vente aux criées, il n'est pas surprenant que les vendeurs, simples particuliers, n'ayant aucune donnée sur le tripotage qui se fait de leur fortune, s'en rapportent à leurs avoués. Comment d'ailleurs penser qu'un officier qui est revêtu d'un caractère public et qui peut être appelé à remplacer un juge, puisse tromper à ce point celui qui lui a donné toute sa confiance et lui faire payer à son insu une somme qu'il ne doit pas ?

Les faits et les abus que je dénonce sont constatés dans tous les procès-verbaux d'adjudication. Que les magistrats se fassent représenter les états de frais de poursuite de vente, qu'ils les taxent comme le veut la loi et la bonne administration de la justice, et cet abus cessera. C'est ainsi que l'on parviendra à les détruire tous successivement.

Je connais une poursuite de vente, dans laquelle l'avoué poupsuivant a demandé 7,200 fr. de semblables honoraires, et la chambre a eu *l'aimable iniquité de ne lui admettre que 6,500 francs.* Quel bonheur pour le vendeur de ne perdre que 6,500 fr. au lieu de 7,200 ! O justice de la chambre !....

L'avoué qui a subi cette condamnation de sa chambre est décoré de la croix d'honneur, mais il faut lui rendre justice et dire la vérité, ce n'est pas en sa qualité d'avoué qu'il a été décoré ; il n'était encore que clerc d'avoué. Il a été décoré comme volontaire, lors de la déclaration de Saint-Ouen. Il y aurait des choses fort piquantes à dire sur cette campagne du clerc d'avoué et sur *l'instrument à piston* qu'il portait dans son havre-sac. Mais ne mêlons pas la plaisanterie, quoique fort bonne, à des choses aussi sérieuses .

Cet avoué était en fonctions depuis 1818 ; il a vendu son titre, en 1838, quelques centaines de mille francs, et s'est retiré avec quelques vingt mille francs de rente. Ce même avoué avait fait payer un droit d'enregistrement qu'il n'avait pas déboursé, et je le lui ai fait restituer.

Les avoués ne veulent pas remettre les pièces de la procédure des poursuites de vente, afin de se soustraire aux restitutions, et ils invoquent la prescription de cinq ans. Qu'ils soient donc conséquens avec eux-mêmes et qu'ils ne s'arment pas de cette prescription, en même temps qu'ils refusent ces mêmes pièces, lorsque cette prescription n'est pas acquise ; car ce serait de la mauvaise foi la plus insigne et des mieux caractérisées, que de dire à *l'un :* « Il y a cinq ans et un

» jour que votre adjudication a été faite, je n'ai plus de pièces à vous remettre,
» j'en suis déchargé par la loi. » Et à *un autre*, le même avoué dirait : « Je ne
» puis vous remettre les pièces de la poursuite de la vente de votre bien, parce
» que je suis responsable de ma procédure et que j'ignore ce qui peut arriver. »
Les cinq ans expirés, l'avoué ferait de la prescription. Que pensez-vous,
cliens et justiciables, de la manière *de faire et d'agir* de vos avoués, car c'est
là la double réponse que plusieurs m'ont déjà faite. *Et vous, messieurs les ma-*
gistrats, est-ce en agissant de la sorte que l'immense majorité des avoués
de première instance de la Seine a des droits incontestables à votre estime?
Vous ne connaissez pas encore les avoués, mais je vais vous fournir des milliers
d'occasions de les apprécier et de les réduire à leur juste valeur, comme mon
instruction les réduit à leur plus simple expression.

Les avoués ne sont que des *postulans privilégiés près les tribunaux*; ils ne
sont point commis, comme le sont les notaires et les greffiers, à la garde des minutes de leurs actes; ils n'ont point reçu de la loi le droit de délivrer des grosses,
des expéditions ou des extraits de leurs procédures ou des actes des tribunaux;
ils ne sont ni dépositaires publics, ni même dépositaires particuliers, car personne ne peut les forcer à faire une communication de leurs dossiers; elle ne
peut avoir lieu que par l'intermédiaire d'un avoué et pendant le procès seulement, ou par la voie du greffe. Ils sont à cet égard moins que les huissiers et les
commissaires-priseurs, car ces officiers ont le droit de délivrer des expéditions
des ventes qu'ils font et de quelques autres actes de leur ministère; ils sont tenus
à un répertoire et à un registre des protêts; les avoués ne sont tenus à rien de
tout cela.

Lorsque les procès sont jugés, les avoués doivent remettre toutes les pièces de
la procédure aux parties qui les paient et qui ont le droit de les retirer. C'est ce
que veut implicitement l'article 2276 du Code civil, car il ne peut pas y avoir
refus de remettre et prescription en même temps. Ils sont tenus, et par corps,
de rendre tous les actes, titres et papiers des procédures, lorsque les parties les
révoquent, et ils auraient le droit *légal* de les conserver lorsque les parties les
exigent après les avoir payées? Il y a dans leur raisonnement quelque chose
d'absurde, si ce n'est pas un calcul.

Enfin, que sont les avoués à l'égard de leurs cliens? De simples mandataires
judiciaires pendant la durée de la procédure ou jusqu'à la révocation. Or, un
mandataire, même à titre gratuit, est tenu de rendre compte de son mandat et
de remettre à son mandant tout ce qu'il a à lui et tout ce qui le concerne directement ou indirectement.

Pour prétendre à garder les actes des procédures dans lesquelles les avoués
ont occupé, il faut vraiment qu'ils aient oublié que leur ministère finit avec le
procès qu'ils ont perdu ou gagné. La crainte de restituer leur a causé une pa-
nique qui les a privés de tout jugement.

En résumé, les avoués sont des ouvriers organisés qui ont fait leur apprentis-
sage dans les écoles de droit, et qui exercent leur profession moyennant un salaire que les lois qui les ont institués leur ont permis de percevoir; il leur est dû
en outre les déboursés réels qu'ils font et qu'ils sont obligés de justifier. Enfin,
c'est un état comme celui de tailleur, de cordonnier, de maçon, à la seule différence que tous les citoyens peuvent exercer les états de tailleur, de cordonnier, de maçon, s'ils en ont le talent, tandis qu'ils ne peuvent exercer l'état d'a-
voué, quoiqu'ayant souvent plus de connaissances, de capacité et de probité que
certains avoués, si le gouvernement ne leur a pas conféré ce titre, et s'ils n'ont
pas deux ou trois cent mille francs pour acheter un fond d'avoué.

Si quelques avoués font la maltôte sur les vendeurs de biens aux criées du tri.
bunal, ils la font également sur les acquéreurs auxquels ils font payer des hono.
raires que la loi ne leur accorde pas, et des actes inutiles et furstres. Je vais
encore donner un conseil aux acquéreurs *futurs*, pour leur éviter des discussions

avec les avoués, et surtout pour qu'ils ne leur paient pas ce qu'ils ne doivent pas.

Lorsqu'un particulier voudra acquérir un bien aux criées du tribunal, qu'il soit d'abord présent à l'audience et qu'il y signe le procès-verbal d'adjudication, sans sortir, il s'épargnera 6 francs de déclaration au greffe. Qu'il se rende dans la huitaine chez l'avoué poursuivant la vente et qu'il lui paye les frais de poursuite, conformément au cahier d'enchère, et la remise proportionnelle conformément à l'article 113 du tarif; qu'il fasse enregistrer cette quittance et qu'il se présente au greffe dans les vingt jours de l'adjudication pour en faire le dépôt; cette quittance sera annexée à la minute du procès-verbal d'adjudication, conformément à l'article 715 du Code de procédure civile. Lorsque cette formalité aura été remplie, il paiera au greffier les droits d'enregistrement, ceux de greffe, les remises du greffier et la grosse d'adjudication, puis il la prendra et en fera faire la signification, non aux avoués qui ont occupé, c'est inutile et de surérogation, mais seulement aux vendeurs; encore pourrait-il s'en dispenser à la rigueur, car, ayant satisfait aux conditions de l'enchère, on ne peut rien exiger de plus. La condition insérée au cahier des charges, de signifier aux vendeurs, n'est faite par les avoués que pour leur procurer un droit de copie du procès-verbal d'adjudication, qui est souvent d'une grande importance d'argent. J'en ai un sous les yeux qui a produit à l'avoué enchérisseur 1,550 fr. de copie, et plus de 900 fr. d'honoraires illicites. Dans toutes les procédures, non seulement on voit le bout de l'oreille, mais les avoués la montrent tout entière.

Que les acquéreurs adoptent la marche de faire signifier eux-mêmes, par leur huissier, leurs procès-verbaux d'adjudication, et les avoués n'inséreront plus aux cahiers des charges la condition de signification qui est absolument inutile dans les ventes par licitation ou conversion; car c'est encore une conception d'avoué que de se faire signifier son propre ouvrage. L'emploi d'un avoué n'est nullement nécessaire pour faire transcrire le procès-verbal d'adjudication aux hypothèques, et retirer le contrat après la transcription, l'acquéreur peut luimême faire ces démarches, et par là il s'évitera deux vacations de 6 francs chaque.

J'ai dû entrer dans ces détails sur ces deux articles, à cause de leur importance et des conséquences qu'ils peuvent avoir pour les *vendeurs et les acquéreurs dont je me suis constitué le défenseur à leur insu.*

Quant aux autres mémoires de frais des avoués, il ne faut jamais les payer sans qu'ils aient été taxés, soit à l'amiable, si les parties ont assez de connaissance pour le faire elles-mêmes, soit par l'autorité compétente. Il ne faut non plus donner des à-comptes aux avoués sans en retirer un reçu, puisqu'euxmêmes s'en font donner lorsqu'ils opèrent une restitution.

Commission d'office d'un avoué par M. le président du tribunal, lorsqu'un autre avoué refuse la constitution qui a été faite directement par le demandeur.

Afin d'entraver les demandes en restitution, fatiguer et dégoûter les réclamans, les forcer à retirer leurs actions ou les mettre dans la nécessité de faire des transactions onéreuses, les avoués de Paris prétendent refuser leur ministère aux personnes qui réclament contre un avoué en exercice, et ils donnent de l'extension à leur refus jusqu'à ne pas vouloir occuper contre un ancien confrère qui s'est retiré riche de ses exigences illégales; lorsqu'il s'agit de faire régler un mémoire de frais, ces messieurs exigent qu'on les commette d'office.

J'ai lu avec attention la loi du 27 ventôse an 8, sur la création des avoués, et je n'y ai point vu qu'un avoué eût le droit, même la faculté de refuser son ministère et qu'il fallût que monsieur le président du tribunal auquel il est attaché le désignât d'office.

J'ai lu également l'arrêté du 13 frimaire an 9 qui établit les chambres d'avoués, et je n'y ai rien vu encore qui indiquât même une nomination d'office en cas de refus d'un avoué pour le justiciable qui l'aurait choisi parmi ses confrères comme méritant le mieux sa confiance.

Mais j'ai lu le décret impérial du 19 juillet 1810, qui prononce une amende contre les citoyens qui se livreraient à la postulation et qui ne seraient pas avoués; j'ai lu, dans le journal du Palais, qu'une chambre d'avoués avait poursuivi un avocat pour un prétendu délit de postulation, et que la cour d'appel de Bruxelles, par son arrêt du 21 avril 1813, avait fait justice de cette infamie en condamnant les avoués de Bruxelles aux dépens, tant de la cause principale que de l'appel; ce qui explique pourquoi un avoué ne peut refuser son ministère dans aucun cas, à moins que l'action intentée ne soit contraire aux lois, aux bonnes mœurs ou à l'ordre public.

En effet, si la postulation n'est pas libre, il faut bien s'adresser à ceux qui en ont le privilége exclusif, et dès lors leur ministère est non seulement obligé, mais il est forcé. Pourquoi permet-on donc qu'ils le refusent et qu'ils exigent de monsieur le président du tribunal qu'il les commette d'office? Dans quelle loi, hormis celle du bon plaisir et de l'arbitraire, trouve-t-on une semblable disposition, et quelle forme faut-il employer pour demander un avoué d'office ?

Si monsieur le président a le droit de nommer, il a nécessairement le droit, au moins, la faculté de refuser; et s'il lui plaît de refuser ou de temporiser, et s'il renvoie la demande à la chambre des avoués pour avoir son avis, c'est-à-dire, s'il se soumet à ses subordonnés, il faudra donc que le citoyen reste sans justice ou attende que la chambre des avoués permette au magistrat auquel elle est soumise de désigner, pour soutenir son droit, un avoué qui n'aura peut-être pas sa confiance, ou qui compromettra ses intérêts par son impéritie ou son mauvais vouloir.

Nouvelle absurdité des avoués, ou plutôt nouvelle entrave de leur part, que l'autorité encourage en n'exécutant pas les dispositions de l'article 102 du décret impérial du 30 mars 1808, contre les avoués qui refuseraient leur ministère, car, évidemment, ils sont en contravention aux lois et aux réglemens.

C'est encore le cas de se plaindre aux magistrats eux-mêmes de la condescendance et peut-être de la faiblesse qu'ils mettent envers une corporation qui en abuse avec aussi peu de ménagemens. C'est toujours l'histoire du galon.

Je recommande de ne jamais donner à la chambre des avoués *le pouvoir souverain* de taxer les mémoires de frais de leurs confrères. On connaît le proverbe; il n'a jamais reçu une application plus vraie et plus étendue qu'en ce qui regarde cette corporation.

GREFFIERS.

Le livre que j'ai publié n'a pas que les mémoires de frais d'avoués pour objet, il embrasse également les greffiers des tribunaux civils, de commerce et des justices de paix.

Eux aussi font des expéditions irrégulières et frauduleuses qui leur procurent des droits illicites que la loi punit par la restitution et la destitution, et chaque justiciable qui a payé plus qu'il ne devait légalement a le droit légal de se faire restituer et de se faire dédommager de tout le tort qu'on lui a causé.

GREFFIER DU TRIBUNAL CIVIL DE PARIS.

M. *Lelouche* a exercé pendant huit à neuf ans les fonctions de greffier en chef; il a suivi les erremens de son prédécesseur, M. *Gautier*, dans la manière de faire ses expéditions. Toutes celles qui sont sorties du greffe sous l'administration de M. Lelouche, sont pour la plupart irrégulières et frauduleuses. J'ai eu maintes occasions de m'assurer de cette irrégularité et de cette fraude, qui ont produit des sommes considérables à M. Lelouche, et qui le rendent aujourd'hui un très riche propriétaire, indépendamment de sa charge qu'il a vendue, dit-on, 800,000 fr. à M. Smith, ancien avoué.

Mais le temps des restitutions est arrivé. J'ai commencé, il n'y a plus qu'à continuer. *Vingt-deux expéditions d'adjudication aux criées du tribunal civil de Paris*, m'ont été confiées pour les vérifier ; elles ont toutes été reconnues frauduleuses, et M. Lelouche a restitué aux acquéreurs une somme totale de 2,844 fr. 87 c. *Onze autres expéditions de la même espèce sont en réclamation, et elles produiront encore plus de 1,400 fr.* Enfin, si tous ceux qui ont des expéditions sorties du greffe du tribunal civil de Paris *depuis la fin de 1829 jusqu'au 1er mai 1838*, exigaient, comme ils en ont le droit, ce qu'ils ont de trop payé, *M. Lelouche aurait à restituer plus de 800,000 fr.*

M. Lelouche a cru se soustraire aux restitutions en vendant son greffe, mais il s'est trompé ; le public saura que tout ce qui a été payé sans être dû est sujet à répétition ; que celui qui a causé, directement ou indirectement, un dommage quelconque à autrui, en doit réparation à celui qui l'a éprouvé ; qu'il n'y a de prescription contre le dol et la fraude qu'à partir du jour ou le dol et la fraude ont été découverts et légalement constatés.

Au reste, je me chargerai de lui faire rendre gorge.

GREFFIER DU TRIBUNAL DE COMMERCE DE PARIS.

M. *Ruffin* fils a succédé à M. *Ruffin*, son père, dans le greffe du tribunal de commerce de la Seine, et comme lui il a fait des expéditions irrégulières et frauduleuses qui constituent les débiteurs et justiciables commerçans dans des frais qu'ils ne doivent pas. Mais un fils peut-il suivre un meilleur exemple que celui qne son père lui a donné ?

La perte pour les justiciables du tribunal de commerce n'est pas aussi considérable qu'elle l'est pour les justiciables du tribunal civil, parce que les expéditions sont moins volumineuses ; mais on peut néanmoins évaluer cette perte de 2 à 3 fr. par expédition de jugement par défaut lorsqu'il n'y a qu'une partie appelée ; elle l'est davantage dans les causes contradictoires ou dans celles renvoyées devant des arbitres.

Ce n'est pas exagérer que de porter, année commune, à vingt mille le nombre des expéditions levées. En 1830, il y a eu quarante-cinq mille jugemens, et en 1835, le nombre des causes placées s'est élevé à vingt-huit mille.

S'il se délivre vingt mille expéditions par année et qu'on ne porte l'excédant de rôle qu'à 3 fr. chaque, y compris les significations et le papier mal employé, il en résultera une perte de 60,000 francs, par chaque année, pour les justiciables ; et si M. Ruffin fils exerce depuis 1833, il aura causé une perte de 300,000 francs, ce qui lui aura donné un lucre de 30,000 francs pour cinq ans ; le surplus aura profité au fisc et aux huissiers.

M. Ruffin ne se borne pas à délivrer des expéditions irrégulières, il impose aux justiciables commerçans des droits que la loi n'a pas prescrits, qu'elle a au contraire *proscrits.*

1° L'article 94 du décret du 14 juin 1813 alloue 30 cent. à l'huissier de tout tribunal de commerce pour chaque appel de cause. Ce droit n'est dû que pour les jugemens définitifs ou interlocutoires, tant par défaut que contradictoires, et le greffier l'alloue néanmoins dans les dépens pour les remises de cause ou indications de jour. C'est une perte de 6,000 francs au moins, par chaque année, pour les justiciables, qui ne profite uniquement qu'aux huissiers audienciers.

2° Le greffier impose encore un droit de copie de rapport d'arbitre, sur papier non timbré, ou il permet aux agréés du tribunal de prendre copie entière et littérale de ces rapports, et les justiciables payent 3, 4 ou 5 francs et quelquefois plus, suivant la longueur des rapports, qu'ils ne doivent pas. Dans l'un ou l'autre cas, c'est une infraction aux lois sur le timbre et les droits de greffe , et de plus une exaction dont la perte pour les justiciables s'élève à plus de 30,000 fr. par année, dont les agréés et je ne sais qui , si ce n'est pas le greffier, font leur profit personnel.

Il est de mon devoir de dire aux juges consulaires que la facilité extrême avec laquelle ils renvoient les causes devant arbitres occasionne une augmentation de frais d'au moins 100,000 francs, par chaque année, aux justiciables, en supposant encore que les arbitres ne se fassent pas donner des honoraires.

3° L'ordonnance royale du 9 octobre 1825 veut que le droit de rédaction des jugemens ne soit exigé qu'autant que l'expédition en est délivrée, et M. Ruffin porte ce droit dans tous les jugemens, qu'ils soient expédiés ou non. Exige-t-il ce droit lorsqu'il n'a pas expédié le jugement ? Je connais des huissiers qui l'ont fait payer dans leurs notes de frais. L'ont-ils déboursé ? C'est l'établissement de ce fait qui déterminera le concussionnaire. Que ce droit soit payé au greffier ou aux huissiers, c'est encore une perte de 12,000 francs environ, par chaque année, que les débiteurs commercans ont à supporter.

Il en est de même pour le coût des expéditions que le greffier porte d'avance dans les dépens des jugemens sans savoir s'ils seront expédiés ou non. Qu'arrive-t-il lorsqu'ils ne sont pas levés? Que pour un jugement de six rôles on porte 10 francs 35 cent. dans les dépens qui ne sont pas encore dus, qui ne le seront peut-être pas, et le débiteur condamné, qui ne connaît pas la manière dont le greffier et les huissiers s'arrangent, est exposé, lorsqu'il veut se libérer avant l'expédition du jugement, à payer ce qu'il ne doit pas. Qui a causé cette perte au débiteur? C'est M. Ruffin en portant dans les dépens des frais qui n'étaient pas acquis au moment de la prononciation du jugement. Dans quelle loi M. Ruffin a-t-il vu qu'on devait être condamné à payer des frais qui n'avaient pas été faits? Ainsi , suivant ce fonctionnaire public (c'est ainsi qu'il se qualifie), qu'on lève l'expédition d'un jugement ou qu'on ne la lève pas, il faudra toujours la payer ainsi que le droit de rédaction. Voilà jusqu'où vont les calculs et la science de M. Ruffin , greffier du tribunal de commerce de Paris. Sa sagacité va bien plus loin : il sait à la simple rédaction de ses jugemens à quel nombre de rôles les expéditions s'élèveront, et il porte d'avance six, sept, huit, neuf, dix ou douze rôles dans les dépens. Voilà un homme précieux ! Il est si grand calculateur qu'il pourrait, s'il le voulait, dire au fisc : « J'emploierai tant de rames, de mains et de feuilles de timbre à 1 franc 25 cent. , s'il se rend tant de jugemens cette année. »

Je ne suis pas si fort que lui dans les calculs , mais, par l'expérience que j'en ai et les jugemens que j'ai dans les mains, je peux lui affirmer que, de la manière dont il a fait ses expéditions, jusqu'au 1er février 1838, elles contiennent au moins un sixième de plus qu'elles ne devraient contenir s'il les faisait conformément à la loi ; je lui en fournirai des preuves. M. son père était bien plus fort que lui , car ses expéditions contiennent au moins un quart de plus qu'elles ne devraient contenir ; j'en possède quarante qui l'attestent.

4° Le greffier, par un de ces raisonnemens qui lui sont personnels, porte dans les dépens des jugemens l'enregistrement du pouvoir que le demandeur donne à l'agréé pour le défendre , et augmente d'autant plus les frais de condamnation pour celui qui perd son procès ; puis, par un raisonnement tout contraire , il rejette de ces mêmes dépens les honoraires de ce même agréé qui a représenté et défendu la partie qui a obtenu gain de cause.

Soyez donc conséquent, M. Ruffin, admettez l'un et l'autre ou rejettez-les tous les deux, car l'allocation des honoraires de l'agréé est la conséquence du mandat qu'il a reçu pour représenter et défendre. Mais il n'y a pas de tarif pour les agréés qui sont des hermaphrodites dans l'ordre judiciaire , me répondrez-vous. Cela est très vrai ; et cette création du bon plaisir des juges-marchands

— 12 —

est une monstruosité dans notre système d'égalité et de prétendue constitution -
nalité ; dans ce cas, ne portez donc pas le coût du pouvoir dans les dépens des
jugemens, et vous aurez rempli le vœu de la loi , vous serez entré dans l'intention des législateurs, et vous aurez exécuté l'article 627 du Code de commerce.
En effet , que porte cet article ?

« Le ministère des avoués est *interdit* dans les tribunaux de commerce ; nu[l]
» ne pourra plaider pour une partie devant ces tribunaux , *si la partie présente*
» *à l'audience ne l'autorise,* ou s'il n'est muni d'un *pouvoir spécial.* »

La partie est donc obligée de se présenter elle-même à l'audience , et si elle
ne veut pas s'y présenter, elle a la faculté de se faire représenter par un mandataire spécial. C'est donc elle qui doit payer les frais de ce mandat qu'elle occasionne par sa non comparution en personne. Il s'en suit de là que le pouvoir
doit être à sa charge et non à celle de la partie adverse ; et si le pouvoir, au lieu
d'être donné au bas de l'original de l'assignation, ce qui n'occasionne que 2 f. 20 c.
de frais , était donné par acte devant notaire, comme le tribunal l'exige des citoyens qui ne sont pas agréés , il faudrait donc porter dans les dépens une somme
de 6 francs qu'aurait coûté le pouvoir notarié? Voilà le ridicule.

J'ai été agréé pendant dix ans dans un tribunal de commerce de la Seine
inférieure, et j'avais obtenu du président que le coût du pouvoir n'entrerait
point dans les dépens. M. Ruffin établit une catégorie que la loi n'établit pas.
Tous les tribunaux de commerce sont égaux entre eux.

Si les juges-négocians s'occupaient un peu plus de tout ce que fait leur greffier, aucune de mes observations n'aurait trouvé place dans ce prospectus.

M. Ruffin , qui se dit si chatouilleux sur les reproches qu'on peut lui adresser ,
en sa qualité de greffier, devrait bien nous dire sur quel article de loi il s'appuie
pour admettre , dans les dépens des jugemens, l'enregistrement du pouvoir spécial donné à l'agréé ou à toute autre personne , car cette loi doit être commune
aux tribunaux de justice de paix qui sont, comme les tribunaux de commerce ,
des tribunaux d'exception ; et si le tribunal de commerce peut porter dans les
dépens de ses jugemens le coût du pouvoir de celui qui gagne sa cause, les juges
de paix peuvent très bien en faire autant.

Il y a bien d'autres faits à éclaircir, et c'est ce que je me propose de faire dans
UNE INSTRUCTION SUR LES FRAIS DE JUSTICE EN MATIÈRE DE COMMERCE, dont je
m'occupe et que j'ai l'intention de publier. Que d'illégalités, que d'inconstitu-
tionnalités, que d'arbitraires, que de contradictions je mettrai au jour ! C'est en si-
gnalant tout ce qui est nuisible à la société que l'on se rend utile à ses concitoyens
et que l'on s'acquiert des droits à leur estime.

GREFFIERS DES JUSTICES DE PAIX.

Les charges de greffiers de justices de paix étant également un objet qui est entré dans le commerce, il faut bien que les acquéreurs-titulaires tirent parti de
leur chose. On n'achète pas un greffe à Paris 180,000 francs, pour se renfermer
strictement dans les limites du tarif de 1807 et de l'ordonnance du 17 juillet 1825.
On se crée, au contraire, des droits que la loi n'a pas accordés, tels que rédaction de jugemens, etc... On compte du papier timbré qui n'a pas été déboursé,
et l'on fait surtout des expéditions irrégulières et frauduleuses qui constituent
les parties dans des frais qu'elles ne doivent pas.

Toutes ces infractions aux lois et ordonnances n'auraient pas lieu, si messieurs
les juges de paix se conformaient eux-mêmes à l'article 1er de l'ordonnance du
17 juillet 1825 ainsi conçu : « Aucuns frais ni émolumens *ne pourront être per-*

» *eus* par les greffiers des justices de paix , que sur les états dressés par eux , qui
» *seront vérifiés et visés par le juge de paix.* »

Il faut donc que ces exactions soient bien profitables aux greffiers pour s'exposer à la destitution, à l'amende et même à des peines criminelles, que l'article 6 de l'ordonnance précitée prescrit, selon la gravité des circonstances.

HUISSIERS.

Indiquer tous les excédans de perception des huissiers, ce serait se mettre en travail de signaler presque tous leurs actes ; le tarif est là pour les réduire à leur juste valeur. Mais il est un genre de fraude qui est difficile à connaître et que j'ai eu plusieurs fois l'occasion de dénoncer à l'autorité. Je ne dis pas que tous les huissiers s'en rendent coupables, mais enfin il suffit que plusieurs se trouvent dans ce cas, pour que je me fasse un devoir d'en instruire mes concitoyens. Cette fraude n'a lieu qu'en matière de frais de justice commerciale, et la voici :

Lorsqu'un commerçant a été poursuivi devant le tribunal de commerce de Paris, et qu'il y a eu un jugement, tous les actes de la poursuite sont taxés par les dépens du jugement, et le détail en est fait à la marge du dernier rôle de l'expédition. Ce détail consiste à énumérer tous les articles compris dans les dépens jusqu'à l'enregistrement exclus. Voici le rang de ces articles : enregistrement du pouvoir..... enregistrement du titre... protêt... assignation... appel de cause... mise au rôle.... rédaction.... papier plumitif.... papier d'expédition.... rôles.... total....

C'est ce total que l'huissier devrait prendre pour établir le compte de ce que doit le débiteur, puis y ajouter l'enregistrement du jugement et tous les actes d'exécution. C'est là la manière légale et loyale d'agir ; mais ce n'est pas ainsi que certains huissiers procèdent. Ils rétablissent le coût de leurs actes de protêt et d'assignation qui avait été réduit par le greffier d'après le tarif, prennent la partie des autres dépens à laquelle ils ajoutent les honoraires que le demandeur a payés à son agréé, et font payer le tout au débiteur, qui trouve qu'on lui fait payer fort cher, mais qui ne voit pas en quoi consiste l'excédant qui est souvent de 15, 20 ou 25 francs suivant le nombre de remises que l'affaire a subies.

C'est une concussion bien réfléchie de la part de l'officier ministériel qui s'en rend coupable, et en même temps une action bien scabreuse pour lui, que les tribunaux pourraient prendre au sérieux si elle leur était déférée par les officiers du parquet. Car rétablir le coût primitif d'actes qui ont été réduits conformément à la loi par le tribunal, c'est réformer le tribunal, c'est une exaction criminelle pour se faire payer ce qui n'est pas dû. Mais par le temps qui court on n'est pas si chatouilleux ; il est politique de ménager des corporations qui ont quelqu'influence, qui ont dans leur sein des officiers de la garde nationale, des électeurs, des éligibles, et quelquefois des députés, et l'on traduit en taxe des actions que nos lois pénales punissent. C'est ce qui fait dire souvent que les lois ne sont pas faites pour tous les citoyens, *égaux toutefois devant la loi.* Fait-on une plainte de ce genre, on la renvoie à la chambre des huissiers ou des avoués qui réduit à sa manière, et l'officier ministériel, à qui il est enjoint de restituer, a quelquefois la hardiesse de résister, tant l'argent, même indûment perçu, a de la peine à sortir des mains de l'exacteur. Admirable justice !...

Il faut toujours retirer des quittances des sommes que l'on paie à tous les officiers ministériels en général, ou retirer les mémoires acquittés, afin de les faire taxer s'il y a lieu. Il vaudrait mieux encore ne les payer ou solder qu'après qu'ils auraient été taxés par l'autorité compétente, ou débattus et arrêtés par des personnes qui ont des connaissances nécessaires et spéciales dans cette partie.

RÉSUMÉ GÉNÉRAL.

Le remède curatif à employer pour mettre un terme aux abus que commettent journellement des officiers ministériels, dans la perception de leurs frais et salaires, c'est de leur faire restituer toutes les sommes qu'ils ont exigées des justiciables et qui ne leur étaient pas dues légalement; il n'y a pas de punition qui leur soit plus sensible que celle de leur faire rendre gorge.

J'ai mis ce moyen en pratique; les magistrats ont apporté quelque attention à l'examen des états de frais de justice; des réductions considérables ont été opérées, et déjà les avoués enflent un peu moins leurs mémoires de frais; le nouveau greffier en chef du tribunal civil de la Seine s'est décidé, à ce qu'il paraît, à se soumettre aux prescriptions de la loi, en n'imitant pas son prédécesseur M. LE-LOUCHE, dont presque toutes les expéditions, pendant son exercice de huit années, n'ont cessé d'être irrégulières et frauduleuses; le greffier du tribunal de commerce de Paris a senti qu'il fallait aussi rentrer dans les limites de la loi. Il fait des expéditions assez régulières depuis que je l'ai signalé au ministère public. Cela ne l'empêchera pas de restituer pour les expéditions irrégulières qui sont sorties de son greffe jusqu'à l'époque du 1er février 1838.

En persistant dans ces réformes, et en forçant les officiers ministériels à se renfermer dans les prescriptions des lois, on finira par réduire ces privilégiés aux limites des tarifs, et l'on cessera de voir ce trafic scandaleux du monopole et du privilége.

Je continuerai d'être utile à mes concitoyens, tant par mes conseils que par la défense de leurs intérêts qu'ils me confieront, et *je déclare que je n'exigerai, comme je l'ai toujours fait, ni frais, ni déboursés, ni honoraires pour toutes les affaires dans lesquelles je n'aurai pas fait opérer une réduction ou une restitution, en sorte que les réclamans n'auront jamais rien à payer et courront toujours la chance de recevoir.*

Je ne déclare point la guerre aux personnes, mais seulement aux abus. Que les avoués cessent donc de me considérer comme leur OGRE, et qu'ils me regardent plutôt comme leur ami, car c'est être le véritable ami d'une corporation que d'éviter à ses membres d'être traînés devant des tribunaux pour leur faire rendre ce qu'ils n'auraient jamais dû exiger.

Paris, le 25 octobre 1838.

COURGIBET,
5, *rue Cléry.*

Imp. d'ED. PROUX, rue Neuve-des-Bons-Enfans, 3.

LES

AVOUÉS

RÉDUITS

A LEUR PLUS SIMPLE EXPRESSION.

IMPRIMERIE DE FÉLIX MALTESTE ET Cⁱᵉ,
Rue des Deux-Portes-Saint-Sauveur, n° 18.

AVOUÉS

RÉDUITS

A LEUR PLUS SIMPLE EXPRESSION,

OU

Instruction Générale

SUR LA TAXE

DES FRAIS DE PROCÉDURE EN MATIÈRE CIVILE.

DIVISÉE EN TROIS TABLEAUX,

SAVOIR :

1er TABLEAU : DES JUGES DE PAIX, DE LEURS GREFFIERS ET DE LEURS HUISSIERS.
2me TABLEAU : DES HUISSIERS ORDINAIRES.
3me TABLEAU : DES AVOUÉS DE PREMIÈRE INSTANCE.

Contenant

1° L'espéce et la nature de chaque procédure ;
2° La désignation de tous les actes de la procédure ;
3° Le détail et le coût des actes, déboursés et honoraires ;
4° L'indication des articles du Tarif correspondant aux articles des Codes.

En sorte qu'à l'aide de cette Instruction chacun peut régler soi-même le mémoire de frais le plus compliqué, et diriger
la procédure, ou se rendre compte de la manière dent elle a été conduite.

PAR C.-T. COURGIBET,

Ancien Agréé.

Auteur des OFFICIERS MINISTÉRIELS DÉVOILÉS et autres ouvrages de Taxe.

PARIS.

CHEZ L'AUTEUR, RUE DE CLÉRY, N° 5,

CHEZ PISSIN, AU DÉPOT DES LOIS, PLACE DU PALAIS DE JUSTICE ;

ET CHEZ ROUANNET, LIBRAIRE, RUE VERDELET, N° 4.

1837.

PRÉFACE.

Depuis la suppression des offices de procureurs, les avoués, qui leur furent substitués près des tribunaux de district, éprouvèrent nombre de changemens.

D'abord, la loi du 11 février 1791 ne leur accordait aucun émolument, salaire ou honoraire pour mettre la procédure en état et défendre les parties; mais celle du 6 mars suivant remplit cette lacune, en fixant les émolumens des greffiers, avoués et huissiers, suivant les bases établies par l'ordonnance de 1667 et règlemens postérieurs.

La loi du 20 mars, même année, détermina ceux qui pourraient exercer la profession d'avoué, les formalités qu'ils auraient à remplir avant d'entrer en exercice près les nouveaux tribunaux, et le droit qu'ils auraient de dresser les actes de la procédure pour la régulariser et mettre l'affaire en état. Vint ensuite le décret du 3 brumaire an II, qui fixa une nouvelle forme pour l'instruction des affaires devant les tribunaux, et qui *supprima définitivement les fonctions d'avoués*, sur le motif que l'article xciv de la constitution d'alors (1793) posait en principe : *que les contestations seraient décidées sur défense verbale ou sur simples mémoires, sans procédure et sans frais*. Que les temps sont changés !... Les parties furent néanmoins libres de se faire représenter par de simples fondés de pouvoirs, mais qui ne pouvaient former aucune répétition pour leurs soins ou salaires contre ceux dont ils auraient accepté la confiance; on leur donna le titre de défenseurs officieux. Le même décret avait poussé la sollicitude envers les justiciables jusqu'à défendre aux avoués supprimés, sous peine de cent livres d'amende, de faire aucune opposition à raison des frais qui leur étaient dus à l'époque de sa promulgation, et il était réservé aux tribunaux le droit d'accorder un délai aux débiteurs, et même de diviser le paiement en plusieurs termes, selon qu'il leur paraîtrait convenable, d'après la somme des frais, l'indigence des débiteurs, ou toute autre circonstance. Les tribunaux, en taxant les frais, *étaient tenus, sous peine de prévarication*, de rejeter de la taxe tous frais frustratoires, ceux faits dans les procédures nulles par le fait de l'avoué, et ceux des pièces dont la notification n'aurait pu avoir évidemment d'autre objet que celui d'augmenter le volume de la procédure et la somme des frais. Enfin, les avoués ne pouvaient pas retenir les pièces par le défaut de paiement des frais, et ils étaient tenus de les rendre aux parties, sauf à exiger d'elles une reconnaissance du montant desdits frais, après qu'ils auraient été taxés. Par suite de ce décret, les avoués ne furent plus réellement que des agens d'affaires officieux, qui n'avaient aucune action en justice pour les soins qu'ils donnaient aux affaires contentieuses dont les particuliers les chargeaient, et les affaires n'en allaient pas plus mal, et les plaintes contre ces défenseurs officieux ne pleuvaient pas aux parquets des magistrats, et le scandale des ventes des charges ne venait pas affliger les honnêtes gens, et les défenseurs officieux ne faisaient pas des fortunes rapides et extraordinaires dont on put leur reprocher la source impure, et enfin une réprobation générale ne s'élevait pas contre eux.

Depuis le 3 brumaire an II, toutes les procédures se sont donc suivies sans le ministère obligé des avoués, et sans frais ou salaire qu'ils pussent exiger. Cet état de choses exista jusqu'à la loi du 27 ventôse an VIII, sous le consulat, qui organisa de nouveau les tribunaux. C'est cette loi qui reconstitua les avoués, qui leur rendit l'existence, et qui jeta les fondemens de la consistance dont cette corporation jouit maintenant, et dont, comme l'on sait, elle fait un si noble usage dans l'intérêt de ses clients!...

L'art. 93 de cette loi, qui pressentait l'empire, porte :

« Il sera établi près le tribunal de cassation, près chaque tribunal
» d'appel, près chaque tribunal criminel, et près de chacun des tri-
» bunaux de première instance, un nombre fixe d'avoués, qui sera
» réglé par le gouvernement sur l'avis du tribunal auquel les avoués
» devront être attachés. »

Et l'art. 94 détermine ainsi les prérogatives de ces officiers : « Les
» avoués auront *exclusivement* le droit de postuler et de prendre
» des conclusions dans le tribunal pour lequel ils seront établis ;
» néanmoins, les parties pourront toujours se défendre elles-mêmes,
» verbalement et par écrit, ou faire proposer leur défense par qui
» elles le jugeront à propos. » Les avocats n'étaient pas encore rétablis en corps ; ils ne jouissaient que du titre d'avoué, que les lois de 1791 leur avaient donné, en remplissant, toutefois, les formalités qu'elles prescrivaient.

Aucune disposition de la loi de ventôse an VIII n'avait fixé les émolumens ou salaires des avoués et n'avait déterminé ce qu'on entendait par le mot de postulation et le droit de postuler ; la loi de brumaire an II, qui avait supprimé les avoués, n'était implicitement abrogée qu'en ce qui touchait leur suppression ; les avoués de Paris le sentirent, et sur la pétition qu'ils présentèrent au gouvernement, intervint, le 18 fructidor an VIII, un arrêté des consuls qui ordonna que jusqu'à ce qu'il eût été statué, par une loi, sur la simplification de la procédure, la loi du 20 mars 1791, relative aux attributions des avoués, celle du 6 mars même année, qui fixe les émolumens des greffiers, avoués et huissiers, et qui ordonne que, par provision, les avoués suivront exactement la procédure établie par l'ordonnance de 1667 et règlemens postérieurs, seraient exécutées. Le même arrêté détermina ainsi le droit de postulation : « Que le droit de postuler » est celui d'instruire les affaires et de les présenter aux tribunaux » pour être jugées suivant les formes établies par les lois et règle- » mens. »

Du 18 fructidor an VIII jusqu'en 1807, les avoués ont donc suivi, dans la taxe de leurs frais, salaires et émolumens, l'ordonnance de 1667 et règlemens postérieurs, et ce n'est qu'à l'époque des décrets du 16 février 1807 que leur tarif a été définitivement fixé. On n'y a certainement pas suivi le vœu exprimé par l'arrêté de l'an VIII, sur la simplification de la procédure, et loin de diminuer les frais, comme le décret de l'an II l'avait fait, on les a, au contraire, de beaucoup augmentés ; car on remarque, dans ce décret, que l'article 2 supprime entièrement l'usage des requêtes dans toutes les affaires et dans tous les tribunaux, même au tribunal de cassation, et qu'il y sera suppléé par un *simple mémoire*, tandis que le tarif des frais et dépens de 1807 contient deux paragraphes en huit article, qui se subdivisent encore à l'infini, et qui ne sont relatifs qu'aux requêtes qui peuvent être grossoyées et à celles qui ne doivent pas l'être. A bien considérer le tarif des frais et dépens dans la partie qui concerne les avoués, on voit clairement que sa rédaction et sa confection n'ont pu être confiées qu'à une commission composée de praticiens experts qui n'ont eu en vue que d'exploiter les justiciables. Et cependant, malgré les largesses de ce tarif, les avoués ne peuvent encore s'en contenter, il faut qu'ils lui donnent de l'extension, qu'ils exigent sur chaque article plus que la loi ne leur accorde, et même qu'ils inventent de nouveaux droits ; ils sont d'une rapacité insatiable !

En général, le tarif des avoués, par le nombre des articles et par le taux des actes de procédure, en matière ordinaire, renferme un vice radical qu'on ne peut détruire qu'en le révisant et en le refondant sur des bases moins larges, moins généreuses, et surtout en le mettant en harmonie avec les intérêts des parties et la juste rétribution que l'on doit accorder au travail d'un avoué.

Si l'on se récrie sur le prix colossal des notariats, il n'est pas possible de se taire sur celui des études d'avoués ; il faut espérer que le gouvernement prendra enfin le moyen d'extirper ce double chancre qui ronge la société, dont l'un dévore tout entière la fortune des justiciables, et dont l'autre altère sensiblement celle des contractans. Les honoraires excessifs que perçoivent les notaires sur les actes de leur ministère, forcent les contractans à dissimuler le prix dans les contrats, et le gouvernement y perd ses droits. Les frais énormes que les avoués perçoivent par suite du tarif de 1807 et les exactions qu'ils commettent au vu et su des magistrats taxateurs, sous les yeux desquels passent la plupart de leurs mémoires, empêchent beaucoup de personnes de réclamer de véritables droits qui sont incontestables, dans la crainte d'être entraînées dans un procès dont souvent on ne voit la fin qu'avec celle de sa fortune.

Un écrivain a dit : « Qu'en mettant le pied chez un avoué, on met » sa fortune au bord d'un précipice.... » Le danger est grand, sans doute, mais il le serait peut-être bien moins si les magistrats chargés de veiller sur les intérêts de la société faisaient exécuter la loi à l'égard des avoués concussionnaires, comme ils la font exécuter à l'égard de tous autres. On lit dans le décret du 16 février 1807, article 151 : « Le tarif ne comprend que l'émolument net des avoués et » autres officiers ; les déboursés seront payés en outre.

» Les officiers *ne pourront exiger de plus forts droits que ceux* » *énoncés au présent tarif, à peine de restitution, dommages et inté-* » *rêts, et d'interdiction, s'il y a lieu.* »

Le Code pénal, § 2, des concussions commises par des fonctionnaires publics, porte, article 174 :

« Tous fonctionnaires, *tous officiers publics, leurs commis ou pré-* » *posés,* tous percepteurs des droits, taxes, contributions, deniers, » revenus publics ou communaux, et leurs commis ou préposés, qui » se seront rendus coupables du crime de *concussion,* en ordonnant » de percevoir ou en *exigeant* ou *recevant ce qu'ils savaient n'être* » *pas dû, ou excéder* ce qui était dû pour droits, taxes, contributions, » deniers ou revenus, ou pour *salaires* et traitemens, seront punis, » savoir : les fonctionnaires ou les officiers publics, de la peine de » la *réclusion,* et leurs commis ou préposés, d'un emprisonnement » de deux ans au moins et de cinq ans au plus.

» Les coupables seront de plus condamnés à une amende dont le » *maximum* sera le quart des restitutions et des dommages-intérêts; » le *minimum,* le douzième. »

Ainsi, le moyen de réprimer et de faire rentrer les avoués dans les limites qui leur sont tracées est bien simple, et le ministère public peut l'employer avec efficacité, dans l'intérêt des justiciables et de la société : c'est de faire exécuter à la lettre l'article 151 du tarif par *l'interdiction et la restitution,* lorsqu'il s'agira de droits excédant le taux fixé par le tarif, et de faire l'application de l'article 174 du Code pénal, lorsque l'avoué aura perçu ou seulement exigé des droits que la loi n'a pas établis.

Le président du tribunal civil des Andelys (Eure) avait été tellement attentif dans le règlement des mémoires des avoués de son tribunal, qu'au bout d'une année les avoués ne portaient dans leurs mémoires de frais ni des droits qui ne leur étaient pas dus, ni des excédans sur ceux que la loi leur accorde.

Un acte de justice et de sévérité a été fait sur le tribunal de Tarascon; c'est peut-être le seul qu'on puisse citer, tant les avoués ont de prépondérance sur ceux-là mêmes qui sont chargés de les surveiller.

Le chevalier de Preigne et son frère avaient hérité de leur père une fortune s'élevant à plus de 500,000 francs; cette immense fortune a été engloutie par des frais de justice. Plus de soixante saisies immobilières furent pratiquées sur eux sans nécessité; des jugemens d'une longueur exorbitante furent levés par les avoués du tribunal de Tarascon; tous furent admis en taxe.

Ces frais si énormes provoquèrent la sévérité du gouvernement. Six avoués du tribunal furent destitués, un juge de ce tribunal fut censuré par la cour d'Aix, un autre fut destitué de sa qualité de juge d'instruction, M. le président a donné sa démission, le greffier et le procureur du roi ont été destitués.

En compulsant les annales de la jurisprudence, on trouverait bien quelques faits moins graves sans doute, dont les résultats n'en ont pas moins été funestes à ceux qui en ont été l'objet; mais après vous avoir fait voir les grands glaciers de la Suisse, on n'ira pas montrer un fromage de Tortoni comme une curiosité.

Pourquoi ne provoquerait-on pas contre les avoués concussionnaires et contre ceux qui commettent des abus et des vexations, toute la sévérité de la loi, quand une partie si minime de la nation (3,730 avoués) a provoqué contre tout le reste une loi pénale pour s'assurer le monopole et le droit exclusif de la postulation? La loi du 19 juillet 1810 ne condamne-t-elle pas, *par corps*, à une amende de 200 fr. au moins, et de 500 fr. au plus, pour la première fois, et de 500 fr. au moins et de 1,000 fr. au plus pour la seconde, tout citoyen qui serait convaincu de se livrer à la postulation? Ne déclare-t-elle pas incapable d'être nommé aux fonctions d'avoué le citoyen qui serait pris en récidive, et le produit de l'instruction faite en contravention n'est-il pas confisqué au profit de la Chambre des avoués?

L'article 4 de cette loi ne donne-t-il pas à la Chambre des avoués.

le droit de faire des *perquisitions convenables dans les domiciles où elle croira que les actes de postultation se font ?*

La Chambre des avoués de Bruxelles n'a-t-elle pas poursuivi un avocat pour un délit de postulation, parce que cet avocat avait rédigé les qualités d'un jugement, afin d'avoir une prompte expédition? Il n'avait cependant ni signé les qualités, ni reçu les émolumens de l'acte fait au nom de l'avoué. Le tribunal de première instance de Bruxelles avait condamné l'avocat, tout en reconnaissant que l'article 2 du décret du 19 juillet 1810, sur lequel était appuyée la demande des avoués, ne pouvait point recevoir d'application ; mais la cour d'appel mit à *néant* le jugement du tribunal civil de Bruxelles, et condamna les avoués aux dépens tant de la cause principale que de l'appel (21 avril 1813).

Et après une telle loi sollicitée par les avoués et obtenue, après l'usage qu'ils ont essayé d'en faire sur un avocat, ces messieurs jettent les hauts cris lorsqu'on discute leurs mémoires de frais, qu'on les fait taxer et réduire, car taxer et réduire ne font qu'une seule et même chose; et lorsqu'on demande qu'on leur fasse l'application des dispositions de l'article 151 du tarif ou de l'article 174 du Code pénal, ils vous donnent les épithètes les plus grossières, ils vous écrivent les lettres les plus insolentes, et font enfin tout ce qu'on fait quand, pris en flagrant délit, on ne peut justifier de son prétendu droit; ils ont recours à l'injure au lieu de vous rendre votre argent, et les magistrats ont connaissance de toutes ces choses, et ils se taisent!

Pourquoi, en effet, les avoués (car il n'y en a pas un seul qui présente un mémoire qui ne soit sujet à réduction) agissent-ils de la sorte? C'est que d'une part ils y sont encouragés par l'assurance de l'impunité, et que de l'autre on leur distribue quelques croix d'honneur en leur seule qualité d'avoués. On ne méconnaîtra pas l'allégation; le doyen des avoués de première instance de Paris l'a reçue il y a quelques mois en sa qualité de doyen. La compagnie se croit d'une grande importance dans l'État, ou peut-être la craint-on, puisque non-seulement on lui passe tant de choses, mais encore on donne à ses membres le titre et les insignes de chevalier, avec les prérogatives y attachées.

Donner la croix d'honner à des avoués, par le motif qu'ils sont avoués!.... Il en est donc de l'institution de la Legion-d'Honneur comme de toutes nos institutions? et, pour s'en convaincre, il ne faut lire que l'article 1er du titre 2 de la loi du 29 floréal an X :

« Pourront être nommés........ les citoyens qui, par leur savoir,
» leurs talens, leurs vertus, ont contribué à établir ou à défendre
» les principes de la république (il est entendu l'État, car Bonaparte

» n'était pas républicain), ou fait aimer et respecter la justice ou
» l'administration publique.

En temps de paix (c'est l'état où nous sommes depuis long-
temps) « Art. 7. Les grands services rendus à l'État dans les fonc-
» tions législatives, la diplomatie, l'administration, la justice ou les
» sciences, seront aussi des titres d'admission. »

Quel est donc le savoir d'un avoué?

Un cours de droit d'une année dans la procédure, et de l'argent
pour acheter le titre.

Son talent?

De multiplier la procédure par des incidens ridicules, d'en augmenter le volume par des actes ou inutiles ou frustratoires, et par
de nombreuses et volumineuses requêtes faites par des hommes à
tant la page, des machines à requêtes, pris en dehors des études;
requêtes que ni les avoués qui les ont signées, ni les avoués à qui elles
ont été signifiées, ni même les juges à qui elles sont adressées, ne
lisent, et qui ne profitent qu'aux avoués et au fisc.

Leur vertus?

Elles sont belles les vertus des avoués, demandez-le à leurs clients.
M. Selves, à cet égard, rapporte un joli trait :

« Un paysan meurt, laissant à deux enfans sa chaumière et un
» champ : le tout vaut 700 f. Un avoué passe par là, profite d'une que-
» relle entre le frère et la sœur, et leur conseille de vendre leur mai-
» son par licitation. Les frais s'élèvent à 1,700 fr. environ; et l'avoué,
» après avoir absorbé le champ et la chaumière, poursuivait ces mal-
» heureux en paiement de ses frais. »

Ou fait aimer et respecter la justice?

Respecter la justice, c'est possible; mais l'aimer, quand il en coûte
si cher pour l'obtenir par leurs soins !

Les grands services rendus à l'État dans les fonctions législatives ?

Y a-t-il des avoués à la Chambre des Députés? Un seul de Paris, je
crois, qui était membre de la chambre de discipline, et qui vient de
vendre son titre d'avoué 300,000 fr. Il a aussi la croix d'honneur.

Dans la diplomatie?

Quelle diplomatie que celle des avoués! c'est la diplomatie de
Machiavel.

Dans les sciences ?

La science d'un avoué, c'est de faire naitre beaucoup de procès, d'amasser à bien ou à mal beaucoup d'argent pour devenir gros propriétaire, et cela en fort peu de temps.

Sur les 150 avoués de première instance de la Seine, il y a neuf décorés de la Légion-d'Honneur, ce sont les 1er, 2e, 4e, 12e, 13e, 19e, 21e, 24e et 25e plus anciens de la compagnie, dans lesquels se trouvent l'ancien président, le doyen et un membre de la chambre de discipline. J'ai donc raison de dire que ce n'est ni aux talens, ni aux vertus, ni aux grands services rendus à l'État, dans la diplomatie, dans les sciences, etc., que les décorations leur ont été données. Encore une modification à la loi en faveur d'une corporation privilégiée.

Vous tous qui me lirez, trouverez-vous que les avoués, en leur qualité d'avoués, méritent la décoration de la Légion-d'Honneur ? Vous savez quels services ils rendent à l'État en général, et aux justiciables en particulier !

Puisque les plaintes portées contre les avoués concussionnaires, exacteurs ou exigeans, n'ont d'autre résultat utile à la société que de faire opérer la restitution d'une partie seulement de ce qui a été indûment et illégalement perçu et exigé, il faut se mettre en état de pouvoir soi-même taxer le mémoire de frais de son avoué et de le discuter article par article. C'est pour mettre le public à même de remplir ce but que j'ai rédigé et que je publie une instruction générale sur les frais de justice en matière civile. Qu'on la suive exactement, et si les avoués ne veulent pas se rendre à l'évidence, les magistrats s'y rendront, quand il leur sera prouvé clairement que chaque article du mémoire en discussion est ou exagéré ou illégal.

Si l'on éprouve quelques difficultés qui ne seraient pas prévues dans l'instruction, je donnerai verbalement, ou par écrit, tous les renseignemens dont on pourra avoir besoin.

INTRODUCTION.

Il est bon, il est fort utile de signaler les abus que commettent les officiers ministériels ; on ne peut crier trop haut jusqu'à ce qu'enfin on ait amené le gouvernement à apporter une réforme que nos mœurs et nos lumières rendent indispensable.

Mais tous les efforts des écrivains, des publicistes seraient inutiles, s'ils se bornaient à signaler le mal, sans indiquer le remède pour le déraciner.

Comme beaucoup de publicistes, j'ai dit qu'un grand nombre d'officiers ministériels se livraient à des exactions, et commettaient des abus intolérables dans l'exercice de leurs fonctions. J'ai fait un peu plus que de le dire , puisque j'ai publié un tarif des droits que les notaires pouvaient percevoir sur tous les actes qu'ils rédigent. Ce tarif, quoique n'étant pas textuellement écrit dans la loi, n'en est pas moins généralement suivi, parce qu'il est la conséquence de l'article 113 du Tarif des frais et dépens, combiné avec les articles 172 et 173 du même tarif ; car, en partant du point le plus élevé, et en descendant jusqu'au point le plus bas, il est aisé d'établir la différence et la proportion entre tous leurs actes. C'est ce que j'ai fait pour donner une valeur à chacun des actes des notaires que le décret du 16 février 1807 n'a pas nominativement tarifés.

Il n'en pouvait être de même pour les actes des avoués de première instance, qui sont tous désignés depuis et y compris l'article 67 du tarif de 1807 jusques et y compris l'article 146.

Mais ces officiers ne pouvant se contenter du taux fixé par la loi, ont torturé, commenté et pressuré le tarif dans toutes ses parties, pour s'attribuer par analogie, et se créer par exaction des droits et des honoraires que la loi leur refuse et qu'elle proscrit.

Afin de percevoir uniformément les droits *légalement* dus et ceux qui ne le sont pas, les avoués de Paris se sont fait une instruction qu'il n'a été possible à personne de se procurer à prix d'argent. Imprimée par ordre de la Chambre en 1808, au nombre de 300 exemplaires, il n'en a été délivré qu'aux 150 avoués du tribunal civil de la Seine, aux 60 avoués de la Cour royale de Paris, et à chacun de MM. les président, vice-présidens et juges du tribunal civil de la Seine.

La délibération de la Chambre des avoués de première instance de la Seine, qui date du 24 août 1808, porte en outre : « Un exemplaire sera remis à M. le

» procureur impérial par le syndic, en invitant ce magistrat à présenter le plus
» tôt possible le projet d'instruction à l'examen du tribunal, pour être ensuite
» le tout transmis à M. le procureur-général impérial près la Cour d'appel. »

M. le procureur impérial a-t-il présenté le projet d'instruction à l'approbation du tribunal civil de la Seine? On ne voit rien qui prouve le contraire, et la corporation des avoués, à Paris, est trop persistante, elle avait surtout un trop grand intérêt à cette approbation, qui lui faisait un titre en *apparence légal*, pour n'avoir pas obtenu cette présentation. Mais il est certain que le tribunal civil de la Seine n'a point approuvé, puisque dans la réimpression de l'instruction en 1832, on dit :

« La Chambre, sur la communication qui lui a été faite du travail de sa com-
» mission, a pris, dans sa séance extraordinaire du 24 août 1808, un arrêté par
» lequel elle a adopté ce travail, et a décidé l'impression aux frais de la Cham-
» bre, au nombre de 300 exemplaires, et la distribution à MM. les présidens et
» juges ainsi qu'aux avoués de la Cour et à ceux du tribunal de première
» instance de Paris.

» *Le travail de la Chambre a été depuis généralement suivi pour le règlement des frais et dépens de première instance.* » (Cette allégation des avoués est mensongère.)

Le refus tacite du tribunal est la preuve la plus palpable que l'instruction que les avoués avaient composée n'était faite que dans leur propre intérêt, et le tribunal n'a pas voulu se prêter à une iniquité. En effet, l'instruction occulte des avoués de première instance de la Seine contient plus de cent articles de droits que la loi ne leur accorde pas, et un pareil nombre est susceptible d'une grande modification.

Malgré ce refus, les avoués de Paris n'en ont pas moins persisté à continuer à suivre le système de perception établi dans leur instruction, et non contens des droits *illégaux* qu'elle leur attribue, ils ont encore renchéri en doublant plusieurs de ces droits, au mépris même de leur propre décision. (*Voyez tous leurs mémoires de frais.*)

C'est cette instruction que je me suis procurée, non sans peine, qui m'a servi de base pour établir l'instruction générale que je présente au public.

Je n'ai établi les droits des avoués que d'après le tarif décrété le 16 février 1807, et après avoir comparé tous ses articles avec les dispositions des différens Codes. On peut donc être assuré qu'en suivant mon instruction à la lettre, on se trouve dans les justes limites que la loi a tracées; MM. les juges taxateurs peuvent la suivre avec confiance.

Le tarif des frais et dépens ne comprend que les émolumens de l'avoué. J'ai dû y ajouter le détail des parties qui composent chaque acte, afin que l'on pût disséquer, en quelque sorte, chaque article des mémoires des avoués; car la loi n'a pas exigé d'eux qu'ils présentassent dans leurs états de frais le détail de chaque acte ; elle a ordonné, seulement, une colonne des déboursés et une colonne pour les émolumens.

L'instruction que je publie est, sans contredit, le travail le plus complet qui ait encore paru dans ce genre, et je défie les avoués eux-mêmes de le critiquer légalement; mais, au reste, ils ne s'en aviseront pas; ils savent qu'ils n'ont rien à gagner dans une discussion publique sur leurs prétentions, et ils ont soin d'éviter toute polémique dont le résultat doit toujours tourner à leur désavantage.

Après avoir établi les droits que les avoués peuvent *légalement* exiger, il était utile d'indiquer au public les droits *illégaux* qu'ils font entrer dans leurs mémoires de frais, et que la partie paie, sans avoir pu les éviter jusqu'à ce jour; elle les paierait encore malgré l'instruction, si elle ne lisait pas avec attention cette *introduction*, parce qu'elle ne pourrait pas se rendre compte de l'augmentation de certains articles de frais et déboursés; voilà pourquoi je vais entrer dans quelques détails dont la connaissance est indispensable.

1° La mise au rôle, conformément à l'article 3 de la loi du 21 ventôse an VII, sur les droits de greffe, est de 1 fr. 50 c. en matières sommaires, et de 3 fr. en matières ordinaires. Il faut ajouter à chacun de ces droits l'éternel décime de guerre, même en temps de paix, et la rétribution de l'huissier audiencier pour l'appel de cause; elle est de 30 c. à Paris et de 25 c. partout ailleurs. Ainsi la mise au rôle est, en matières sommaires, à Paris, 1 fr. 95 c., et ailleurs 1 fr. 90 c.; en matières ordinaires, à Paris, à 3 fr. 60 c., et ailleurs 3 fr. 55 c. Les avoués de Paris portent cet article, dans leurs mémoires de frais, à la colonne des déboursés, savoir : Dans les causes sommaires, à 3 fr. 65 c., ou 3 fr., ou 3 fr. 95 c., ou 5 fr. 95 c.; dans les causes ordinaires, à 6 fr. 30 c., ou 6 fr. 65 c. L'excédant sur 1 fr. 95 c. et 3 fr. 65 c. est perçu par le greffier, à raison de 2 fr. sur les causes sommaires, 3 fr. sur les causes ordinaires, et le surplus vertit au profit personnel de l'avoué; ainsi, c'est 2 fr. ou 3 fr. au moins que les avoués de Paris perçoivent *illégalement* sur les justiciables, et qui vont grossir le fonds de la compagnie privilégiée. C'est le greffier qui en fait la perception.

2° Les avoués de Paris perçoivent encore, en sus de l'émolument accordé par le tarif, sur les requêtes d'opposition, de commissions et autres de cette espèce, un droit de 1 fr., ou 1 fr. 50 c., ou 2 fr., et ces sommes, qui ne sont pas dues par les clients, sont encore versées à la caisse de la compagnie, mais par les avoués directement, qui font mettre un *vu* par un des employés de la Chambre, qui reçoit le droit. Et afin que ce droit n'échappe pas à la compagnie, le receveur de l'enregistrement des actes des avoués n'enregistre pas les requêtes sans que le visa de la Chambre n'y ait été préalablement apposé; ce qui constate que la rétribution a été payée. Cela s'appelle *droit de Chambre*.

3° Les avoués se sont engagés entre eux à verser à la caisse de la Chambre une somme de 10 fr. par chaque adjudication aux criées du tribunal. Ce droit, qui est aussi *illégal* que les autres, en ce qu'on le fait payer aux adjudicataires, est également appelé *droit de Chambre*. C'est le greffier en chef qui le perçoit directement des avoués et le verse à la caisse de la compagnie; et les avoués le font payer aux adjudicataires, qui ne peuvent reconnaître son *illégalité*, parce que le greffier le totalise avec le coût de l'expédition du jugement d'adjudication, et que les avoués le portent dans leurs mémoires de frais sous le titre de *coût*

1.

du jugement d'adjudication. Il faudra donc vérifier si dans l'article *coût d'adjudication* on n'y aurait pas fait entrer ces 10 fr.

On s'en apercevra en lisant le détail du coût du jugement. Les 10 fr. y sont portés ainsi : D. de Ch., 10 fr.

4° Il existe encore un *droit de Chambre*, car avec les avoués on ne finit pas de payer. Ce droit est de 2 fr. par purge légale, c'est-à-dire 1 fr. sur l'expédition de l'acte de dépôt de la copie du contrat de vente, et 1 fr. sur l'expédition du certificat d'exposition. On peut s'apercevoir de cette fraude lorsqu'on connaît le moyen employé par l'avoué et par le greffier. Ce dernier, qui ne veut pas se compromettre, et qui est obligé de faire sur son expédition le détail de ce qu'elle coûte, porte le coût tel qu'il doit l'être ; mais il a la complaisance de mettre de ses chiffres, sur la première partie du premier rôle, le coût de chaque expédition, plus 1 fr. pour le droit de Chambre, qu'il perçoit de l'avoué, et qu'il verse à la caisse de la compagnie. Ainsi, par exemple, si l'expédition du dépôt coûte 12 fr. 55 c., il portera *en chiffres* sur la première page, au bas à droite, 13 fr. 55 centimes, et l'avoué, qui sait ce que cela veut dire, porte ce chiffre dans son mémoire, à la colonne des déboursés.

5° Enfin, la Chambre des avoués, qui ne fait rien pour rien, et qui ne veut pas faire supporter à un confrère, des frais qu'il occasione en présentant un mémoire exagéré qui force le client à le faire taxer, porte au bas de chaque mémoire qu'elle taxe, sous le titre de *droit de taxe*, une somme équivalente à 20 c. par chaque pièce composant le dossier. Par conséquent, si le dossier contient 25 pièces, ce sera 5 fr. qui seront ajoutés au mémoire en sus de ce que la partie devra *légalement* à la manière des avoués, et c'est encore dans la caisse de la compagnie que ce droit est versé. On peut l'évaluer à 15,000 fr., à raison de 20 mémoires par avoué.

La perception de ces cinq espèces de droits ne profite pas personnellement aux avoués. C'est ce qu'on appelle le fonds commun, qui sert à payer les frais de commis, les frais de bureaux, les jetons de présence, les dîners de corps, auxquels le greffier en chef assiste toujours, pour la reconnaissance que lui porte la corporation d'avoir la bonté de percevoir pour elle des droits illégaux, les secours donnés aux confrères qui ne font pas leurs affaires, les pensions, etc., etc., et le restant est partagé, sans doute, à la fin de chaque année, car les recettes sont ou doivent être beaucoup plus considérables que les dépenses.

Voilà les *droits illégaux* que les avoués de Paris font payer à leurs clients et qui vont s'agglomérer dans la caisse syndicale de la compagni. Mais il est d'autres droits non moins *illégaux* qui profitent personnellement aux avoués et au greffier en chef, et que les parties paient encore sans qu'elles les doivent ; ces droits ou ces exigences sont :

1° *Le placet*, qui a été supprimé par la loi du 21 ventôse en VII, en ces termes : « L'usage des placets pour appeler les causes est *interdit; elles ne pourront l'être* que sur les rôles et dans l'ordre du placement. » Cette interdiction, comme on le voit, est absolue et ne souffre pas de commentaire; aucune loi

depuis n'est venue abroger celle du 21 ventôse an VII. Cependant les avoués
de Paris portent, dans leurs mémoires de frais, sous le titre de *placet*, savoir :
En matières sommaires, 2 fr. et 2 fr. de conclusions jointes; en matières ordinaires, 3 fr. et 3 fr. de conclusions jointes; en sorte que la partie qui succombe
dans l'instance paie un droit de 4 fr. ou 6 fr. selon que la cause est sommaire ou
ordinaire, et que non-seulement elle ne doit pas, mais que la loi a proscrit.

Les avoués s'étaient, d'une part, sur l'article 71 du décret du 30 mars 1808,
sur l'organisation judiciaire. Mais cet article n'a en aucune manière rétabli ce
que l'article 3 du décret du 21 ventôse an VII a complètement détruit; car voici
ce que dit cet article 71 :

« En toutes causes, les avoués ou défenseurs ne seront admis à plaider contra-
» dictoirement ou à prendre leurs conclusions qu'après que les conclusions
» respectivement prises, et signées des avoués, auront été remises au greffier. »

Et si le législateur avait voulu rétablir l'usage du placet après l'avoir interdit, comme il a rétabli les avoués après les avoir supprimés, il en aurait fait un
article dans le Tarif des frais et dépens du 16 février 1807, ou il l'aurait imposé
d'une manière positive et impérative dans le décret de 1808.

Voilà cependant ce que les avoués de Paris appellent le rétablissement du
placet. Ne faut-il pas être avoué pour avoir une telle prétention en présence
de ces deux dispositions de lois, dont l'une absorbe et l'autre ne recrée pas?

Ensuite, ces messieurs allèguent qu'il aurait été fait, par M. le président du
tribunal civil de la Seine, une espèce de règlement intérieur, par suite duquel
ils seraient autorisés à percevoir un droit de placet, et la preuve qu'ils en
donnent, c'est que M. le président et MM. les juges taxateurs l'admettent en
taxe.

J'avoue que MM. les juges taxateurs ont admis le placet; mais ce n'est que
de tolérance et d'usage, et parce que personne ne s'est encore avisé d'en demander
légalement la suppression devant le tribunal; mais qu'il suffit de le faire et
d'insister pour qu'à l'avenir ce droit *exorbitant* et *proscrit* ne soit plus admis
en taxe.

Personne ne croira qu'un président d'un tribunal inférieur ait fait un règlement intérieur et occulte contre les dispositions formelles d'une loi qui n'a pas
même été modifiée, et je mettrais au défi les avoués de Paris d'établir leur as-
sertion. En effet, qu'un président de tribunal pouvait-il ajouter aux dispositions
des articles 66 et suivans du décret du 30 mars 1808, pour créer uniquement
un émolument aux avoués de son ressort? Quel est le procureur-général qui
n'aurait pas provoqué l'annulation d'un semblable règlement, dans l'intérêt
de la loi et des justiciables? Pourquoi, enfin, les autres tribunaux civils du
royaume n'imitent-ils pas le tribunal civil de la Seine? Il faut en convenir,
si les circonstances font les hommes, l'intérêt personnel les rend souvent
absurdes.

2° Les avoués font encore payer à leurs clients un déboursé qu'ils ne doivent
pas; c'est le bulletin d'audience que le greffier délivre à chaque avoué pour
l'avertir que telle cause, dans laquelle il est constitué, vient tel jour, à telle

chambre. L'avoué le paie au greffier et se le fait rembourser par la partie, en le portant, dans son mémoire de frais, à la colonne des déboursés , comme un déboursé *légal.*

Que les avoués paient au greffier, n'importe quel prix, pour qu'ils les avertisse que telle cause vient tel jour, et que ces messieurs ne réclament pas, cela se conçoit : ils n'ont point besoin de prendre note de leurs causes remises ou renvoyées, puisque le greffier prend ce soin pour eux, et toute peine mérite un salaire ; mais que les avoués fassent payer ces avertissemens à leurs clients, et, en définitive, à la partie qui succombe, ce n'est ni légal, ni juste, et chaque partie a droit de le refuser. En vain les avoués diront que c'est dans l'intérêt des parties. afin qu'on ne surprenne pas des jugemens à leur insu ; on leur répondra que ces bulletins ne sont délivrés que dans l'intérêt personnel des avoués, qui, parce qu'on est forcé d'employer leur ministère, en abusent de toutes les manière, et ne suivent pas eux-mêmes les audiences. Il suffit de lire le 3ᵉ *alinéa* de l'article 70 du Tarif pour se convaincre que les bulletins ne doivent jamais être admis en taxe :

« Les avoués seront tenus de se présenter au jour indiqué par les jugemens » *préparatoires* ou de *remises*, sans qu'il soit besoin *d'aucune sommation.* »

Ils sont donc présens à l'audience, ils savent donc que la cause a été remise ; ils n'ont donc pas besoin d'être avertis par le greffier que telle affaire revient tel jour?

Ces bulletins ne sont que de 15 c., et leur importance minime exclut tout calcul d'intérêts !.... C'est une grave erreur que de ne pas aller au fond des choses. Cette bagatelle de 15 c. par bulletin est une affaire considérable et toute de spéculation de la part du greffier en chef du tribunal civil de la Seine, car ces bulletins lui coûtent 5 fr. le mille ; il les vend aux avoués 150 fr., et il en délivre au moins 360,000, qui lui font en deniers 54,000 fr. ; ainsi, un déboursé de 1,800 fr. lui procure un bénéfice annuel de 52,200 fr. Quel est le commerce qui produirait un tel avantage? Le prix de 700,000 fr. auquel on dit que le greffier actuel a acheté le greffe civil s'explique clairement ; il aurait pu le payer bien plus cher encore, et je me propose de le prouver plus tard.

L'abus du bulletin en entraîne un autre qui tourne au profit personnel des avoués, le voici : Le tarif des droits de taxe alloue 10 c. par chaque article entrant en taxe des dépens en matières ordinaires , et les avoués ont droit à cette rétribution pour chaque pièce de procédure entrant dans leurs mémoires de frais. Les bulletins, suivant eux, faisant une pièce de procédure, il en résulte qu'ils comptent 10 c. pour chaque bulletin, et comme chaque avoué a au moins 6 bulletins par cause, et qu'il y a au moins deux avoués dans chaque affaire, il en résulte, dis-je, que pour 15,000 affaires ordinaires il aura été perçu *illégalement* encore 18,000 fr. sur les justiciables.

3º En matières sommaires il n'est dû aucun honoraire à l'avocat (article 67 du Tarif). Cependant les avoués de Paris présentent toujours dans leurs mémoires de frais, à la colonne des déboursés, *des honoraires payés à l'avocat.* Il faut toujours rejeter cet article et s'opposer à ce que le juge le passe en taxe. Les avoués auront beau s'étayer d'un arrêt de la Cour royale de Grenoble , du

30 janvier 1821, qui a admis le principe général que , lorsqu'ils ont payé des honoraires à l'avocat *qu'ils ont employé*, et qu'ils l'affirment, les tribunaux les leur passent; il faut distinguer entre le ministère obligé d'un avocat et la faculté d'employer ce ministère. Dans les matières ordinaires, le ministère de l'avocat est forcé; alors il est payé, à moins qu'on ne soit autorisé à plaider soi-même. Mais dans les matières sommaires, il est facultatif, puisque non-seulement le Tarif ne lui alloue aucun honoraire, mais qu'il dit, au contraire, *qu'il ne lui en sera alloué aucun.* D'ailleurs c'est l'avoué qui est autorisé à défendre dans ces causes.

Que l'avoué paie un avocat là où il a le droit d'être rétribué, et lorsqu'il l'a employé lui-même, cela se conçoit très-bien; mais qu'il le paie là où la loi ne le rétribue pas, et lorsqu'elle dit au contraire qu'il ne sera pas rétribué, c'est absurde. Ce n'est pas seulement ajouter à la loi, c'est la fausser, c'est l'abroger. D'ailleurs il est de l'intérêt des clients de choisir eux-mêmes leurs avocats et de les payer. C'est une recommandation sur laquelle je ne saurais trop insister, car l'avoué, qui spécule sur toutes les ressources de sa charge qu'il achète si cher, ne choisit pas toujours l'avocat qui défendrait le mieux, mais celui qu'il a l'habitude d'employer, et l'on sait ce que sont la plupart de ces avocats. Je connais des avoués qui emploient des avocats à l'année moyennant une somme de 1,000 fr., et ils se font payer plus de 6,000 f. par leurs clients. Jugez après cela de la nécessité de choisir soi-même son avocat et de le rétribuer. C'est une mesure que tout les avocats approuveront, car demandez-leur s'ils voient un centime des 15 fr. que les avoués portent pour eux dans leurs mémoires de frais. D'ailleurs, en principe, il ne faut jamais que l'avocat dépende de l'avoué. Conservez-lui toute son indépendance si vous voulez qu'il défende bien votre cause; imposez-le donc à l'avoué.

Les avoués n'ont été créés que pour mettre la procédure en état; les avocats, au contraire, sont institués pour défendre les causes. La loi a fait elle-même cette distinction entre les connaissances d'un avoué et celles d'un avocat. Une année d'étude et quelques poignées d'or pour acheter le titre font un avoué parfait; tandis qu'il faut trois années de cours, un stage de trois autres années, de la probité, du courage, de l'indépendance, du désintéressement et de la vertu pour faire et former un avocat. Et puis, quelle différence entre ces deux professions! L'une, qui s'achète, est toute mercenaire et mécanique; l'autre, qui se mérite, est toute libérale et honorable; les avoués ne visent qu'à l'argent, et les avocats ne travaillent que pour l'honneur et la gloire.

ndépendamment du droit exclusif de postulation devant les tribunaux, que l'article 94 de la loi du 27 ventôse an VIII a accordé aux avoués, ces messieurs, qui tendent au monopole, veulent encore s'attribuer le droit exclusif de faire remplir les formalités de la transcription des contrats de vente et celles de la purge des hypothèques légales. Ce n'est ni une erreur de leur part de prétendre à ce privilége, ni une extension du droit de postulation, c'est tout simplement une exaction faite avec connaissance de cause, dont l'usage consacrerait peut-être le droit, si des citoyens courageux n'interrompaient de temps en temps la prescription, et si l'on ne connaissait pas toute la force de cette maxime : « *Contre le droit il n'y a pas de droit.* »

Aussi la transcription d'un contrat de vente, soit aux criées d'un tribunal, soit devant notaire, ou par acte sous seing privé, peut être faite par toute personne sans distinction.

Il en doit être de même des formalités de la purge légale ; mais puisque les avoués de Paris veulent s'en attribuer le privilége exclusif, il est utile d'entrer dans quelques développemens à cet égard, afin d'instruire ceux qui voudraient user de cette faculté.

La purge des hypothèques légales est-elle une procédure de postulation attribuée spécialement et par privilége aux avoués de première instance, d'après l'article 94 de la loi du 27 ventôse an VIII et la dernière partie du considérant de l'arrêté des consuls, du 18 fructidor même année, interprétatif du droit de postulation ?

Au contraire, les acquéreurs qui veulent purger leurs biens des hypothèques et priviléges qui les grèvent, peuvent-ils remplir eux-mêmes, ou par leurs fondés de procuration spéciale et authentique, sans le ministère d'avoués, les formalités prescrites par le Code civil ?

Telles sont les questions que la prétention des avoués de première instance de Paris et du greffier en chef du tribunal civil de la Seine ont fait naître.

Suivant l'article 2193 du Code civil, les acquéreurs d'un immeuble *pourront* purger les hypothèques qui existeraient sur les biens par eux acquis.

Pourront, c'est-à-dire que les acquéreurs ne sont pas forcés de purger, et que dans ce cas ils courront les risques qui résulteraient pour eux d'une *non purge.*

L'article 2194 du même Code établit de quelle manière les acquéreurs agiront pour remplir les formalités de la purge :

« Ils déposeront, à cet effet, copie dûment collationnée du contrat translatif » de propriété au greffe du tribunal civil du lieu de la situation des biens, et » *ils certifieront*, par acte signifié tant aux parties désignées dans l'article pré- » cité qu'à **M.** le procureur du roi, *le dépôt qu'ils auront fait,* pour ensuite » accomplir les autres formalités. »

Il n'est rien de plus clair ni de plus formel. *Ce seront les acquéreurs qui feront le dépôt et qui rempliront les autres formalités de la purge.*

Le Code de procédure civile ne fait aucune mention de la purge des hypothèques dans la nomenclature des différentes et nombreuses procédures qui y sont déterminées.

Le Tarif ne contient aucun émolument aux avoués pour les formalités à remplir afin de purger les hypothèques, et cependant les avoués de Paris prétendent avoir le *droit exclusif* de faire remplir ces formalités ; et le greffier en chef du tribunal civil de la Seine leur sert d'égide et refuse le dépôt que veulent faire ou faire faire les acquéreurs, sous prétexte qu'ils ne sont pas assistés d'avoués, et qu'à *ces derniers seuls* appartient le droit de faire ces sortes d'actes, qu'il qualifie de postulation.

Eh bien! que dit la loi du 27 ventôse an VIII, article 94?

« Les avoués auront exclusivement le droit de postuler et de prendre des
» conclusions dans le tribùnal pour lequel ils seront établis. »

Et comme le mot *postulation* pouvait prêter à quelque extension de la part
des avoués, et qu'on les connaît à cet égard, il est intervenu, le 18 fructidor
an VIII (six mois après le rétablissement des avoués), un arrêté des consuls
qui a fixé les termes dans lesquels on devait entendre le mot et le droit de
postulation; voici ce qu'on y exprime :

« Considérant que la loi du 27 ventôse dernier (an VIII), qui rétablit les
» avoués et leur donne le droit de postuler et de conclure, il résulte que la loi
» qui avait supprimé les avoués et la procédure est implicitement rapportée;

« Que le *droit de postuler est celui d'instruire les affaires et de les présenter*
» *aux tribunaux pour être jugées suivant les formes établies par les lois et rè-*
» *glemens.* »

Assurément que l'on ne trouve ni dans la loi qui a rétabli les avoués, ni dans
l'arrêté qui a expliqué ce qu'on devait entendre par la postulation, le droit
exclusif des avoués à remplir les formalités de la purge légale, et que le Code de
procédure civile ne prescrit rien à cet égard.

Le Tarif du 16 février 1807, qui est leur loi d'amour, leur vient-il seulement
en aide? En aucune manière; et c'est en vain qu'on y chercherait un article qui
accorde aux avoués une rétribution quelconque pour les formalités de la purge
légale; et cependant le Tarif de 1807 a été décrété bien des années après le rétablissement des avoués et l'arrêté des consuls sur la postulation.

Et ce qui donne la preuve irréfragable que le législateur a entendu que chaque acquéreur fût libre de faire lui-même, ou par un fondé de pouvoirs, la
purge des hypothèques qui pourraient grever ses biens acquis, et que ce n'était
pas une procédure soumise à l'appréciation des tribunaux, c'est que l'arrêté
des consuls, du 18 fructidor an VIII, dispose :

« Art. 1er. Jusqu'à ce qu'il ait été statué, *par une loi,* sur la simplification
» de la procédure, la loi du 20 mars 1791, qui fixe les émolumens des greffiers,
» avoués et huissiers, et qui ordonne que par provision les avoués suivront
» exactement la procédure établie par l'ordonnance de 1667 et règlemens pos-
» térieurs, sera exécutée. »

La loi qui devait simplifier la procédure est le Code de procédure civile,
promulgué les 24 et 27 avril, 1er, 2, 8 et 9 mai 1806; et l'article 1041 de cette
loi porte qu'elle sera exécutée à dater du 1er janvier 1807. L'article 1042 porte
encore que le tarif des frais sera fait avant cette époque; cependant il n'a été
décrété que le 16 février 1807, et il n'y est pas du tout fait mention des émolumens accordés aux avoués pour remplir les formalités de la purge légale.
Mais ce qui est encore péremptoire, c'est cette disposition de l'article 151 du
Tarif :

« Les officiers ne pourront exiger de plus forts droits que ceux énoncés au
» présent Tarif, à peine de restitution, de dommages-intérêts, et d'interdiction,
» s'il y a lieu. »

Que conclure de ces citations et de ces raisonnemens?

Que les avoués n'ont pas le droit exclusif qu'ils veulent s'attribuer, mais qu'ils peuvent, concurremment avec les autres officiers ministériels et tous les citoyens, remplir les formalités de la purge légale, et que les acquéreurs ont, dans tous les cas, le droit de remplir eux-mêmes ou par leurs mandataires ces formalités.

Il n'y a aucune circonstance, dans la purge, où le ministère de l'avoué soit obligé, pas même celle où il faut faire commettre un huissier pour signifier le dépôt tant à M. le procureur du roi qu'aux parties désignées dans l'article 2194 du Code civil. Mais ce qui fait persister les avoués de Paris à vouloir faire considérer comme procédure les formalités de la purge, qui ne sont réellement que des formalités facultatives, c'est l'avantage qu'ils en retirent tant pour les honoraires et les droits qu'ils s'attribuent *proprio motu* dans cette opération, que pour les droits de Chambre et d'articles d'état de frais. C'est un bénéfice de 1,252,500 fr. En voici le calcul approximatif :

Il se fait, soit par les 145 notaires du département de la Seine, soit par suite des adjudications aux criées du tribunal, au moins 15,000 ventes de biens immeubles, partant 15,000 purges légales, car c'est une formalité dont on ne peut plus se dispenser depuis que les avoués s'en sont emparés. Chaque purge produit à l'avoué qui l'a faite, d'honoraires, de vacations, droit de copie, de signification de dépôt et autres, la somme de 80 fr. (la moyenne proportionnelle de six purges que j'ai prises au hasard est de 86 f. 50 c.) ; ainsi le profit personnel des avoués de Paris serait donc de . . . . 1,200,000 f. » c.

Il se perçoit un droit de Chambre tant sur l'expédition de l'acte de dépôt que sur l'expédition du certificat d'exposition ; ce droit, qui se perçoit par le greffier en chef au moment de la remise des expéditions et versé par lui à la caisse syndicale des avoués, et qu'ils font payer à l'acquéreur comme un déboursé, est de 1 fr. par chaque acte ; ce sera donc 2 fr. par purge, et pour 15,000 (V. P. N° 4).   30,000   »

L'avoué, qui considère les formalités de la purge légale comme une procédure, en fait de plus une affaire comme en matières ordinaires, et dès-lors il se croit autorisé, quoiqu'il sache bien le contraire, à s'allouer un droit d'article dans son état de frais. Ce droit est de 10 c. par article, et il y en a au moins 15 par purge. C'est donc encore 1 fr. 50 c. par chaque, et pour 15,000   22,500   »

Total du produit des purges légales au profit des avoués de Paris 1,252,500   »

Voilà pourquoi ces messieurs voudraient faire de ces formalités une branche de leurs attributions privilégiées ; et le tribunal civil de Paris permettrait, sans l'appui d'une loi, et contre les dispositions formelles des articles 2193, 2194 et suivans du Code civil, et l'arrêté des consuls du 18 fructidor an VIII, et l'ar-

.icle 151 du Tarif, que les avoués levassent une contribution aussi énorme sur
les acquéreurs d'un seul département! Cela n'est pas croyable.

Les avoués de Paris, qui sont insatiables, ont encore prétendu que les procès-
verbaux d'adjudication aux criées du tribunal, par suite de licitation ou de conversion, devaient être signifiés par l'acquéreur, non-seulement aux vendeurs,
mais encore à leurs avoués et à ceux des ayant-droit. Ils tiraient cette nécessité
des dispositions de l'article 89 du Tarif et de la qualification de *jugement* donnée
à ces procès-verbaux, et de là cette conséquence : Si c'est un jugement, et qu'il
y ait avoué en cause, il faut, pour être exécuté, qu'il soit signifié à avoué, conformément à l'article 147 du Code de procédure civile.

Un adjudicataire aux criées du tribunal civil de la Seine, que je dirigeais,
ayant refusé, d'après mes conseils, de payer à son avoué les significations qu'il
avait faites aux avoués de ses vendeurs, un procès a eu lieu.

La prétention de l'avoué était fondée sur les articles 89 du Tarif, 147 du Code
de procédure civile, et sur la condition *banale* et *éternelle* que les avoués, pour
leur intérêt personnel, insèrent toujours dans les cahiers de charges : « Dans
» la quinzaine de l'adjudication, l'adjudicataire devra lever, à ses frais, une
» grosse de son jugement d'adjudication, et en signifier, à ses frais, copie
» *littérale*, *entière*, correcte et lisible, *tant aux avoués* qu'aux parties elles-
» mêmes. »

L'adjudicataire prétendait, au contraire, qu'un procès-verbal d'adjudication
aux criées n'était point un jugement, qualifié tel, dans ses formes, par les
articles 116, 130, 138, 141, 142, 143, 144, 145, 147 et autres du Code de procédure civile, mais seulement une vente par licitation ou par suite de conversion, et que ce n'était toujours qu'un acte dont il n'était pas nécessaire de
signifier la grosse ou l'expédition aux avoués des vendeurs.

Sur ces prétentions contraires il est intervenu, à la cinquième chambre du
tribunal civil de la Seine, le 15 avril 1836 (M. Mathias, président), un jugement
dont le dispositif est essentiel à connaître, à cause des principes de droit qu'il
consacre, et afin de se mettre en garde contre la persistance des avoués, qui
n'ont pas encore renoncé au droit qu'ils s'attribuent, de signifier à avoué les
jugemens d'adjudication aux criées.

« Attendu que l'article 147 du Code de procédure civile porte que, s'il y a
» avoué en cause, le jugement ne peut être exécuté qu'après avoir été signifié à
» avoué ;

» Attendu qu'il résulte des termes de cet article que ce n'est qu'à l'avoué
» des parties contre lesquelles des condamnations doivent être poursuivies, que
» la signification doit être faite ; que l'objet de cette signification est d'empêcher
» qu'un jugement soit exécuté avant que les parties contre lesquelles il a été
» rendu soient éclairées sur la nature et l'étendue des condamnations qui y
» sont portées, sur les voies d'exécution dont il est susceptible, et sur les re-
» cours qu'elles peuvent avoir à exercer contre ledit jugement ;

» Attendu que cette disposition et les considérations sur lesquelles elle est
» fondée ne s'appliquent en aucune manière aux vendeurs d'un immeuble sur

» licitation ; que ce sont eux, en effet, qui, par le ministère de leurs avoués,
» règlent les charges et conditions de la vente ; que si l'on a admis jusqu'à pré-
» sent la signification du jugement d'adjudication aux vendeurs eux-mêmes,
» par l'intérêt qu'ils peuvent avoir à connaître leurs acquéreurs, il impliquerait
» contradiction que les avoués se fissent signifier à eux-mêmes le jugement
» d'adjudication, qui est leur propre ouvrage ;

» Attendu, quant à la qualification de jugement donnée au procès-verbal
» d'adjudication, qu'on peut d'autant moins s'en prévaloir que les ventes par
» licitation entre majeurs, et même entre majeurs et mineurs, peuvent, suivant
» les circonstances, être faites en justice ou devant notaires ; que, dans ce der-
» nier cas, on n'a jamais prétendu que la signification des actes de ventes dût
» être faite aux avoués des vendeurs, et que *ubi est eadem ratio, ibi est idem
» jus* ;

» Attendu que, par les motifs ci-dessus, les significations faites aux avoués du
» co-licitant doivent être considérées comme *nulles et frustratoires*, et qu'il y a
» lieu de retrancher du mémoire de l'avoué le coût desdites significations ;

» Le tribunal,

» Statuant tant sur la demande principale que sur la demande reconvention-
» nelle, reçoit E.... opposant à l'exécution du jugement rendu par défaut le 15
» janvier dernier (1836), et faisant droit sur ladite opposition, réduit à 32 fr. 05 c.
» les condamnations y portées,

» Et condamne l'avoué aux dépens. »

Quelle est la conséquence de ce jugement ?

C'est qu'indépendamment de ce que les jugemens d'adjudication aux criées
du tribunal ne seront point signifiés aux avoués des vendeurs ou des co-licitans,
puisqu'après la vente il n'y a plus d'avoué en cause, les significations de ces
jugemens faites aux vendeurs ou co-licitans eux-mêmes ne le seront, quant
aux copies de ces jugemens, que conformément à l'article 72 du Tarif des frais
et dépens, et dans ses termes, c'est-à-dire calculées ou évaluées à raison de 25
lignes à la page et 12 syllabes à la ligne, ou 600 syllabes au rôle, lorsque les
avoués les signeront, et non de 360 syllabes composant le rôle de greffe civil.
C'est une différence dont l'importance ne se conçoit pas au premier aperçu ;
mais voici un exemple tiré du procès qui la fera mieux sentir :

Le jugement d'adjudication contenait 151 rôles de greffe, qui font, suivant
l'article 72 du Tarif, 91 rôles d'avoué ; différence, 60 rôles par chaque copie,
qui, multipliés par 21, nombre des significations faites, faisaient 1,260 rôles à
30 c., produisant la somme de. . . . . 378 f. » c.

Plus le papier employé ou calculé à raison d'une feuille à 70 c.
par 10 rôles, 126 feuilles, et en deniers. 88   20

La signification aux avoués des vendeurs (supprimée). . . . 194   60

Total à la perte de l'acquéreur et au bénéfice de l'avoué. . . . 660 f. 80 c.

On pourrait encore tirer une autre conséquence du jugement précité ; ce
serait de ne pas signifier le jugement ou procès-verbal d'adjudication. En effet,

signifie-t-on aux vendeurs les actes des ventes qu'ils font devant notaires? On ne leur délivre qu'une grosse qu'ils remettent à leurs acquéreurs aussitôt que le prix est payé. Dans les adjudications devant les tribunaux, on impose à l'acquéreur de se faire délivrer une expédition à ses frais, et s'il ne remplit pas les conditions de l'adjudication, et qu'il ne paie pas son prix, il y a lieu contre lui à la folle-enchère; voilà la loi.

Au reste, pour éviter les tracasseries des avoués sur les significations et les formalités de la transcription à remplir, il n'y a qu'à se conformer aux dispositions de l'article 715 du Code de procédure civile : c'est de se rendre au greffe civil, de rapporter au greffier les quittances des frais ordinaires de poursuites, et la preuve qu'on a satisfait aux conditions de l'enchère, et le greffier délivrera l'expédition d'adjudication, sans que l'avoué enchérisseur ait besoin d'y être en aucune manière appelé. Muni de cette expédition, l'acquéreur fera remplir toutes les formalités de la transcription et de la signification aux vendeurs, s'il le juge à propos, et par tel huissier qu'il lui plaira; car, après la vente, on n'a plus besoin que d'un huissier, dont le droit de copie de pièces est moins élevé que celui attribué à l'avoué.

Cette manière d'opérer contrariera les avoués, sans doute; mais il ne faut les envisager que sous le rapport de leurs fonctions et dans les limites de leur tarif.

Il me paraît essentiel de prévenir le public des moyens que les avoués emploient contre ceux de leurs clients qui ont le courage (et que ces messieurs appellent de l'inconvenance) de leur refuser des honoraires qui ne leur sont pas dus, ou de faire taxer leurs mémoires de frais. Les avoués qui abusent de tout, même de la loi, ont dans les articles 49 et 60 du Code de procédure une arme dont ils ne manquent jamais de faire un usage abusif, en les interprétant dans un sens tout différent de celui dans lequel ils doivent être entendus. Voici ces articles :

« Art. 49. Sont dispensés du préliminaire de la conciliation : 1°..... 2°..... » 5° Les demandes des avoués en paiement de frais. »

« Art. 60. Les demandes formées pour *frais* par les officiers ministériels » seront portés au tribunal où les frais ont été faits. »

Voilà le droit dont les avoués ne devraient user qu'après avoir fait fixer, par la taxe légale, la somme des frais que leur doivent leurs clients, et le moyen d'y parvenir est simple, expéditif, sans frais, et écrit tout entier dans le décret du 16 février 1807, relatif à la liquidation des dépens en matières sommaires et ordinaires (Voir ce décret à la fin de l'Instruction.)

Les avoués ne devraient être admis à présenter leurs demandes en paiement de frais devant les tribunaux qu'après qu'ils les auraient fait taxer et que la taxe du juge aurait été signifiée au débiteur qui n'y aurait pas fait opposition dans le délai de trois jours, conformément à l'article 6 du décret précité; parce qu'alors les droits de l'avoué et le débet de la partie seraient fixés irrévocablement, et si la partie ne voulaient pas payer, il y aurait évidemment mauvaise volonté, et dans ce cas il est permis d'user de toute la rigueur de la loi.

Mais les avoués sont loin d'adopter cette marche légale et loyale ; ils ne veulent qu'intimider et recueillir le fruit de la terreur qu'inspirent leurs menaces de poursuites et de faire de nouveaux frais ; ils veulent qu'on les paie sans discussion et sans contrôle. Malheureusement, jusqu'à ce jour leur système avait été couronné d'un plein succès. Mais les tribunaux se sont aperçus dans la manière de procéder des avoués, surtout ceux de Paris, abus, spéculation, intimidation, et ils y regardent de plus près ; ils ont reconnu, d'une part, que l'avoué présente toujours un mémoire exagéré, contenant des frais qui ne sont pas légalement dus, et des honoraires que la loi proscrit (l'excédant de la mise au rôle, le placet, le droit de Chambre sur les requêtes et les adjudications aux criées, etc., etc.) ; qu'ensuite l'avoué qui occupe pour lui-même est encore rétribué comme s'il occupait pour autrui, en sorte qu'il est intéressé à présenter un mémoire exagéré afin qu'on refuse de le payer et que de ce refus il naisse un procès.

Les tribunaux ont encore reconnu que ce principe établi dans nos Codes, *que celui qui est condamné à payer une somme quelconque, quoique inférieure à celle qu'on lui avait demandée, devait payer les frais et accessoires,* devenait très-rigoureux et même injuste à l'égard du débiteur, pour frais dus à un avoué, qui voulait payer ce qu'il devait légitimement, mais qui se raidissait contre une demande exagérée qui n'avait d'autre but que d'exiger de lui ce qu'il ne devait pas. En effet, quel est le mémoire de frais d'un avoué qui n'est pas réduit d'abord par la Chambre des avoués, puis encore par le tribunal ? S'il fallait des exemples de ces réductions, il faudrait citer tous les mémoires d'avoués, et j'emploierais plus de papier à les énumérer qu'il n'en est employé à cette instruction ; je n'en citerai qu'un entre mille.

Un avoué de Paris a présenté un mémoire de frais s'élevant à 12,961 fr. 33 c. ; la Chambre des avoués l'a réduit à 11,667 fr. 43 c., et le tribunal à 11,325 f. 43 c. Si la partie avait payé sans observation et sans discussion sérieuse, l'avoué en eût profité ou plutôt abusé, et il se serait approprié, sans remords, la somme de 1,635 fr. 90 c. qu'il savait très bien ne lui être pas due.

Aussi le tribunal de Paris n'accorde plus sur parole, aux avoués, les demandes de frais qu'ils font ; il exige qu'ils justifient de la taxe et de la signification à la partie qui conteste qu'elle n'y a pas formé opposition dans les trois jours, comme le veut la loi.

Mais la marche à suivre par les parties auxquelles les avoués demandent des frais qui n'auraient pas été taxés légalement, c'est d'offrir réellement, par le ministère d'un huissier, la totalité du mémoire demandé, à la charge par l'avoué de représenter un état taxé ou de le faire taxer dans un délai moral ; à défaut de faire cette justification, ou de prendre cet engagement, il faut assigner l'avoué en taxe et en validité d'offres. Si le mémoire est réduit, comme il n'y a pas à en douter, les offres seront déclarées bonnes et valables, puisqu'elles excèderont la taxe et la somme due ; l'avoué sera condamné aux dépens, et les avantages qu'il comptait retirer des articles 49 et 60 du Code de procédure civile auront tourné contre lui : il aura été puni de la peine du talion, et ce sera le trompeur trompé!

Règle générale : il ne faut jamais payer un mémoire d'avoué sans avoir été soumis à la taxe légale. La taxe légale est celle faite par le juge, et non celle faite par les Chambres des avoués et des huissiers, qui admettent toujours des droits que la loi et le tarif n'autorisent pas. Ils sont juges dans leur cause; évitez-leur une iniquité.

La meilleure manière de prouver au public qu'on ne le trompe pas et que les conseils qu'on lui adresse sont au contraire dans ses intérêts, c'est de lui présenter des résultats qui tombent sous ses sens. Or, pour le rendre juge entre les avoués qui lui disent *qu'ils ne demandent que ce qui leur est légalement dû* (c'est leur langage), et moi qui affirme qu'ils exigent, au contraire, ce qu'on ne leur doit pas, je présente un aperçu de ce que les avoués de Paris, de concert avec le greffier en chef du tribunal civil, perçoivent *illégalement, chaque année,* sur les justiciables du département de la Seine :

1° Les avoués de Paris exigent de leurs clients, sur la mise au rôle, un excédant que l'article 23 de la loi du 21 ventôse an VII défend et punit.

Cet excédant, en matières sommaires, est de 2 fr. par cause, et pour 15,000 de l'espèce, à 100 par avoué. . . . . 30,000 fr.

En matières ordinaires, il est de 3 fr., et pour 15,000 causes également. . . . . 45,000 »

75,000 fr.

2° Le placet, que l'article 3 de la loi du 21 ventôse an VII a proscrit. Il est, en affaires sommaires, de 2 fr., et 2 fr. de conclusions jointes (4 fr. par cause), et pour 15,000 . . . . 60,000 »

En affaires ordinaires, 3 fr., et 3 fr. de conclusions jointes (6 par cause), et pour 15,000 . . . . . 90,000 »

Référés ; au moins 100 par semaine, et pour l'année 5,200 , à 2 fr. pour le placet seulement, sans conclusions jointes. . . . . 10,400 »

160,400 »

3° *Droit de chambre*, de 10 fr. par chaque adjudication aux criées du tribunal. On ne peut en supposer moins de 20 par semaine (il y a deux audiences), et pour chaque année 1,040; ce qui produit. . . . . 10,400 »

Autre *droit de chambre* pour lequel les avoués versent directement à la caisse commune 1 fr. ou 1 fr. 50 c. ou 2 fr. par chaque requête d'opposition, de commission ou autres de l'espèce. On évalue à

10,400 »

245,800 fr.

Report. . . . 245,800 fr.

100 le nombre de ces requêtes que chaque avoué peut présenter par année, et pour 150 avoués 15,000, à raison de 1 fr. 50 c., proportion gardée entre 1 et 2 fr. . . . . **22,500 fr.**

    Encore un *droit de Chambre*. Il est perçu par le greffier sur les expéditions des actes de la purge légale (voyez page 4, n° 4), et s'élève à 2 fr. par purge; en tout. . . . . **30,000** »

    Toujours un *droit de Chambre*. C'est le droit que la Chambre s'attribue sur les mémoires de frais qu'elle taxe : cela s'appelle *droit de taxe* (voyez page 4, n° 5). On peut l'évaluer à 20 mémoires par avoué, et pour 150 trois mille à 5 fr. chaque. . . **15,000** »

                  67,500 »

Nota. Ces droits de Chambre sont une invention des avoués de Paris. Leur perception sur les justiciables, ainsi que celle sur les excédans de la mise au rôle, servent à former le fonds commun pour les dépenses de la Chambre, ordonné par l'article 18 de l'arrêté des consuls, du 13 frimaire an IX, qui établit une Chambre d'avoués près de chaque tribunal.

C'est assurément une belle conception de la part des avoués, que d'avoir trouvé le moyen de faire payer au public, sans qu'il s'en aperçût, le fonds commun qu'ils doivent fournir à leurs frais. Honneur au génie des praticiens de la capitale! mais ce n'est pas de l'honneur sans profit!....

    5° Droit d'article dans les états de frais. Ce droit, qui est de 10 c. par chaque pièce de la procédure entrant dans les dépens en *matières ordinaires seulement,* conformément au décret sur le tarif des droits de taxe, est étendu par les avoués à tous leurs mémoires de frais indistinctement. On peut l'évaluer, en affaires sommaires, à raison de 15 articles par chaque cause, et pour 15,000 de l'espèce, à deux avoués en cause. . . . . **45,600** »

    Dans les purges légales, au même nombre d'articles, et pour 15,000 également (voyez page 6.). . **22,500** »

                  68,100 «

    6° Le coût des bulletins d'audience, qui est un

381,400 fr.

Report. . . . . 381,400 fr.

des faux frais des avoués, est encore payé par les clients, qui ne le doivent pas. Ces bulletins font un objet de 54,000 fr. (Voyez page 5, n° 2). . . . . **54,000 »**

7° Enfin, chaque partie paie son avocat, indépendamment des frais de son avoué; cela n'empêche pas celui-ci de porter une somme de 15 fr. sur son mémoire, à la colonne des déboursés, sous le titre de *plaidoirie à l'avocat*, et ces 15 fr. ne lui sont jamais remis. Les avoués portent cette somme dans les causes sommaires comme ils la portent dans les causes ordinaires; mais des honoraires n'étant pas dus aux avocats dans les causes sommaires, je ne porterai les 15 fr. de plaidoirie que dans les causes ordinaires. Je fais cette concession aux avoués, et, certes, elle est importante. On a vu, lors de l'évaluation du placet, qu'il y avait 15,000 causes ordinaires par année à 15 fr., produisant. . . . . **225,000 »**

660,400 fr.

Les justiciables du tribunal civil de Paris paient donc la somme de 660,400 fr. qu'ils ne doivent en aucune manière. Voilà les avoués de Paris.

Comment ces 660,400 fr. se répartissent-ils?

1° Il est versé à la caisse syndicale des avoués l'excédant de la mise au rôle, dont le greffier en chef compte directement au caissier de la Chambre. **75,000 »**

Le droit de Chambre sur les adjudications aux criées du tribunal, que le greffier perçoit sur les avoués et qu'il verse également à la Chambre. . . **10,400 »**

Le droit de Chambre sur les actes de la purge légale, que le greffier perçoit et verse de la même manière. . . . . **30,000 »**

Le droit de Chambre sur les requêtes, que les avoués versent directement à la caisse de la compagnie au moment du visa par l'un des employés de la Chambre. . . . . **22,500 »**

Le droit de Chambre sur les taxes des mémoires d'avoués par la chambre, versé directement par les avoués à la caisse commune. . . . . **15,000 »**

152,900 fr.

Total des sommes versées à la caisse commune des avoués. . **152,900 fr.**

2

REPORT. . . . . 152,900 fr.

2º Le placet et les conclusions jointes, dont le montant vertit au profit personnel des avoués. . . 160,400 »

Le droit d'articles dans les états de frais en matières sommaires, que les avoués s'attribuent et qui leur profite personnellement. . . . . 45,600 »

Le même droit dans les purges légales, et qui produit le même résultat. . . . . 22,500 »

Le produit de la plaidoirie de l'avocat dans les affaires ordinaires, et qui tourne encore au profit personnel des avoués. . . . . 225,000 »

Total au bénéfice personnel des avoués. . . . 453,500 »   453,500 »

3º Enfin, le coût des bulletins d'audience, que le greffier en chef du tribunal civil de la Seine reçoit sans partage.. . . . . .   54,000 »

Total égal. . . . .   660,400 »

Ces 660,400 fr. sont indépendans des réductions dont *tous les mémoires de frais des avoués* sont en outre susceptibles, et que, par l'expérience que j'en ai, j'évalue au sixième de leur montant. Ainsi, en calculant qu'un avoué ne reste pas en fonctions plus de dix ans, il aura perçu *illégalement* sur ses clients une somme de 44,026 fr. 60 c., et la corporation des avoués de Paris aura levé sur l'ensemble des justiciables de la Seine, la contribution énorme de 6,603,990 fr. par les exactions que je signale; ajoutant à cela les droits légaux par approximation, d'après l'état qui suit, on trouvera que dans dix années les avoués de Paris auront levé sur les justiciables de la Seine une somme totale de 123,602,000 fr. Le scandale du prix des charges des avoués et leur fortune s'expliquent : le problème est résolu.

Maintenant, Public, qui comprends la logique irréfragable des chiffres, prononce ton jugement, et dis si mes conseils sont insidieux et perfides, ou si les avoués sont aussi honnêtes gens qu'ils veulent le faire accroire!....

APERÇU GÉNÉRAL

Des sommes que les avoués de Paris perçoivent LÉGALEMENT ou ILLÉGALEMENT, *pour leurs droits, salaires et honoraires, sur les justiciables du département de la Seine, chaque année.*

1º *Affaires sommaires.* On les a évaluées à 15,000, à raison de cent par chaque avoué, et l'on attribue pour chaque cause une rétribution nette de déboursés de la somme de 30 f. pour un avoué, et deux avoués seulement en cause. . . . . 900,000 fr.

2º *Affaires ordinaires.* 15,000 également. On évalue à 200 fr.

900,000 fr.

Report. . . . .   900,000 fr.

nets ce que chaque avoué retire d'émolumens pour chacune de ces affaires, et deux avoués en cause . . . .   6,000,000 »

3° *Référés.* On en a supposé 5,200 par année, à raison de 5 fr. par chaque avoué et deux avoués en cause. . . . .   52,000 »

4° *Significations* de 5,200 ordonnances par un seul avoué, pour une copie seulement, à raison de cinq rôles à 30 c. . . .   7,800 »

5° *Poursuites de saisies immobilières, licitations ou conversions.* On en porte le nombre à 20 par semaine, et pour l'année 1,040. Il est difficile d'évaluer le bénéfice de l'avoué : c'est la bouteille à l'encre. On ne portera donc que 1,000 fr. par chaque, ce qui donne. . . . .   1,040,000 »

6° *Adjudications aux criées du tribunal, et par suite formalités de la transcription,* 1,040, et produit pour l'avoué 500 fr. par chaque. . . . .   520,000 »

7° *Ordres.* On en attribue 4 à chaque avoué, ainsi 600; et il perçoit au moins 1,000 fr., ce qui produit. . . . .   600,000 »

8° *Attributions aux avoués produisant dans l'ordre.* On n'en suppose que 5, et on ne les rétribue qu'à raison de 100 fr. chaque. . . . .   300,000 »

9° *Contributions.* On peut en fixer le nombre à 10 par chaque avoué, et lui compter 100 f. pour ses émolumens par chaque contribution, et pour 150 avoués. . . . .   150,000 »

10° *Attributions des avoués produisant.* On en porte également le nombre à 5, et par chaque 30 fr., ce qui donne pour les productions dans l'ordre 150 fr. par chaque avoué, et pour 10 ordres et 150 avoués. . . . .   225,000 »

11° *Purges légales.* Le calcul en a été fait page 10. Elles produisent, non compris le droit de Chambre et le droit d'articles.   1,200,000 »

12° *Droits illégaux et proscrits.* Evalués page 18 à.. . . . .   660,400 »

13° *Honoraires,* que les avoués mandient quand ils n'osent les exiger, ou qu'ils obtiennent de la crédulité des uns, de l'ignorance ou de la confiance des autres, de la faiblesse et du laisser-aller d'un grand nombre. Chaque avoué reçoit au moins 3,000 fr. par an, et pour 150 avoués. . . . .   450,000 »

14° *Rétribution* que les avoués se font allouer dans les partages et liquidations renvoyés devant les notaires. On ne suppose que 4 affaires de ce genre pour chaque avoué, et on ne

12,105,200 fr.

2.

Report. . . . . 12,105,200 fr.

portera que **300 fr.** par chacune. On sait qu'il y a des avoués qui ne craignent pas de demander des milliers de francs pour ces sortes d'opérations ; cela dépend de la générosité ou de la parcimonie des notaires.. . . . . 180,000 »

15° *Affaires de cabinet*, telles que transactions, assemblées de créanciers, actes sous seings privés, etc. On ne portera que 10 affaires de ce genre par chaque avoué, et 50 fr. par affaire. 75,000 »

Total. . . . . 12,360,200 fr.

On peut donc évaluer à cette somme le produit annuel des 150 charges d'avoués à Paris, ce qui ferait pour chaque 82,401 fr. 03 c. ; ainsi, lorsqu'on demande une augmentation dans le nombre des avoués, à Paris surtout, et qu'on voudrait l'élever à 200, on ne fait donc pas une demande ridicule. On peut même dire qu'elle est écrite dans la loi. Car lisez l'arrêté des consuls du 13 frimaire an IX, sur l'établissement des Chambres des avoués, et vous trouverez au titre *Organisation de la Chambre*, article 4 : « La Chambre des avoués est composée » de quinze membres dans les tribunaux où le nombre des avoués est de deux » cents et au-dessus. »

Il a donc été reconnu en principe qu'il y avait en France un tribunal au moins près duquel il serait nécessaire d'établir deux cents avoués et plus. Quel est ce tribunal? Ce ne peut être que celui de Paris, qui comprend trois arrondissemens sous la même juridiction de première instance. Cette première raison, comme on le voit, est tirée de la loi. Mais la seconde est tirée de la nécessité, autre loi qui n'a pas moins d'empire que la première, qui lui cède souvent. Veut-on s'en convaincre? Transportez-vous chaque jour aux chambres d'audience du tribunal civil de la Seine. Qu'y voyez-vous? des premiers, seconds et troisièmes clercs d'avoués, et fort peu de ces derniers.—Pourquoi?—Parce que la multiplicité des affaires ne permet pas qu'un avoué qui a deux cents causes à instruire par an, trente à quarante référés, six à huit poursuites de saisies immobilières, autant d'enchères, des ordres, des contributions, quatre-vingts à cent purges légales, autant de transcriptions, quelques centaines de vacations au greffe ou ailleurs, des partages et liquidations, des affaires de cabinet, etc., puisse être partout à la fois. Je sais bien que les jeunes clercs ne manquent pas d'intelligence et de savoir, et que leur imagination leur suggère souvent des moyens qui ne viendraient pas à l'esprit de beaucoup de leurs patrons, qui n'en manquent pas cependant lorsqu'il s'agit de pressurer un client et de faire sortir quelques centaines de francs de son dossier ou plutôt de sa bourse. Pourquoi encore? Parce que ces jeunes gens studieux, actifs, intelligens, désireux de se faire une position honorable dans la société, dont ils sont l'espérance, s'occupent beaucoup plus des affaires de l'étude que les avoués, qui en ont tout le profit et en laissent supporter tous les désagrémens et le travail à leurs clercs. Car les avoués ne sont plus ces êtres maussades et désagréables à voir qu'on appelait procureurs.

« Le procureur était un homme toujours habillé de noir, coiffé d'une ample
» perruque classique, ne parlant que des affaires d'autrui, et en termes bar-
» bares qui blessaient l'oreille ; toujours enfouis sous un bâtiment de pape-
» rasses en décombres, les procureurs fouillaient les titres, se couvraient d'une
» poussière ridicule, prenaient à cœur l'intérêt du client jusqu'à se faire échiner
» pour lui ; ils n'allaient jamais dans le monde, ne se voyaient qu'entre eux ;
» enfin, un procureur prodigue passait pour un monstre, et celui qui aurait été
» assez hardi pour aller au Châtelet en voiture aurait été taxé de folie. Au bout
» de quelque vingt ans passés dans la gêne et dans *la pratique*, ils se reti-
» raient à quelque campagne, où ils n'avaient plus d'autre joie que de voir
» passer de grandes bandes de corbeaux qui leur rappelaient l'honorable corps
» des procureurs aux grands jours d'assemblée. On avait fini par les respecter
» comme des fous peu dangereux.

» Tout au contraire, l'avoué d'aujourd'hui est un jeune homme aimable, gai,
» spirituel, mis comme le veut l'arrêt suprême chez Tortoni ; il court les bals,
» les fêtes, les concerts ; sa femme, par sa toilette, écrase les dames de la cour ;
» notre avoué dédaigne tout ce qui n'est pas élégant ; son cabinet est un boudoir,
» sa bibliothèque est dans sa tête ; il plaisante des choses les plus graves, et
» notre heureuse France a cela de beau, qu'on y prend tout en riant. *Nous*
» *allons l'exproprier, nous allons le poursuivre, le ruiner ;* tout cela est dit avec
» le sérieux de Polichinel. Les avoués courent en cabriolet, jouent à l'écarté ;
» les clercs font des vaudevilles, et tout, disent-ils, n'en va pas plus mal. »

On ne se fait plus avoués dans le but primitif de sa profession ; on entrevoit
bien qu'on ira au Palais par-ci, par-là ; mais la première pensée est celle-ci :
« En achetant une charge quatre cent mille francs, prenant qu'elle rapporte
» 40,000 fr. nets, l'argent est placé à dix. » Ainsi on place mieux en avoués qu'en
terres.

Pour faire cesser le scandale des ventes des charges d'avoués, qu'on en
double le nombre ; pour mettre un terme aux abus, aux exactions que des
avoués commettent, qu'on soit sévère à leur égard, et qu'on leur applique, dans
toute leur rigueur, les dispositions des lois pénales, toutes les fois qu'ils auront
perçu ou exigé seulement des droits qu'ils savaient ne pas leur être dus, ou
qu'ils auront porté dans leurs mémoires de frais des déboursés qu'ils n'auront pas faits. Quand on ne fait que réduire les avoués par la taxe légale, quel
est le pis-aller pour eux ? c'est de ne pas recevoir ce qui ne leur est pas dû, ou
de rendre ce qu'ils ont perçu de trop, et les justiciables sont toujours à se débattre pour ne pas payer ce qu'ils ne doivent pas. Tous ceux qui font ou subissent des procès ne connaissent pas le tarif ; aussi combien y en a-t-il de
trompés !.... Enfin, que les juges exigent d'eux qu'ils remplissent eux-mêmes
leurs fonctions et qu'ils assistent aux audiences, comme le veut la loi, ils
acquerront des connaissances et l'expérience qui leur manquent, les affaires
seront plus promptement expédiées, et les justiciables s'en trouveront beaucoup mieux.

Je saisirai l'occasion de cette nouvelle publication pour reproduire le vœu que je forme depuis long-temps et que j'ai exprimé dans une pétition que j'ai présentée, dès 1830, à la Chambre des députés.

1° De rendre la liberté de la défense et de l'instruction des affaires judiciaires devant les tribunaux civils;

2° De réformer le Tarif des avoués, et de le rétablir sur des bases moins onéreuses aux parties, en diminuant le nombre des articles, en supprimant les requêtes dans les affaires ordinaires, et en réduisant le salaire des avoués à sa juste valeur;

3° De rendre les fonctions d'avoué une profession responsable, que tout Français sera libre d'exercer en justifiant de sa capacité en droit et en fournissant un cautionnement; le nombre des avoués serait illimité, comme celui des avocats;

4° D'abroger entièrement l'article 91 de la loi de finance du 28 avril 1816, comme étant diamétralement opposé aux principes de l'amovibilité et à ceux de la Charte modifiée en 1830; « *Tous les Français sont égaux devant la* » *loi.* »

Si mes vœux étaient exaucés, et que des lois intervinssent dans leur esprit, les jeunes gens instruits et sans fortune pourraient se procurer des emplois honorables et lucratifs, et les justiciables éprouveraient une grande diminution dans les frais de procédure, en même temps qu'ils obtiendraient une prompte solution de leurs procès, car c'est la procédure qui entrave la procédure.

OBSERVATIONS

SUR

LA CONDUITE QUE LES CLIENTS ONT A TENIR AVEC LES AVOUÉS POUR ÉVITER DE PAYER CE QU'ILS NE DOIVENT PAS.

Vacations aux expertises, visites des lieux, appositions et levées de scellés, aux inventaires, etc.

Lorsque, dans un procès, les avoués font ordonner une expertise ou un arbitrage soit de fournitures, soit de travaux, *voire même* de coups et blessures, il ne faut jamais permettre qu'ils y assistent en leur qualité d'avoué; d'abord ils n'y vont pas, ce sont leurs clercs pour constater leurs présence, et ensuite ils servent comme une cinquième roue à un carrosse; ils n'y vont que pour se faire allouer des vacations que l'on paie fort cher à cause du temps qu'on n'y emploie pas et que l'on compte néanmoins. En effet, voyez-vous un avoué au milieu d'architectes, de maçons, de charpentiers, de menuisiers, de peintres en bâtiment, de fournisseurs de plâtre et de pierres, etc., pour examiner et décider des points d'art qu'il ne connaît pas lui-même, et qui serait obligé de recourir à ceux-là mêmes qu'il prend charge de redresser, si c'était sa propre cause. Le voyez-vous encore présent à la visite que fait un médecin ou chirurgien sur un homme qu'un autre médecin ou chirurgien aura estropié par maladresse ou ignorance, et qui demande des dommages-intérêts.

Il m'est passé sous les yeux un mémoire de frais d'un av..oé de Paris, dans lequel on portait plusieurs vacations de trois heures que l'avoué avait faites pour être présent à la constatation, par un médecin nommé par le tribunal, qu'un autre médecin avait bien ou mal traité un individu qui se plaignait qu'on l'avait estropié en n'administrant pas les remèdes qui devaient guérir sa blessure. Et de même que Voltaire disait à Me André, perruquier de son état, qui lui soumettait une tragédie en sept actes (*Le Tremblement de terre de Lisbonne*) qu'il avait composée : « *Faites vos perruques*, » ne devrait-on pas dire à cet avoué : *Faites votre procédure, et faites-la bien, faites-la surtout loyalement et légalement*, et ne veuillez pas être ce que vous n'êtes pas, pour vous faire payer quelques pièces de six francs que vous n'avez pas gagnées. Les vacations des avoués aux rapports d'experts ne leur sont dues que lorsqu'ils ont expressément été requis par leurs parties, encore elles ne peuvent entrer en taxe (article 92 du Tarif). Ainsi, point de réquisition aux expertises, point de vacations. Économie.

Il en est de même dans les inventaires et partages, où la présence d'un avoué est très-inutile. C'est bien assez d'un notaire, qui travaille pendant une heure sur trois, sans y mêler encore un avoué qui double le coût des vacations, et qui est ingénieux à élever une difficulté pour introduire un référé, et par suite faire un procès. D'ailleurs, les vacations des avoués devant le notaire n'entrent point en frais de partages; *elles ne pourront être répétées que contre la partie qui aura requis l'assistance de l'avoué* (article 92 du Tarif).

Les avoués sont encore fort inutiles dans les assemblées de famille, chez les juges de paix ; ils ne font que prolonger la délibération sans l'éclairer. Lorsqu'à Paris on a le juge de paix et son greffier à payer, et qu'il faut encore y ajouter le salaire d'un avoué, cela coûte 14 fr. 75 c. par trois heures, qui n'en font que la moitié par la manière dont on les emploie. Il en est de même dans les appositions et reconnaissances de scellés. Dans cette somme, l'avoué y entre pour 6 fr., et remarquez en tout que celui qui fait le moins de travail et qui a le moins de responsabilité, est toujours le mieux rétribué, car l'avoué ne fait absolument rien dans ces opérations.

Les avoués veulent aussi se transporter chez les notaires devant lesquels des adjudications sont renvoyées par les tribunaux, afin, disent-ils, d'y rédiger le cahier des charges. Ne le souffrez pas ; le notaire seul suffit, et c'est à lui de faire ce travail, pour lequel l'article 172 du Tarif le rétribue.

AFFAIRES SOMMAIRES.

On divise la procédure civile en deux espèces : *Sommaire et ordinaire.*

Les affaires sommaires ne produisent presque rien aux avoués; aussi ils les craignent comme la peste, et les réduisent ou les métamorphosent en affaires ordinaires autant qu'ils le peuvent.

Il est assez difficile de se fixer sur ce point, car la loi elle-même n'est pas très-claire. On serait tenté de croire, en la lisant, qu'un avoué aurait présidé à sa rédaction, tant elle est élastique dans l'intérêt de la corporation.

L'article 404 du Code de procédure civile répute matières sommaires, et instruits comme tels :

« Les appels des juges de paix ;

» Les demandes pures personnelles, à quelques sommes qu'elles puissent » monter, *quand il y a titre, pourvu qu'il ne soit pas contesté.* »

Quand il y a titre, *pourvu qu'il ne soit pas contesté!* C'est dans ces dernières expressions de la loi que l'avoué trouve ou veut trouver le moyen de rendre ordinaire une affaire qui est réellement de sa nature sommaire. Le titre est authentique ou sous signature privée. Dans le premier cas, il peut être argué de faux ; dans le second, il est méconnu. On peut encore admettre le titre, et prétendre cependant qu'on ne doit rien, par exemple, si l'on oppose des quittances, des compensations. Dans ces cas, la contestation ne roule plus sur le titre, mais sur le fond, et l'avoué, qui interprète la loi judaïquement quand son intérêt d'avoué l'exige, n'a qu'à contester la demande, et de sommaire qu'elle était primitivement et réellement, il la rendra ordinaire; et puis de la procédure à l'infini, constitutions, requêtes verbeuses pour ne rien dire, et que les juges ne prennent pas la peine de lire, vu leur insignifiance, actes d'avoué de toutes les espèces, etc., etc. C'est donc à la partie qui demande à faire valoir près des magistrats que le mot *contesté* ne doit pas suffire, et qu'il faut que la contestation soit fondée et admise; car si la demande est accordée dans le sens qu'elle est faite, il est certain que l'affaire est sommaire. Aussi, pour ôter toute latitude et tout prétexte aux avoués, il serait utile que l'exploit introductif d'instance ne contint réellement que ce qui est dû, et qu'on n'insérât pas cette locution banale : *sauf à déduire les sommes qu'on justifiera avoir légalement payées;* car c'est là qu'est toute la question. Si par exemple on demande 2,000 fr., et qu'il ait été payé des à-comptes, il faudra les détailler et les déduire afin d'éviter toute contestation. D'abord, il y aura équité, ensuite on mettra le débiteur hors d'état de contester, et sa résistance ne sera plus que de la chicane dont les tribunaux feront justice.

« Les demandes formées sans titre, *lorsqu'elles n'excèdent pas mille francs.* »

Les avoués de Paris trouvent dans cette définition un double argument pour d'une affaire sommaire en faire une affaire ordinaire. Ils prétendent que lorsqu'il intervient une condamnation *au-dessus de* 1,000 fr. sur une demande qui n'excédait pas cette somme, l'affaire est ordinaire. Comme on le voit, c'est la condamnation qui, suivant eux, servirait de base pour déterminer la nature de l'affaire ; puis, retournant l'argument, ils veulent que si la demande est *supérieure à* 1,000 fr., et que la condamnation soit inférieure à cette somme, ce n'est plus la condamnation qui doit servir de base, mais bien la demande. La Chambre des avoués de Paris a pris cette double et ridicule décision contre le même justiciable. Entendez-vous donc, Messieurs de la Chambre, et tâchez d'être conséquens avec vous-mêmes, sous peine de passer pour des ignorans ou des gens de mauvaise foi.

Les avoués ont encore un moyen de rendre ordinaire une affaire qui était de sa nature sommaire, c'est de demander des dommages-intérêts indéterminés ; par exemple, s'agit-il de réclamer un simple droit ou de remplir une condition s'élevant à moins de 1,000 fr., ils ajoutent dans l'acte introductif d'instance, sous la contrainte de 50 fr. par chaque jour de retard que le condamné mettra à exécuter le jugement. Et le juge ne voit pas que c'est l'intérêt de l'avoué qu'il sert au détriment du justiciable! Il ne devine pas l'avoué, il ne fait pas justice d'un tel abus en insérant dans le dispositif de son jugement, ces mots : *jugé comme en matières sommaires.*

« Les demandes provisoires ou qui requièrent célérité. »

Cette définition est vaste et favorable aux justiciables ; qu'ils en sachent tirer parti. On ne peut guère examiner toutes les demandes de cette nature ; mais les offres réelles, les oppositions et saisies-arrêt, les saisies immobilières, les saisies revendication, les arrestations, les exécutions de jugemens, le mandat, les redditions de comptes de toutes espèces, etc., sont dans ce cas. Toutes ces demandes sont de leur nature sommaires, n'importe à quelles sommes elles peuvent s'élever.

« Les demandes en paiement de loyers et fermages, et arrérages de rentes. »

Il est encore une infinité de demandes qui doivent se juger sommairement ou sans procédure, telles que celles exprimées aux articles 320, 608, 711, 832, 973 du Code de procédure civile, 2183 et 2185 du Code civil.

Dans toutes les causes sommaires, il n'est point dû d'honoraires aux avocats. Ce sont les avoués qui doivent les défendre, sans autre rétribution que celle accordée par l'article 67 du Tarif.

L'article 1ᵉʳ du décret du 16 février 1807, sur la liquidation des dépens en matières sommaires (voir ce décret à la fin de l'Instruction) veut que la *liquidation de ces dépens soit faite par les jugemens qui les auront adjugés, et ordonne que l'avoué qui aura obtenu la condamnation remette dans le jour, au greffier tenant la plume à l'audience, l'état des dépens adjugés.* Mais les avoués de Paris ne remplissent jamais ou presque jamais cette formalité. Pourquoi? Parce que ces messieurs redoutent toujours la taxe : quelque large qu'elle soit par le peu de soins qu'on apporte à la faire, elle est toujours désavantageuse à l'avoué, qui glisse dans son mémoire, qu'il fait payer à l'amiable, une infinité de droits et d'honoraires que la loi refuse. Si l'avoué de Paris est coupable de ne pas faire ce que l'article 1ᵉʳ prescrit , le greffier est-il excusable de ne pas exiger de l'avoué ce que la loi lui ordonne de demander?

L'avoué qui a obtenu une condamnation de dépens a encore un intérêt à ne pas faire liquider sur-le-champ les dépens en matière sommaire; c'est de se faire délivrer un exécutoire, de le signifier aux avoués adverses et à domicile. Par cette marche, qui n'a d'autre objet que de se faire des salaires, les avoués adverses dénoncent à leurs parties la signification qui leur a été faite de l'exécutoire; et c'est encore un droit de signification et de copies de pièces de plus qui vient aggraver la position de celui qui a succombé dans l'instance. Ici, ce ne sont point les parties qui peuvent forcer les avoués à faire ce que la loi prescrit : ce sont les magistrats ; que Messieurs les présidens de chambre, par exemple, qui peuvent ordonner au greffier de remplir les formalités que la loi veut, l'exigent, et tout coulera de source.

TAXE LÉGALE DES MÉMOIRES DE FRAIS D'AVOUÉS.

J'ai dit qu'il ne fallait jamais payer un mémoire de frais d'avoué sans l'avoir fait préalablement taxer, mais j'entends par l'autorité compétente, c'est-à-dire par un juge commis à cet effet par M. le président du tribunal, car la taxe que fait la Chambre des avoués, quelque rigoureuse que ces messieurs disent qu'elle est, se trouve toujours au-dessus de celle du juge, lorsque ce magistrat veut se renfermer dans les prescriptions de la loi et dans les limites du Tarif. Je n'en citerai qu'un exemple : la Chambre des avoués de Paris avait taxé un mémoire de frais à 11,667 fr. 43 c., et le tribunal a taxé le même mémoire à 11,326 fr. 43 c.; cette différence prouve combien il importe de s'adresser directement au juge. Ensuite le magistrat ne prend rien pour taxer un mémoire de frais, tandis que la Chambre des avoués de Paris s'attribue, sous le titre de droit de taxe, un 20ᵉ par article taxé, qu'elle ajoute au mémoire et que le client paie pour avoir demandé une taxe amiable.

Lorsqu'un client se plaint à son avoué de l'exorbitance de son mémoire, il lui propose aussitôt de le faire taxer par la Chambre, et si le client y consent, on lui fait donner une procuration à cet effet. Il ne faut jamais donner de procuration ou d'autorisation pour que la Chambre taxe ; il en résultera toujours un inconvénient grave pour le client, qui ne pourra plus revenir sur la taxe de la Chambre. C'est au magistrat seul qu'il faut avoir recours.

Si le client croit que la taxe du juge n'est pas conforme à la loi, il a le droit d'y former opposition dans les trois jours de la signification qui lui en est faite, et de discuter de nouveau chacun des articles du mémoire, soit dans la chambre du conseil, soit devant le tribunal. Je dis dans la chambre du conseil ou devant le tribunal, parce que le décret du 16 février 1807, relatif à la liquidation des dépens, ne paraît être applicable que pour les frais à la charge de la partie qui a succombé dans un procès, et non aux frais que l'avoué qui a perdu son procès réclame de sa partie.

Cette question s'est présentée, et le tribunal de la Seine (3ᵉ chambre), en déclarant l'opposant non recevable dans son opposition avec assignation devant lui, a invoqué l'usage et non la loi. Il a pensé que l'opposition à la taxe d'un juge commis devait se former avec assignation en chambre du conseil, comme en matière de dépens; ainsi, il sera donc prudent, pour les justiciables de la Seine, d'adopter cette marche, qui sera moins coûteuse et qui donnera le même résultat, car les juges en chambre du conseil sont les mêmes qu'en audience publique, et l'on peut appeler de leur décision comme on le ferait de leur jugement dans les cas où il y a lieu à appel. Peut-être qu'un autre tribunal de première instance, peut-être même une autre chambre du tribunal de la Seine, prendront-ils une détermination différente, car, depuis que la magistrature s'est mise en droit de faire de la législation, les lois ne produisent plus l'effet qu'on avait le droit d'en attendre.

Voilà la marche qu'il conviendra de suivre : demander la taxe légale en faisant commettre un juge à cet effet, et lorsque cette taxe aura été signifiée par l'avoué, on y formera opposition dans les trois jours, y compris le jour de la signification avec assignation en la chambre du conseil et constitution d'avoué. Il est entendu que cette opposition n'aura lieu que dans le cas où la taxe ne conviendrait pas. L'opposant pourra présenter lui-même, assisté de son avoué, les observations qu'il jugera utiles de faire ; la loi ne s'y oppose pas.

Quant aux frais de cette contestation, voir à cet égard le *Tarif des frais de taxe.*

La décision de la huitième chambre me concernait ; elle a donné l'occasion à un folliculaire de faire deux articles dans son journal, l'un pour me dire des injures qu'il a eu mission de m'adresser, et faire une comparaison que je repousse de toutes mes forces ; et l'autre pour rendre compte de mes prétentions à faire taxer en audience publique, et non en chambre du conseil, les mémoires de frais d'avoué qui ne sont pas des dépens.

Je n'ai point répondu au journaliste, parce que la polémique des journaux n'est pas de mon goût. Mais ma réponse trouve naturellement sa place dans un livre qui ne traite qu' des taxes de frais ; elle y convient d'autant mieux que c'est à cause de la publication de mon livre, et pour l'empêcher, que le procès, qui dormait et qui paraissait être oublié depuis plus de huit ans, a été repris et l'a été par la corporation des avoués de la Seine ; car, il faut bien le dire, l'ancien avoué au nom duquel on a agi n'a plus la tête aux procès, *et même n'a plus sa tête à lui.* Mais le dossier était resté aux mains de son successeur, M⁰ Belland, comme résidu d'étude, et cet avoué n'a rien trouvé de mieux que de l'exhumer des cartons pour faire quelque scandale et attacher le grelot. C'est par des moyens semblables que les avoués prétendent tenir la lumière sous le boisseau. D'abord ils ont tort, ensuite ils se sont fort mal adressés. Je suis inaccessible à la crainte, et je leur déclare que je ne reculerai pas. La meilleure preuve que je puisse leur en donner, c'est la publication que je fais d'un livre qui doit porter des convictions dans tous les esprits.

Quelque répugnance que j'éprouve à entretenir le public de ce qui me concerne, je vais cependant entrer dans tous les détails d'une affaire qui, quoique m'étant personnelle, se rattache néanmoins à l'intérêt de tous les justiciables.

Je n'en aurais parlé qu'en termes généraux, si un journal dévoué aux avoués, et peut-être soutenu par eux, ne m'avait dit des personnalités à l'égard d'un principe de droit qu'on semble vouloir méconnaître.

Ce journal s'intitule *la Loi*, et l'on sait que s'il n'est pas entièrement rédigé par des avoués, son conseil du contentieux est composé de quatre avoués, de trois avocats, d'un notaire et d'un agréé. Voyez-vous cet amalgame d'avocats, d'avoués, de notaires, tous officiers publics ayant un caractère déterminé par les lois, et un hermaphrodite, car, qu'est-ce qu'un agréé? Je le dirai dans un ouvrage que je me propose de publier après celui-ci. On voit dès-lors quels intérêts il aura à défendre, si Dieu lui prête vie.

Le journal *la Loi* ne comptait encore que *trois jours d'existence* qu'il n'avait pas caché sous quelle influence il serait rédigé. Voici en quels termes il s'exprimait dans son *bulletin* du 20 novembre 1836, n° 3 :

« En première instance et en appel, les officiers ministériels étaient en cause » aujourd'hui.

» D'un côté, c'était M. Fournier-Verneuil, célèbre par le cynisme de ses dif-» famations quotidiennes, tenace à combattre les avoués et les notaires, et sans » cesse battu par eux devant la justice, parce que l'exagération est toujours à » côté de la vérité. *Les abus qu'il est possible de reprocher à quelques membres* » *d'un corps, quelque graves qu'ils puissent être, ne justifient pas des attaques* » *générales aussi éhontées que celles dont la Cour royale vient de faire justice.*

» M. Fournier-Verneuil a trouvé *un imitateur moins habile*, et qui n'est que » ridicule. Les débats d'aujourd'hui donnent à penser que le tribunal justifiera » d'une attaque si maladroitement dirigée *un honorable officier public* dont les » qualités ont pu être appréciées pendant un long exercice de la profession » d'avoué. »

L'imitateur moins habile que M. Fournier-Verneuil, et qui n'est que ridicule, c'est moi, et l'honorable officier public dont les qualités ont pu être appréciées pendant un long exercice de la profession d'avoué, c'est M. Gasnault.

Ni M. Gasnault ni moi ne sommes nommés dans l'article, mais Me Vervoort, avocat, ne laisse rien à désirer à cet égard dans le compte qu'il rend plus loin, dans le journal du même jour, du procès qui était pendant à la huitième Chambre du tribunal de première instance de la Seine, le 19 novembre 1836.

Avant de discuter le narré de Me Vervoort, il faut dire un mot du *bulletin* du journal *la Loi*.

Le journal *la Loi* dit que M. Fournier-Verneuil est un diffamateur quotidien, et que la Cour royale de Paris en a fait justice. Il dit ensuite que, quoiqu'il soit possible de reprocher des abus à quelques membres d'un corps, cela ne justifie pas des attaques aussi éhontées que celles de M. Fournier-Verneuil. (Il reconnaît donc des abus à réprimer? Il est bon d'en prendre acte.)

Ainsi le journal *la Loi* reconnaît M. Fournier-Verneuil atteint et convaincu de diffamation, et il me compare à lui. Grand merci. Mais comme il ne croit pas me dire une impertinence assez grossière qu'il a sans doute mission de m'adresser, il ajoute que je suis moins habile que M. Fournier-Verneuil, et que je ne suis que ridicule.

Sans examiner si M. Fournier-Verneuil avait raison au fond et tort dans la forme, je ne proposerai que cette question aux habiles du journal *la Loi* :

Lequel est le plus habile de celui qui croit avoir dit la vérité et qui se fait condamner, ou de celui qui la dit constamment, et qui conserve toujours le droit de la dire ?

La question du ridicule se trouve résolue par la condamnation de M. Fournier-Verneuil, par son silence quotidien, et par la publication que je fais, qui ne m'amènera ni sur les bancs du Tribunal correctionnel, ni sur ceux de la Cour d'assises, du moins je l'espère, car je ne m'attaque pas aux personnes, mais toujours aux abus que je signale, en indiquant le remède pour les déraciner ou pour les paralyser.

Maintenant, passons à l'article du journal *la Loi* par lequel il rend compte de la demande en règlement de taxe. Laissons parler le rédacteur.

« Le sieur Courgibet, auteur, nous a-t-on dit, d'un livre intitulé : *Les avoués
» réduits à leur plus simple expression*, a en horreur les avoués, et surtout leurs
» demandes en paiement de frais. *Les lauriers de M. Fournier-Verneuil l'em-
» pêchent de dormir;* aussi vient-il, en personne, signaler hautement à MM. les
» juges les *exactions* des officiers ministériels en général, et en particulier celles
» de M⁰ Gasnault, ancien avoué. Par malheur, il mêle plusieurs fois à ses ré-
» criminations une certaine teinte diffamatoire qui nécessite de la part de M. le
» président, malgré toute sa longanimité, menace de lui retirer la parole ; et
» pourtant un exemple tout proche aurait dû l'instruire du danger qu'on ren-
» contre à dépasser certaines bornes de convenance : M. Fournier-Verneuil
» comparaissait devant la Chambre des appels de police correctionnelle pour
» délit de diffamation contre plusieurs officiers ministériels.

» Après avoir annoncé qu'il plaide ici bien moins dans son intérêt que pour
» les principes, M. Courgibet donne lecture au tribunal d'un long factum où il
» expose son affaire, développe quatre propositions, critique les droits illé-
» gaux des avoués, et sème des aphorismes dans le genre de celui-ci : *Si les
» circonstances font les hommes, on peut dire aussi que l'intérêt personnel les
» rend absurdes.*

» M⁰ Vervoort, avocat du sieur Gasnault, expose ensuite les faits. Il en ré-
» sulte que M. Courgibet, autrefois agréé du tribunal de commerce à Gour-
» nay, chargé par mandat de suivre une instance, a commis M. Gasnault, alors
» avoué à Paris ; puis, lorsqu'il s'est agi de payer les frais, il s'y est refusé ; de
» là poursuites, jugemens, saisies, et le sieur Courgibet, qui se plaint de l'as-
» tuce procédurière, a pourtant eu le talent de susciter dans cette affaire d'inter-
» minables difficultés, car le premier jugement date du 28 septembre 1828.

» La Chambre des avoués, à laquelle M. Courgibet s'était adressé en lui
» donnant pouvoir, comme cela est d'usage, avait réglé une première taxe le
» 29 octobre 1829.

» *En vertu de cette décision, M⁰ Gasnault avait obtenu l'exécutoire;* après
» avoir fait commandement à son débiteur de payer, le 30 mars 1836 il fit
» opérer une saisie à son nouveau domicile à Paris ; mais on fit opposition, puis
» M. Courgibet demanda la taxe régulière. M. Thomassy, juge du tribunal de
» première instance, en fut chargé ; il porta le montant à 836 fr. 28 c. (Les
» deux mémoires étaient présentés pour 1,147 fr. 17 c.) Sur la signification qui
» lui fut faite, l'ancien agréé déclara son opposition à la taxe par acte extra-
» judiciaire, assignant aussi M⁰ Gasnault devant le tribunal. Le 2 août 1836 il

» laisse prendre un jugement par défaut, auquel il met opposition. Ensuite, se
» fondant 1° sur un déclinatoire, 2° sur une révision à faire de la taxe, il de-
» mande 1,200 fr. de dommages-intérêts.

 « 1° Sur le déclinatoire, d'abord M. Courgibet est demandeur et a saisi lui-
» même la juridiction. Puis le tribunal est réellement compétent, car il s'agit
» d'une demande en paiement de frais. On objecte que M. Gasnault n'est plus
» avoué, mais il l'était à l'époque où les frais ont été faits ; il est inutile de dis-
» cuter ce moyen, l'article 60 est formel.

 » 2° On demande la révision de la taxe ; mais, d'abord, l'opposition devait se
» former par acte d'avoué à avoué, non pas par un acte extrajudiciaire ; mais
» admettons que la procédure ne soit pas vicieuse, les moyens sur lesquels on
» se fonde n'ont aucune valeur (M⁰ Vervoort les discute). On critique, dit-il, les
» frais de placet, de mise au rôle, de bulletins d'audience, de droit d'articles et
» d'honoraires ; mais ces frais sont *généralement admis*, et ce qu'ils pouvaient
» avoir d'*exagéré* a disparu dans la taxe de M. Thomassy.

 » L'affaire est remise à huitaine pour entendre M. l'avocat du Roi et pronon-
» cer le jugement. *Nous en rendrons compte.* »

Lorsqu'on rend compte d'une affaire qui se passe devant un tribunal, on devrait être de bonne foi et ne dire que la vérité ; on devrait surtout être sobre de
personnalités, et même les éviter tout-à-fait, puisque l'on en fait soi-même un
reproche. Mais M⁰ Vervoort ne voulait point rendre compte de l'instance qui
existe entre M. Gasnault, ancien avoué, et moi ; il voulait me signaler comme
tourmentant les officiers ministériels et profitant de la première occasion qui se
présentait pour leur faire leur procès, puisqu'il commence son article par an-
noncer le livre que je publie, qu'il dit que j'ai en horreur les avoués, et surtout
leurs demandes de frais, et que je viens en personne signaler les *exactions* des
officiers ministériels en général, et en particulier celles de M. Gasnault. A l'entendre, j'y ai mis tant de passion que j'aurais donné à mes récriminations une
certaine teinte diffamatoire qui m'aurait attiré la menace, de la part de M. le
président, de me retirer la parole. Voici ce que j'ai dit en commençant ma plaidoirie devant la huitième chambre du tribunal civil de la Seine :

 « Le procès qui est soumis à votre décision entre M. Gasnault, ancien avoué,
» et moi, n'est point un procès d'un intérêt pécuniaire. M. Gasnault ne veut pas
» d'argent, car s'il en avait voulu il n'avait qu'à dire un mot à mes mandans,
» et il en aurait eu sur-le-champ : non-seulement ils sont en état de payer comme
» industriels, mais encore comme propriétaires. Mais c'est de l'esclandre que
» l'on veut. Ce n'est pas M. Gasnault qui la veut, il n'a plus d'intérêt à en
» faire, il n'est plus avoué ; mais c'est M⁰ Belland, son successeur, qui paraît
» être *le bouc émissaire de la compagnie des avoués*, *et qui a voulu attacher le*
» *grelot pour venger la corporation des écrits que j'ai publiés et que je me pro-*
» *pose de publier encore contre les abus qu'elle commet et contre ses exigences.*
» Il ne faut donc pas se dissimuler que ce n'est point un procès d'argent qu'on
» me fait sous le nom d'un ancien confrère qui éprouve peut-être encore quel-

» que velléité de l'ancien corps auquel il a appartenu, mais qui ne voudrait plus
» se mettre en évidence. »

C'est pour ce début que M. le président a cru devoir me prévenir de me mo-
dérer dans mes expressions, et lorsqu'arrivé à la partie de ma plaidoirie où je
me plaignais de l'excédant de la mise au rôle, que M. Gasnault avait portée au
double de ce qu'elle est fixée par la loi, j'ai dit :

« Ainsi M. Gasnault, qui a exigé par voie d'exécution ce qui ne lui était pas
» dû, est évidemment un concussionnaire, aux termes de l'article 174 du Code
» pénal, si les avoués sont sous l'influence de la loi pénale comme les autres
» citoyens, quand ils prennent ou exigent ce qu'ils savent bien ne pas leur ap-
» partenir. Mais M. Gasnault n'est pas plus concussionnaire que les cent cin-
» quante avoués du tribunal civil de la Seine, car tous portent dans leurs mé-
» moires de frais, et se le font payer, un excédant de mise au rôle. »

A ce moment M. le président m'a interrompu, en me disant que je plaidais
contre M. Gasnault et non contre la corporation des avoués, et que j'eusse à
me renfermer dans les limites de ma cause.

Enfin, lorsque, remontant de l'effet à la cause, j'ai voulu prouver en détail et
par des chiffres qu'en tolérant l'allocation des petites sommes que M. Gasnault
portait dans son mémoire, et qui ne lui étaient pas dues légalement, les avoués
de Paris percevaient illégalement, chaque année, sur les justiciables du département de la Seine, une somme de 1,225,400 fr.; M. le président, qui a craint
l'effet que produirait sur l'auditoire, qui ne se composait pas que d'avoués, le
détail de toutes ces exigences, m'a encore interrompu, en me faisant observer
que ce détail était inutile à ma cause, et qu'il fallait définitivement m'y renfermer.

C'est là ce que Me Vervoort appelle une teinte diffamatoire et une menace
de me retirer la parole.

M. le président ne voulait pas me retirer la parole, mais il ne voulait pas
non plus que je généralisasse ; il sentait tout ce qui pouvait résulter pour les
avoués d'une accusation aussi bien fondée, et dans laquelle la vérité allait cou-
ler à plein bord.

Me Vervoort dit, dans l'exposition des faits, que, chargé par mandat de suivre
une instance, j'avais commis M. Gasnault, alors avoué; puis, lorsqu'il s'est agi
de payer les frais, je m'y suis refusé, et que, quoique je me plaigne de l'as-
tuce procédurière, j'ai pourtant eu le talent de susciter dans cette affaire d'interminables difficultés, car le premier jugement date du 28 septembre 1828.

Oui, je me suis refusé à payer les frais de M. Gasnault, et je m'y suis refusé
par deux raisons : la première, parce que je ne les devais ni en droit ni en
équité. J'étais mandataire pour faire rendre un compte de mandat qu'avait à
rendre un ancien avocat au parlement de Paris d'une succession ouverte au
cap de Bonne-Espérance. Mes mandans m'accordaient 10 pour 100 sur les résultats du compte en leur faveur, et en cas qu'il ne leur revînt rien, ma remise
disparaissait, et j'étais passible, à leur égard, des frais du procès, sans pouvoir

m'en faire tenir compte par eux. Cette disposition de la procuration, que M. Gasnault connaissait, lui fit penser qu'il pouvait diriger sa demande de frais tant contre moi que contre mes mandans, et il obtint un jugement de défaut, profit joint, contre moi; il m'assigna de nouveau, et je me laissai encore condamner par défaut. J'avoue que je ne connaissais pas l'effet du défaut profit joint, et que je ne me persuadais pas qu'un tiers, qui n'avait pris aucune part au traité fait entre un mandataire et un mandant, pût venir profiter d'une des clauses du traité. M. Gasnault a profité de ce que je ne m'étais pas défendu, et il a obtenu contre moi condamnation de 699 fr. 72 c. de frais qu'il prétendait lui être dus.

La seconde raison, parce que le jugement m'avait réservé de ne payer la condamnation qu'après taxe faite en la manière accoutumée, et que je prétendais user de mon droit.

Du 13 septembre 1828, date du jugement qui me condamnait, au 26 septembre 1829, M. Gasnault avait fait une infinité d'actes d'exécution auxquels j'avais résisté; mais ledit jour 26 septembre 1829 je lui fis signifier une opposition, avec sommation de faire taxer par l'autorité compétente, et en même temps je m'adressai à la Chambre des avoués en ces termes :

« J'ai écrit à M⁰ Gasnault pour lui ouvrir la voie amiable et éviter la publi-
» cité; il ne m'a pas répondu; et j'ai l'honneur de m'adresser *d'abord* à la
» Chambre, conformément aux n⁰ˢ 3 et 4 de l'article 2 de l'arrêté du 13 fri-
» maire an IX, qui autorise la conciliation, *après quoi je saurai ce que j'aurai*
» *à faire.*

» En conséquence de l'article 11 du même arrêté, j'ai l'honneur de vous
» prier de citer M⁰ Gasnault dans le délai prescrit, et d'avoir la bonté de m'en
» prévenir, afin que je puisse fournir mes observations à l'appui de ma récla-
» mation. »

Je n'ai point été prévenu par la Chambre de me rendre dans le lieu de ses séances pour m'expliquer dans mes moyens, et il paraît cependant que la Chambre aurait taxé ou plutôt réduit à 460 fr. le mémoire de frais de 699 fr. 72 c. que réclamait M. Gasnault; *voilà la probité de l'honorable.*

C'est encore ce que M⁰ Vervoort appelle donner pouvoir à la Chambre pour taxer. Il faut en convenir, c'est une singulière manière de donner un pouvoir que de dire : Tentez la conciliation, et quelque chose qui arrive, je verrai ce que j'aurai à faire après. M⁰ Vervoort entend bien le mandat, et l'on ne se douterait guère qu'il exerce la profession d'avocat; on s'en doute encore bien moins quand il dit :

« En vertu de cette décision (de la Chambre), M⁰ Gasnault avait obtenu
» l'exécutoire; après avoir fait commandement à son débiteur de payer, le 30
» mars 1836 il fit opérer une saisie à son nouveau domicile, etc. »

Depuis quand, avocat célèbre M⁰ Vervoort, les tribunaux délivrent-ils des exécutoires en paiement de frais sur des décisions de la Chambre des avoués, décisions occultes, prises en l'absence d'une des parties, et qui n'ont aucun caractère judiciaire ? Ah! M⁰ Vervoort, vous vous entendez mieux à dire des injures qu'à raisonner en procédure.

Et si M. Gasnault avait obtenu un exécutoire sur la décision de la Chambre des avoués, en date du 29 octobre 1829, pourquoi ne l'exécutait-il pas aussitôt, et pourquoi a-t-il attendu au 29 mars 1836? Il s'est écoulé huit années sans que M. Gasnault s'occupât de cette affaire. C'est qu'il avait reconnu que, quoiqu'il eût obtenu une condamnation contre moi, je ne devais pas réellement. Cela prouve encore que ce n'est pas M. Gasnault qui a recommencé le procès, mais bien la corporation des avoués, au nom de l'ancien avoué, par son successeur. Les difficultés interminables que M⁰ Vervoort a la générosité de m'attribuer se sont arrêtées, quant à moi, au 26 septembre 1829, date de ma sommation de faire taxer, et pour M. Gasnault au 29 octobre suivant, époque à laquelle il paraît que la Chambre des avoués de Paris aurait réduit à 460 fr. le mémoire qui s'élevait à 699 fr. 72 c.; et si je n'avais pas annoncé, par 5000 exemplaires d'un prospectus hostile aux avoués, le livre que je publie, il est certain que le procès dormirait encore dans les vieux cartons de M. Gasnault.

Plus les avoués mettront de récriminations dans leur conduite à mon égard, et plus ils convaincront le public de la nécessité de se pénétrer des conseils que je donne et des moyens que j'indique pour ne pas être trompé par eux.

Je me crois donc suffisamment justifié des imputations du journaliste et de l'avocat.

Maintenant, passons à la discussion du principe.

J'ai présenté les cinq propositions suivantes :

1° Que le tribunal n'était pas compétent pour taxer tous les frais faits, *mais seulement pour une partie ;*

2° Que la forme et le mode de procéder que j'ai adoptés sont ceux que je devais embrasser ;

3° Que l'affaire, qui a amené la condamnation du 13 septembre 1828, est sommaire et non ordinaire ;

4° Que plusieurs articles du mémoire de M. Gasnault sont proscrits par la loi, ou ne sont point autorisés par elle ;

5° Que j'ai droit à des dommages-intérêts.

1° *Sur la compétence.*

Le tribunal civil de la Seine n'est compétent qu'en ce qui concerne la taxe des frais faits antérieurement à la condamnation du 13 septembre 1828 et ceux faits pour obtenir cette condamnation. M. Gasnault était avoué, et l'art. 60 du Code de procédure civile lui donnait le droit de traduire à son tribunal pour raison des frais qu'il y avait faits.

Mais il ne peut en être de même pour tous les frais qui ont été faits, depuis, dans un autre ressort que celui de Paris, et encore depuis que M. Gasnault, en vendant son titre, a cessé d'être avoué ; car, d'une part, il n'a pu vendre le titre et se réserver les prérogatives y attachées; que du moment où il n'est plus avoué il rentre dans la classe ordinaire de tous les autres citoyens, et il ne peut prendre d'autres voies que celles qui sont communes à tous. Pour se convaincre de cette évidence, il suffit de lire le décret impérial du 19 juillet 1810, sur la postulation, et l'arrêt du parlement de Paris du 7 septembre 1759 (1).

En effet, si un particulier qui a été avoué, mais qui ne l'est plus, avait le droit de traduire directement devant le tribunal près duquel il a exercé, sans préliminaire de la conciliation, les personnes pour lesquelles il a occupé pendant l'exercice de sa profession, ce serait de la postulation par privilége ; il pourrait, en cédant ses droits aux frais qui lui sont dus, transmettre également le privilége que l'art. 60 lui avait conféré en sa qualité d'avoué, et les cessionnaires du cessionnaire de l'avoué pourraient exercer le même droit. Les héritiers ou ayant-cause de l'avoué pourraient aussi s'en prévaloir, et alors ce ne serait plus un privilége inhérent au titre d'avoué, mais un privilége à perpétuité et à l'infini accordé au citoyen qui aurait exercé la profession d'avoué. Un citoyen qui aurait rempli les fonctions de juge, et qui n'exercerait plus ces fonctions, aurait-il encore le droit de prononcer des jugemens ? Un citoyen qui aurait été député, et qui ne le serait plus, jouirait-il des prérogatives attachées au itre de député? Le législateur n'a pas voulu que ces droits fussent transmissibles, et la loi veut qu'ils cessent avec la profession à laquelle ils étaient attachés.

D'autre part, la loi a déterminé, en général, l'attribution de juridiction quand elle a dit, art. 60 : « Que les demandes formées pour frais par les officiers ministériels seront portées au tribunal où les frais ont été faits. »

Elle n'a pas distingué, pour les tribunaux de première instance, les frais de postulation des frais d'exécution; ce qu'elle a fait à l'égard des arrêts des Cours royales, dont l'exécution appartient à la Cour qui a rendu l'arrêt.

Tous les jugemens de première instance sont exécutoires dans tout le royaume sans ordonnance, et ne serait-il pas singulier, pour ne pas dire ridicule, que pour un jugement rendu à Paris et exécuté à Bayonne, on vint à Paris faire taxer les frais faits à Bayonne, faire opposition à la taxe, et en demander le paiement?

Il faut donc distinguer d'abord les frais de la condamnation du 13 septembre 1828, de ceux faits après à Gournay et ceux faits depuis que M. Gasnault n'est plus avoué. Il faut encore reconnaître que, dans l'*exécution*, l'avoué créancier n'est plus qu'un simple particulier qui n'a plus le droit que confère l'art. 60. Le moyen tiré de l'incompétence pour partie de la demande était donc fondé.

2° *Sur les formalités pour faire taxer, et mode d'opposition à la taxe.*

La loi ne s'est expliquée ou plutôt elle n'a entendu parler que pour la taxe

---

(1) Art. 1er. Les individus qui seront convaincus de se livrer à la postulation seront condamnés par corps, etc....

Par son arrêt du 7 septembre 1759, le parlement a fait défense aux procureurs, dont les offices sont vendues, de faire aucune fonction de procureur, en quelque manière que ce soit, trois jours après la vente judiciaire ou volontaire.

Les avoués d'aujourd'hui sont-ils autre chose que les procureurs d'autrefois ?

des dépens d'un jugement de condamnation contre la partie qui a succombé, et elle a tracé la marche à suivre pour y former opposition, en fixant le délai à trois jours pendant lequel on était admis à la former; il n'y est question que de dépens, mais elle n'a pas dit quelle sera la marche à suivre pour former opposition à la taxe des frais que l'avoué de la partie qui a succombé avait le droit de réclamer d'elle. L'avoué n'a pu en faire la demande que conformément à l'article 60 du Code de procédure civile, et elle ne lui a pas même imposé la condition de les faire taxer préalablement. La preuve s'en tire de cette instance, puisque M⁰ Gasnault a demandé 699 fr. 72 c., et que, par suite d'une prétendue taxe de la Chambre des avoués de Paris, en date du 29 octobre 1829, que l'on n'a pas signifiée, ces frais auraient été réduits à 460 fr, et par le juge taxateur, à 429 fr. 50 c ; encore, dans cette somme, le juge aurait alloué 50 fr. d'honoraires extraordinaires que la loi et la jurisprudence de la Cour de cassation proscrivent.

La procédure intentée par un avoué en fonctions pour les frais que sa partie lui doit, est donc une procédure ordinaire dans ses formes, et lorsqu'on n'a pas discuté ces frais devant le tribunal, on a toujours droit de le faire avant de payer. Le tribunal de la Seine l'a reconnu, puisque, par son jugement du 13 septembre 1828, il a dit : « *Si mieux il n'aime les payer d'après la taxe qui en* » *sera faite en la manière ordinaire et accoutumée* » ; ce qui confirme le droit de rentrer dans la discussion de tous les articles de frais.

Quelle est donc la manière ordinaire et quelle est la loi qui en a prescrit la forme? C'est là que les avoués seraient fort embarrassés de répondre, s'ils voulaient parler selon la loi, car la manière ordinaire dont parle le décret du 16 février 1807, et dont M⁰ Vervoort s'étaie pour critiquer mon système de procéder, ne concerne que les dépens à insérer dans un jugement entre les parties, pour que l'avoué qui gagne le procès s'en fasse payer par la partie qui a succombé, et non des frais de l'avoué de cette dernière. La loi n'ayant imposé aucune forme particulière pour ce dernier cas, on doit suivre la procédure ordinaire, car la citation en chambre du conseil est précisément l'exception à la règle générale.

3° L'affaire est-elle sommaire ou ordinaire?

Je renvoie, pour cette proposition, aux observations qui traitent de cette partie, page 23.

4° Que plusieurs articles du mémoire de M. Gasnault sont proscrits par la loi,
ou ne sont pas autorisés par elle.

Dans cette catégorie se trouvent le placet, la mise au rôle, les bulletins d'audience, les droits d'articles, et les honoraires extraordinaires. Tous ces points sont éclairés pages 4, 5, 6 et 7, mais s'ils ne l'étaient pas, M⁰ Vervoort les a résolus contre les avoués, en disant : « *Mais ces frais sont généralement admis,* » *et ce qu'ils pouvaient avoir d'exagéré a disparu dans la taxe de M. Tho-* » *massy.* (juge taxateur). »

Ainsi ce n'est donc pas la loi qu'il suit, quand le juge taxateur alloue ces sommes; ce n'est donc que l'usage? Qu'il me soit permis de rappeler à cet égard ce que la Cour de cassation a exprimé dans son arrêt du 25 janvier 1813, en cassant un arret de la Cour royale de Paris, qui avait accordé *des honoraires extraordinaires à un avoué* : « Que cette demande ne peut pas non » plus être considérée comme la répétition d'un droit légitimement dû, puis- » qu'aucun tarif ancien ou nouveau n'alloue de droits sous la dénomination de » vacations extraordinaires, d'indemnité de peines, soins, démarches, etc., » qu'ainsi ce qui a été demandé et adjugé à ce titre n'est, dans la réalité, qu'une » gratification ou supplément de taxe rigoureusement interdit par les lois » (ordonnance de 1667 , titre 31, article 12, et décret du 16 février 1807, » articles 67 et 151); que cette disposition ne peut être justifiée sous le pré- » texte que ces vacations extraordinaires sont autorisées par l'usage, puisque » *cet usage, s'il existe, est contraire à la loi, et par conséquent un abus à sup-* » *primer, etc.* »

Je citerai encore cette disposition du décret du 3 brumaire an II : « Les tri- » bunaux, en taxant les frais, sont tenus, sous peine de prévarication, de reje- » ter de la taxe tous frais frustratoires, ceux faits dans les procédures nulles par » le fait de l'avoué, et ceux des pièces dont la notification n'aurait pu avoir » évidemment d'autre objet que celui d'augmenter le volume de la procédure » et la somme des frais. »

La partie de ce décret n'a point été abrogée.

5° *J'ai droit à des dommages-intérêts.*

Cette proposition m'étant toute personnelle, elle ne trouvera point sa place dans un livre qui n'est fait que dans un intérêt général et dans le but d'une utilité publique.

En définitive, que demandaient au tribunal l'avoué Belland et M. l'avocat Vervoort pour M. Gasnault, qui ignore encore qu'on prend si chaudement ses intérêts ?

Que les poursuites commencées en vertu de la taxe de la Chambre des avoués, du 29 octobre 1829, et du jugement par défaut, du 2 août 1836, fussent continuées et mises à fin, nonobstant l'opposition.

Quoi le tribunal a-t-il jugé par son jugement du 19 novembre 1836?

Je vais en donner le dispositif, et l'on verra si les prévisions de Mᵉ Vervoort se sont réalisées. On trouvera aussi dans les considérans pourquoi le journaliste n'en a pas rendu compte, quoiqu'il eût promis de le faire. Il est vrai que les journalistes ne tiennent pas toujours ce qu'ils promettent.

« Attendu que, sur les poursuites excercées par le sieur Gasnault contre » le sieur Courgibet, pour avoir le paiement des frais dont la condamnation a » été prononcée contre celui-ci par le jugement du 13 septembre 1828, Cour- » gibet a déclaré s'opposer à la taxe, et a fait assigner Gasnault en cette cham- » bre (8ᵉᵐᵉ) pour voir ordonner que la taxe serait faite en sa présence; mais » attendu que le jugement du 13 septembre 1828, en prononçant contre Cour-

» gibet une condamnation de 699 fr. 72 c., montant des frais réclamés, a ré-
» servé à Courgibet le droit de les payer d'après la taxe qui en serait faite en
» la manière *ordinaire et accoutumée*; attendu que, par ces *expressions, le tribu-*
» *nal a entendu indiquer aux parties les formes établies par le décret du 16 février*
» *1807, relatif à la liquidation des dépens, et constamment suivies en cette matière;*
» attendu qu'en statuant ainsi les juges ont reconnu que la taxe ne pouvait
» être faite à l'audience et qu'elle exigeait la nomination d'un juge commis-
» saire; mais que ce dernier n'a pas été investi du droit de statuer définitive-
» ment sur la liquidation qui lui était confiée, de manière à ce que sa taxe ne fît
» qu'une seule et même chose avec le jugement qui l'avait ordonnée , puisqu'en
» rendant cette taxe définitive, et non sujette à révision, le tribunal se serait écarté
» des formes habituelles, dont il a au contraire réservé le bénéfice au sieur
» Courgibet; qu'il résulte des dispositions du décret précité et du Tarif qui y
» est annexé, que c'est à la Chambre du conseil à régler les parties sur l'op-
» position formée au chef d'un jugement qui a statué sur les dépens, et à la
» taxe faite par le juge commissaire pour en opérer la liquidation ; qu'à la vé-
» rité l'article 6 du décret veut que l'opposition soit formée dans les trois
» jours de la signification à avoué, et que Courgibet n'avait pas d'avoué dans
» l'instance sur laquelle est intervenu le jugement du 13 septembre 1828, mais
» que cette circonstance ne peut empêcher l'application dudit décret, puisque
» la partie défaillante contre laquelle des dépens ont été prononcés ne peut
» être privée du droit de faire vérifier la taxe de ces dépens en Chambre du
» conseil, et que, pour y parvenir, il lui suffit de constituer un avoué au domicile
» duquel elle réclame la signification de la taxe; qu'ainsi le tribunal a été mal
» à propos saisi en audience publique. Le tribunal reçoit en la forme Cour-
« gibet opposant à l'exécution du jugement du 2 août 1836. Au fond, le dé-
» boute de ladite opposition, le déclare non recevable en sa demande du 9
» juillet 1836, et le condamne aux dépens. »

Comme on le voit, le tribunal n'a jugé que sur la forme de procéder. Il prétend que l'on doit agir comme s'il s'agissait de dépens ou d'exécution de dépens, et cependant il y a une grande différence. La question est donc restée
tout entière. Il y a appel de ce jugement, et nous verrons si la Cour confir-
mera la sentence des premiers juges, et si elle rejettera mes prétentions en
ordonnant de payer ce que la loi a proscrit ou ce qu'elle n'a pas ordonné.

Me Vervoort, qui a cherché à faire toute espèce de mauvaises insinuations
sur ma personne, a dit dans sa plaidoirie que, selon ma louable habitude, je
m'étais laissé condamner par défaut le 2 août 1836, afin de prolonger les difficultés et la procédure. (C'est le seul procès que j'aie eu à soutenir.)

La copie des lettres de mon avoué *constitué* prouvera que ce n'était ni difficulté de ma part, ni calcul; mais que j'avais été forcé de laisser prendre un
défaut, puisque mon avoué me refusait son ministère.

Ces lettres prouveront encore l'esprit de la corporation, qui repousse tous
ceux qui veulent porter le flambeau de la vérité sur les actions de ceux qui,

institués par la loi pour protéger et éclairer les justiciables, font tout ce qu'ils peuvent pour leur tenir les yeux fermés afin de les mieux abuser.

J. Bauer, avoué de première instance,

A Monsieur Courgibet.

« Monsieur,

» D'après les termes de votre lettre du 30 juillet dernier et les *expressions de* » *votre prospectus, je me vois dans la nécessité de vous refuser mon ministère. Je* » *m'honore d'appartenir à la compagnie des avoués, il y aurait plus que de la lâ-* » *cheté de continuer à m'occuper de vos affaires.* »

» Votre très-humble serviteur.

« *Signé* BAUER. »

« Pour ordre, votre affaire contre Gasnault sera appelée et plaidée demain » mardi, 2 août 1836, huitième chambre. »

Sur la lettre que j'écrivis le même jour à Monsieur le président de la huitième chambre, pour le prévenir que n'ayant pas d'avoué je ne pourrais me défendre, Me Bauer m'écrivit la lettre ci-dessous, datée du 2 août, que je reçus le 1er à dix heures et demie du soir.

J. Bauer, avoué de première instance,

« Monsieur,

» Vous avez mal compris ma lettre, je ne vous refuse point mon ministère » pour votre affaire personnelle ; *je suis constitué et j'occuperai, puisque vous* » *l'exigez, je vous assisterai même ; mais venez à l'audience demain mardi.*

» Quant aux affaires à venir, vous sentez trop bien les motifs de mon refus » pour insister, vous vous déclarez l'ennemi de tous les avoués, vous leur jurez » guerre à mort : je ne puis ni ne dois vous assister pour une pareille mission.

» Votre très-humble serviteur.

» *Signé* BAUER. »

N'ayant été prévenu qu'un jour à l'avance que ma cause venait à l'audience, en même temps qu'on me refusait son ministère, il m'était de toute impossibilité de faire des conclusions motivées et de préparer ma défense. Force m'a donc été de laisser prendre un défaut et de revenir par opposition.

Me Bauer et Me Belland s'étaient entendus, il n'y a pas à en douter, et Me Vervoort, qui le savait, a donc eu tort de chercher à tirer parti de cette circonstance. Mais c'est un moyen comme un autre ; et comme dit Robert Macaire : Tous les moyens sont bons s'ils procurent le résultat qu'on s'en était promis. Du scandale, de la calomnie, dit Bazile, il en reste toujours quelque chose.

C'est un avis pour les clients qui auront à se défendre contre les exigences des avoués. Faites vos conclusions vous-même, et plaidez si vous le pouvez ;

dans le cas contraire, faites rédiger des mémoires, signez-les, et présentez-les vous-même à M. le président et au tribunal assemblé.

Si, comme je le crois, je me suis justifié des imputations calomnieuses, mensongères ou médisantes du journal *la Loi* et de M. l'avocat Vervoort, il faut aussi que je donne un échantillon de la probité, *comme avoué*, de Me Gasnault et de ses pareils. Si l'avocat et le journaliste n'avaient pas crié à tue-tête *que le tribunal justifierait d'une attaque si maladroitement dirigée un honorable officier public dont les qualités ont pu être appréciées pendant un long exercice de la profession d'avoué*, je n'aurais rien dit; mais puisque les avoués, par l'organe d'un journaliste et d'un avocat, ont fait une levée de boucliers sur moi, il faut bien que je me défende, c'est mon droit; et sans faire allusion à toute une corporation, je citerai seulement les noms de ceux des avoués de Paris qui ont exigé de leurs clients bien au-delà de ce qui leur était légalement dû.

AVOUÉS DE PREMIÈRE INSTANCE A PARIS.	DEMANDES.	TAXES.	RÉDUCTIONS
	fr. c.	fr. c.	fr. c.
1. Me GASNAULT (ancien) (par le juge, sauf révision).	709 12	429 55	279 57
Le même id. id.	456 04	415 51	40 75
2. Me DARLU (par le tribunal).	275 85	200 45	75 40
3. Me CADET-DE-CHAMBINE (par le tribunal).	144 05	80 20	63 85
4. Me PETIT-DEXMIER (par la chambre).	7,272 81	6,701 57	571 24
Le même id.	5,931 10	3,658 15	272 95
5. Me L...... (à l'amiable).	1,500 »	1,300 »	200 »
6. Me M..... G..... (à l'amiable)	1,843 44	1,643 44	200 »
7. Me HUET (Félix) (le tribunal).	287 80	201 81	85 99
8. Me PINSON id.	229 15	142 70	86 45
9. Me L...... D...... (à l'amiable).	1,100 »	767 95	352 05
10. Me B...... id.	214 75	114 75	100 »
11. Me ARCHAMBAULT-GUYOT (la chambre).	161 95	143 90	18 05
12. Me LEGUEY (la chambre).	35 90	22 60	13 30
13. Me VIVIEN (la chambre et le tribunal).	12,961 33	11,289 28	1,671 85
14. Me CROSSE (le tribunal).	349 35	241 25	108 10
Le même (à l'amiable).	164 30	121 60	42 70
15. Me P...... id.	2,904 85	2,104 85	800 »
16. Me DELARUELLE (la chambre).	966 66	520 62	446 05
17. Me AUQUIN (la chambre et le tribunal).	2,085 90	1,328 39	757 51
18. Me VIGIER (la chambre).	291 80	201 90	89 90
19. Me BAUER (le tribunal).	152 62	118 50	34 12
20. Me MARCHAND (le tribunal).	44 10	21 50	22 60
21. Me MOREAU (Ernest) (le tribunal).	1,184 50	762 85	421 65
22. Me JOLLY (à l'amiable , sauf taxe légale).	557 05	414 10	142 95
23. Me HOCMELLE (par un membre de la chambre). .	270 49	220 50	49 99
24. Me DUJAT (par le juge taxateur).	465 27	210 18	255 09
Totaux.	40,559 17	33,378 18	7,181 07

Nota. Dans cette somme de 40,559 fr. 17 c. il y a au moins 20,000 fr. de déboursés qui ne sont pas susceptible de réduction ; ainsi ce serait sur 20,559 fr. 17 c. environ qu'elle frapperait. On voit dès-lors dans quelle proportion les réductions peuvent s'opérer, et quel est l'intérêt que l'on a de faire taxer *légalement*.

Sont-ils honorables et probes les avoués qui se font ainsi réduire, soit par leur chambre de discipline, soit par le tribunal, soit enfin par un règlement à l'amiable? Si vous contestez ces faits, M⁰ Vervoort, je vous ferai voir les mémoires taxés, car j'ai grand soin de les conserver, afin de donner toujours des preuves *de visu*.

Si je vous disais qu'un avoué de Paris, déjà réduit, s'est fait payer par voie d'exécution deux fois les mêmes droits d'enregistrement, qu'opposeriez-vous à cette allégation? Crieriez-vous à la calomnie, à la diffamation? Alors je vous donnerais la copie d'une plainte à M. le procureur du Roi; et la copie de la délibération de la Chambre des avoués, qui a reconnu les faits signalés, et qui a donné pour excuse, en faveur du confrère, que sa position pécuniaire et son caractère d'avoué ne permettaient pas de penser qu'il avait pu en faire une spéculation, et qu'il fallait l'attribuer à l'erreur. L'avoué dont je parle a restitué. Un autre avoué n'a pas attendu la plainte, il s'est empressé de rendre un droit d'enregistrement qu'il avait perçu sans l'avoir déboursé, lorsque son confrère, demandeur, l'avait porté également dans son mémoire, et se l'était fait allouer en taxe.

Que l'on compare les mémoires de frais des avoués demandeurs et défendeurs dans les mêmes affaires, et l'on verra si les faits qu'on m'a forcé de signaler ne sont que le résultat de l'erreur.

Je regrette d'avoir été obligé d'entrer dans de semblables détails; mais le journal *la Loi*, M⁰ Belland et son avocat l'ont voulu. Qu'ils me sachent encore quelque gré de ne pas dire bien d'autres choses que je sais.

Il est pénible d'en venir à de semblables preuves, et d'être contraint de les consigner dans un livre qui est destiné à passer dans tant de mains. Mais comme je suis un des nombreux accusateurs des avoués prévaricateurs et concussionnaires, et peut-être le seul qui se soit livré à la recherche des abus qu'ils commettent, j'ai voulu me mettre en présence de ceux que j'attaque, et qui voudraient me rendre ridicule. Qu'ils se défendent, s'ils l'osent; mais ils s'en garderont bien; les faits sont trop patens, puis ils sont trop fins et trop adroits pour engager une polémique dans laquelle ils n'ont rien à gagner et tout à perdre. Ils ne veulent pas éclairer le public; ils sont déjà assez mécontens que quelques courageux citoyens prennent ce soin. Maintenant, M⁰ Vervoort, allez vous vanter à la corporation du service que vous lui avez rendu; mais craignez qu'elle vous réponde par les deux derniers vers de la fable du spirituel et malin La Fontaine: L'*Ours et l'Amateur de jardins*.

M⁰ Vervoort peut combattre ou attaquer mon système de procéder en fait de taxe; il en a le droit comme avocat; mais, en cette qualité, lui est-il permis d'attaquer un principe et de mettre l'arbitraire à la place de la loi?

Lorsqu'il s'exprime ainsi dans le journal *la Loi* : « *Mais ces frais* (le placet, » l'excédant de la mise au rôle, les bulletins d'audience, le droit d'articles et » les honoraires extraordinaires) *sont généralement admis, et ce qu'ils pouvaient* » *avoir d'exagéré a disparu dans la taxe de M. Thomassy* (juge taxateur). » Ne transgresse-t-il pas l'art. 151 du décret du 16 février 1807, qui défend de pren-

dre des droits autres que ceux qui y sont spécifiés? Qu'est-ce à dire que des
frais sont généralement admis, contre une loi qui les proscrit? Au reste, si
M⁰ Vervoort me disait que j'ai tort de lui reprocher son défaut de principes, je
me justifierais encore en lui répondant : En 1830, aux mémorables journées de
juillet, n'avez-vous pas combattu contre les ordonnances illégales qui voulaient
placer le bon plaisir, l'usage et l'arbitraire à la place de la loi? N'avez-vous
pas exposé cette belle vie pour faire triompher cette loi que vous com-
battez aujourd'hui? N'étiez-vous pas un des plus braves entre les braves,
puisque vos camarades vous ont décerné la décoration de juillet? Je l'ai vue
briller sur votre poitrine, cette auréole populaire. En la voyant fixée sur la robe
d'un avocat, je pensais à la Bruyère : « Chez nous, dit-il, le soldat est brave, et
» l'homme de robe est savant; nous n'allons pas plus loin : chez les Romains,
» l'homme de robe était brave, et le soldat était savant : un Romain était tout
» ensemble et le soldat et l'homme de robe. »

Et je me disais, dans ma pensée, car je ne connaissais pas encore M⁰ Vervoort :
Voilà le Romain de la Bruyère : il réunit la bravoure à la science. Ceux qui ont
vu M⁰ Vervoort décoré de la croix de juillet, qu'auraient-ils dit, si à l'audience
du 19 décembre 1836 ils l'avaient entendu plaider pour l'usage et l'illégalité,
lui qui les avait combattus au péril de sa vie en 1830? Pourquoi, auraient-ils
dit, un changement si extraordinaire? Car on ne peut expliquer comment, après
s'être exposé à se faire tuer pour un principe, on puisse combattre contre ce
même principe. Pourquoi? C'est que M⁰ Vervoort ne porte plus son chaperon.
Pour moi, les principes ne changent pas, et l'on ne m'entendra jamais crier
un jour : *vive le Roi!* et le lendemain : *vive la Ligue!*

DROIT D'ARTICLES DES MÉMOIRES DE FRAIS.

Ce droit, qui est de 10 c. par chaque article entrant en taxe, n'est dû qu'en
matière ordinaire, et il est défendu aux avoués de le percevoir dans les affaires
sommaires (voir le Tarif des frais de taxe). Cependant les avoués ne manquent
jamais de l'y porter. Il ne faut pas l'admettre, et réclamer contre la taxe ;
quand il n'y aurait qu'un franc qui n'est pas dû, la rectification sera toujours
aux frais de l'avoué. D'ailleurs, ce n'est qu'en persistant à faire retirer des mémoires tout ce qui n'est pas légalement dû, qu'on parviendra à forcer les avoués
à présenter des états de frais qu'on ne puisse plus critiquer.

Ce droit d'articles, que les avoués portent également dans leurs états de
frais de référés, n'est pas dû non plus; enfin il n'est admissible qu'en matière
ordinaire, et partout ailleurs il ne peut être toléré.

HONORAIRES DES AVOUÉS ET DES AVOCATS.

J'ai dit qu'il n'était accordé par la loi aucun honoraire aux avoués, hors
les limites des tarifs, dans les procédures qu'ils suivent, comme avoués, devant
les tribunaux auxquels ils sont attachés. Mais ces Messieurs en veulent toujours, et les portent dans leurs mémoires de frais comme s'il leur en était dû.

Il y a des avoués même qui les ont exigés judiciairement, et des tribunaux qui ont eu la faiblesse de les accorder. Sur cette question, que M. Boudard, avoué à la Cour royale de Paris, avait fait naître afin d'être payé de 6000 fr. d'honoraires : « *Les avoués peuvent-ils exiger de leurs clients, outre les droits qui leur sont alloués par le Tarif, des émolumens à titre de vacations extraordinaires, d'indemnités de peines, soins, démarches, etc. ?* » la Cour royale de Paris avait, par son arrêt de 6 mai 1811, accordé à Boudard une somme de 600 fr. seulement (c'était le 10e), sous le motif qu'il avait été reconnu par le client que Me Boudard devait s'en rapporter à son équité sur les honoraires extraordinaires. Mais la Cour de cassation, par son arrêt du 25 janvier 1813, section civile, a cassé l'arrêt de la Cour de Paris, dans les termes suivans :

« La Cour, sur les conclusions de M. Lecoutour, avocat-général, et après » qu'il en a été délibéré en la chambre du conseil, le tout à l'audience d'hier et » à celle de cejourd'hui; vu l'ordonnance de 1667, titre 31, article 12, et le dé-» cret du 16 février 1807, articles 67 et 151; attendu qu'il résulte des lois ci-» dessus que les avoués ne peuvent demander à leurs clients : 1° que le rem-» boursement de leurs avances ou déboursés (légaux s'entend); 2° que les » droits qui leur sont expressément attribués par les tarifs; attendu que la de-» mande de Boudard, telle qu'elle est énoncée dans l'article 1182 de son mé-» moire, ne peut être considérée comme la répétition d'avances par lui faites, » puisque, outre qu'il n'en donne pas un état détaillé, il ne parle même pas » de sommes qu'il ait déboursées; que cette demande ne peut pas non plus être » considérée comme la répétition d'un droit légitimement dû, puisqu'aucun » tarif ancien ou nouveau n'alloue de droits sous la dénomination *de vacations* » *extraordinaires, d'indemnités de peines, soins, démarches, etc.;* qu'ainsi ce qui » a été demandé et adjugé à ce titre n'est, dans la réalité, qu'une gratification » ou supplément de taxe, rigoureusement interdit par les lois ci-dessus ; *que* » *cette disposition ne peut être justifiée sous le prétexte que ces vacations ex-* » *traordinaires sont autorisées par l'usage, puisque cet usage, s'il existe, est con-* » *traire à la loi, et par conséquent un abus à supprimer;* enfin, que l'arrêt ne » constate pas d'une manière précise que Selves ait pris l'engagement de payer » à Boudard les vacations dont il s'agit; que par conséquent cet arrêt ne peut » pas davantage être justifié sous le prétexte qu'il ne renferme qu'une décision » de fait; par ces motifs, casse et annulle l'arrêt rendu par la Cour d'appel de » Paris, le 6 mai 1811, et tout ce qui s'en est suivi, etc. »

Cet arrêt, qui décide toutes les questions d'honoraires des avoués, est trop positif pour que je ne l'aie pas rapporté tout entier. (Messieurs les magistrats taxateurs devraient bien avoir cet arrêt présent à la pensée lorsqu'ils taxent des mémoires d'avoués dans lesquels il entre des honoraires extraordinaires.)

En même temps qu'il décide en principe qu'il n'est point dû d'honoraires extraordinaires aux avoués, il faut cependant reconnaître que si le client, dans l'espoir d'intéresser davantage l'avoué à remplir les devoirs de sa profession, avait la faiblesse de se laisser aller à ses suggestions, à ses cajoleries, à ses promesses de bien prendre ses intérêts, et reconnaissait par correspondance, par acte ou autrement de lui payer des honoraires extraordinaires pour soins, démarches, peines, etc., il faudrait qu'il les lui payât. Ainsi, il ne faut promettre aux avoués que dans les limites de leurs tarifs, car ils ne font jamais plus que ce que la loi ordonne, si ce n'est quelquefois de compromettre vos intérêts par de la négligence ou de l'impéritie.

Les avoués font aussi les agens d'affaires, et quoique deux doigts de rouge leur montent au visage quand on leur donne, à bon droit, ce titre, on ne peut pas, cependant, leur refuser des honoraires lorsqu'ils ont fait ce que font les agens d'affaires. Mais alors ils rentrent dans leur catégorie, et sont soumis à la jurisprudence qui leur a été appliquée.

La Cour de cassation, par son arrêt du 18 mars 1818, a décidé que *celui qui exerce l'état d'agent d'affaires* peut exiger un salaire pour celles dont il a été chargé à *ce titre*, et que son action ne se prescrit que par trente ans. Mais si la Cour régulatrice a reconnu les droits des agens d'affaires, elle a également consacré en principe que leurs salaires sont sujets à règlement par le juge, dans le cas même où ils ont été fixés par la convention (arrêt du 11 mars 1824). L'avoué n'est donc pas le libre arbitre de ses honoraires.

C'est dans ce sens que la même Cour a décidé, par un arrêt du 16 décembre 1818, « *que les avoués, relativement aux travaux qui sortent des bornes de leur* » *ministère, doivent être considérés comme des agens d'affaires, et ont, comme* » *eux, une action en justice pour obtenir le salaire de leurs peines et dé-* » *marches.* »

Si les avoués rougissent du titre d'agens d'affaires qu'ils méritent toutes les fois qu'abandonnant ou que s'écartant de leur profession ils en font le métier; leur rougeur et leur fausse honte diminuent à mesure que leurs mains se remplissent d'or, et leur caisse ne l'a pas plutôt reçu qu'ils ne se souviennent plus de l'opération dont ils viennent de se faire rétribuer : ils s'imaginent qu'ils n'ont pas cessé d'être avoués!

Un autre arrêt de la Cour de cassation, en date du 13 janvier 1819, a encore décidé qu'un avoué peut, comme toute autre personne, réclamer les salaires qui lui ont été promis pour les soins qu'il a donnés à des affaires portées devant le tribunal de commerce.

Par les espèces d'opérations auxquelles les avoués se livrent ou peuvent se livrer, tout le prestige de leur profession est détruit, et on ne doit la considérer que sous ces différens rapports. Comme avoués proprement dit, ils n'ont droit qu'aux émolumens spécifiés aux Tarifs; comme agens d'affaires, ils sont salariés comme eux. C'est au client qui emploie un avoué à en faire la distinction et à le traiter selon ses œuvres.

J'ai dit, page 7, qu'il fallait toujours choisir soi-même son avocat, et je ne saurais trop le recommander; j'y renvoie le lecteur pour les raisons qui y sont déduites, et afin qu'on puisse discuter avec les avoués le droit qu'ils prétendent avoir de se subroger à l'action de l'avocat qu'ils ont employé pour les honoraires qu'ils lui ont payés, je vais citer tout entier l'arrêt de la Cour de Grenoble, en date du 30 juillet 1821, le seul qui ait été rendu en cette matière, et que les avoués invoquent toujours :

QUESTIONS.

« *Les avocats ont-ils une action contre leurs clients pour le paiement de leurs* » *honoraires ?*

» *L'avoué qui a payé les honoraires de l'avocat dont il a employé le ministère,* » *est-il en droit de répéter contre sa partie ce qu'il a déboursé pour elle, et son* » *action dure-t-elle aussi long-temps que celle de l'avocat ?*

» L'article 80 du Tarif, qui fixe les honoraires des avocats, n'a-t-il pour objet » que de déterminer la somme que la partie qui a gagné son procès peut répé-» ter, pour la plaidoirie, contre la partie qui l'a perdu, et nullement de réduire » à la même fixation les honoraires dus à l'avocat par son propre client? »

Toutes ces questions ont été résolues affirmativement.

D'abord, l'avocat qui défendait la cause de son ordre en défendant celle de l'avoué, est remonté jusqu'à Rome pour établir le droit qu'avaient les avocats de se faire payer des honoraires par leurs clients; puis descendant le Tibre jusqu'à la Seine, il a également établi que les avocats, en France, avaient reçu du nouveau règlement du 14 décembre 1810, sur l'exercice de la profession d'avocat et la discipline du barreau, le droit de se faire donner des honoraires comme les avocats de l'antiquité la plus reculée s'en faisaient donner.

L'article 43 de ce règlement autorise les avocats à taxer eux-mêmes leurs honoraires, et le client à se pourvoir au conseil de discipline de l'ordre pour les faire réduire, *dans le cas où ils excèderaient les bornes d'une juste modération.* L'article 45 ajoute que les condamnations prononcées par les tribunaux, en vertu des articles qui précédent, seront sujettes à l'appel, s'il y a lieu, et que, néanmoins, elles seront exécutées provisoirement. Il semble résulter de ces dispositions que les avocats sont autorisés à exiger de leurs clients le paiement des honoraires qui leur sont dus, et qu'en cas de difficulté c'est le conseil de discipline qui doit d'abord prononcer, sauf le recours de part ou d'autre au tribunal ou à la Cour qui a connu du procès.

Mais, a dit l'avocat, à côté de cette disposition du droit, qui donne aux avocats une action en paiement de leurs honoraires, se plaçait *autrefois* une mesure de discipline qui, pour la dignité de l'ordre, neutralisait l'exercice de cette action. Le barreau de Paris ne reconnaissait dans les honoraires légitimement dus à ses membres qu'une obligation, en quelque sorte naturelle, dont chacun d'eux devait le sacrifice à la dignité de sa profession, à ses confrères et à lui-même, lorsqu'un client était assez ingrat pour lui contester le fruit de ses travaux et de ses veilles ; et l'on était, *avant la révolution* (1789), si pénétré de ce sentiment, que tout avocat qui demandait en justice le paiement de ses honoraires était rayé du tableau, lors même que la demande était accueillie.

On peut répondre à l'avocat que l'on ne serait pas aussi rigide aujourd'hui que tout est monétisé ; et quoique les avocats soient aussi respectables qu'ils l'étaient autrefois, ils ne feraient pas l'abandon de leurs honoraires, si *leurs clients ingrats ne voulaient pas reconnaître le fruit de leurs travaux et de leurs veilles*. On ne fait plus rien sans argent. Sans argent, on n'est point électeur ; avec plus d'argent, on est éligible; avec de la réputation et de l'argent surtout, on est député, et lorsqu'on est député, on est tout ce qu'on veut être; et l'ordre des avocats a prouvé ces vérités.

Le barreau de Paris n'a point rayé du tableau les avocats qui avaient *exigé des honoraires qui excédaient les bornes d'une juste modération*.

Maintenant, voici l'arrêt de la Cour de Grenoble sur lequel s'appuient les avoués pour se faire rembourser les honoraires qu'ils prétendent avoir payés aux avocats :

« Considérant que la prescription, introduite par l'art. 2273 du Code civil,
» ne concerne que les avoués, et nullement les avocats; que les avocats ont in-
» contestablement le droit de réclamer le paiement de leurs honoraires, soit
» qu'il s'agisse d'écrits ou consultations, soit qu'il s'agisse de plaidoiries; que
» la fixation faite par l'art. 80 du Tarif des frais et dépens, renfermée dans le
» décret du 16 février 1807, pour la plaidoirie de l'avocat, n'a pour objet que
» la répétition qui compète à la partie qui a gagné son procès contre celle qui a
» été condamnée; considérant que l'avoué qui a payé les honoraires de l'avo-
» cat *dont il a employé le ministère* est en droit de répéter contre sa partie ce
» qu'il a déboursé à sa décharge, et que son action dure aussi long-temps que
» celle de l'avocat, dont il est devenu le cessionnaire; considérant qu'aux termes
» de l'art. 43 du décret du 14 décembre 1810, s'il survient des difficultés au
» sujet des honoraires des avocats, c'est le conseil de discipline de l'ordre qui
» doit d'abord les juger, sauf le recours de sa décision au tribunal ou à la Cour
» qui a connu du procès; considérant que, dans l'espèce, le sieur .... contes-
» tant les sommes portées aux quittances de M^{es} ......, avocats, qui ont plaidé
» pour lui, il y a lieu de renvoyer les parties devant le conseil de discipline
» pour y faire statuer; considérant que, suivant l'art. 151 du Tarif, les avoués
» sont tenus de représenter les régistres servant à inscrire les paiemens qui
» leur sont faits par leurs clients, toutes les fois qu'ils en sont requis; sans s'ar-
» rêter à l'exception de prescription proposée par ......, en ce qui concerne les
» honoraires de l'avocat qui a plaidé pour lui dans le procès jugé le 16 janvier
» 1816, de laquelle elle le déboute, et avant dire droit définitivement sur la de-
» mande de ......, avoué, ordonne 1° que les parties se retireront devant le
» conseil de discipline de l'ordre des avocats à Grenoble, à l'effet de faire sta-
» tuer sur la réclamation dudit ......, avoué; en ce qui concerne les honoraires
» de M^{es} ......, avocats, qui ont plaidé pour le sieur...... devant la Cour;
» 2° que ledit ...... représentera à ......, dans la quinzaine, le registre qui a
» servi à inscrire les paiemens à lui faits par les parties, soit chez M^e ......, son
» avoué, soit au greffe de la Cour, au choix dudit ......, pour, la décision du
» conseil de discipline rapportée, être pourvu ce qu'il appartiendra. »

Nota. Par arrêt de la même Cour, en date du 8 janvier 1822, la décision du conseil de discipline, qui était conforme à la demande de l'avoué, a été confirmée dans tout son contenu. On devait s'attendre à cette décision du conseil de l'ordre des avocats; il jugeait dans sa propre cause.

Un des motifs du considérant, *dont il a employé le ministère*, prouve donc la nécessité de choisir soi-même son avocat et de s'entendre avec lui pour ses honoraires.

LIBERTÉ DE LA DÉFENSE DEVANT LES TRIBUNAUX.

Lorsqu'il s'agira de plaider devant le tribunal pour faire réduire un mémoire de frais d'avoué, il ne faut pas se persuader qu'on trouvera un autre avoué qui prêtera volontairement ou de bonne grâce son ministère; non. Il faudra donc en faire commettre un d'office, et dès-lors on doit s'attendre au plus mauvais vouloir, et même à l'emploi de moyens contre vos intérêts, et aux négligences de formes qui emportent la perte du fond.

Croit-on qu'on trouvera plus facilement un avocat qui veuille plaider contre un avoué? Pas plus. Les avoués sont presque toujours les maîtres de choisir les avocats dans les causes dont ils disposent, et si les avocats se laissaient aller à leur indépendance naturelle et au désir de faire condamner un avoué exacteur, concussionnaire ou exagéré dans ses prétentions, n'aurait-il pas à craindre, avec raison, les rancunes? On sait qu'elles en valent bien d'autres!

Que faire?

L'art. 94 de la loi du 27 ventôse an VIII, sur le rétablissement des avoués près les tribunaux civils, porte bien : « Que les parties pourront toujours se » défendre elles-mêmes, verbalement et par écrit, *ou faire proposer leur dé-* » *fense par qui elles jugeront à propos.* » Mais l'art. 85 du Code de procédure civile, *qui permet aux parties de se défendre elles-mêmes, assistées de leurs avoués*, est-il confirmatif de l'art. 94 de la loi de ventôse an VIII, ou limitatif, en restreignant à la partie elle-même le droit de se défendre, et non celui de se faire défendre par qui bon lui semble?

D'un autre côté, la loi du 22 ventôse an XII sur les écoles de droit, les ordonnances des 27 février et 20 novembre 1822 sur la plaidoirie et sur l'exercice de la profession d'avocat, sont-elles exclusives? Il n'y est pas dit que les avocats inscrits au tableau auront seuls le droit de défendre les parties; il est seulement exprimé, art. 1er de l'ordonnance du 20 novembre 1822, que les avocats inscrits sur le tableau dressé en vertu de la loi du 22 ventôse an XII seront répartis en colonnes et sections, et art. 5 de la même ordonnance, que nul ne pourra être inscrit sur le tableau des avocats d'une cour ou d'un tribunal, s'il n'exerce réellement près de cette cour ou de ce tribunal; mais nulle part on ne voit d'exclusion, d'où l'on devrait conclure que l'art. 94 de la loi du 27 ventôse an VIII n'a pas été abrogé, et que, dans ce cas, *toute personne pourrait se dé-fendre elle-même ou se faire défendre par qui bon lui semblerait*, en obtenant, toutefois, la permission du tribunal, conformément à l'art. 85 du Code de procédure civile; permission qui ne pourrait être refusée, si le tribunal reconnaissait la capacité de la personne ou de son mandataire.

C'est une question neuve et délicate qui pourrait bien être résolue contre le mandataire seulement, à cause du privilége que les avocats réclament, même en déclarant qu'ils ne plaideront pas dans telle ou telle cause, parce que, disent-ils, ils sont seuls juges de la moralité de l'affaire. Cependant il faut être défendu, et si les avocats refusent leur ministère, la partie qui n'a pas la capacité de se défendre elle-même aura nécessairement et forcément la faculté de choisir un défenseur en dehors du barreau.

Dans l'incertitude d'une décision favorable aux justiciables qui ne peuvent avoir que des avoués d'office, et auxquels les avocats refusent leur ministère parce que ......, et quoiqu'avocats, il est un seul moyen à employer : c'est de se défendre par un mémoire que la partie fera rédiger, qu'elle signera et qu'elle présentera en personne en se présentant à la barre du tribunal. Elle aura soin toutefois de vérifier si les conclusions de son avoué sont conformes à ses intérêts et de les signer. C'est une précaution qu'il est aussi utile de prendre que de compter l'argent qu'on reçoit, quoiqu'il ait été compté par celui qui le paie.

Voilà pourtant où le privilége et l'intérêt personnel des corporations conduisent les citoyens. Et puis *nous sommes tous égaux devant la loi, quels que soient d'ailleurs les titres et les rangs.* Quelle amère dérision !

ADJUDICATIONS AUX CRIÉES DES TRIBUNAUX.

DROIT PROPORTIONNEL.

L'article 113 du Tarif des frais et dépens porte :

« Vacation à l'adjudication définitive à Paris, 15 fr.; dans le ressort, 12 fr. »

« *Indépendamment des émolumens ci-dessus fixés, il sera alloué à l'avoué* » *poursuivant, sur le prix des biens dont l'adjudication sera faite au-dessus de* » *2,000 fr., savoir : Depuis 2,000 fr. jusqu'à 10,000 fr., un pour cent; sur la* » *somme excédant 10,000 fr. jusqu'à 50,000 fr., demi pour cent; sur la somme* » *excédant 50,000 fr. jusqu'à 100,000 fr., un quart pour cent; et sur l'excédant* » *de 100,000 fr., indéfiniment, un huitième d'un pour cent. En cas d'adjudica-* » *tion par lots de biens compris dans la même poursuite, en l'état où elle se* » *trouvera lors des adjudications, la totalité des prix des lots sera réunie pour* » *fixer le montant de la remise.*

» *Il ne sera passé que trois quarts de la remise aux avoués des tribunaux de* » *département.*

Il n'est rien de plus clair et de plus positif que cet article. On voit que ce n'est qu'au dessus de 2,000 fr. que la remise proportionnelle est due à l'avoué poursuivant. Cependant les avoués de Paris établissent leur remise sur les premiers 10,000 fr., sans respect pour l'exclusion prononcée par la loi, et prétendent qu'elle leur est *légalement* due. Voici leur raisonnement : Le législateur a voulu affranchir, disent-ils, de la remise proportionnelle les adjudications qui seraient inférieures à 2,000 fr., mais il a entendu que, lorsque les adjudications seraient au-dessus, la remise fût perçue tant sur les deux premiers mille francs que sur les huit autres. Ils ne vous disent pas pour quelle raison, mais ils perçoivent, et c'est tout pour eux.

Si l'article 113 du Tarif était écrit dans des termes équivoques, le raisonnement des avoués de Paris serait supportable; mais en présence d'un texte aussi clair, il est impossible qu'un avoué de bonne foi puisse soutenir que la remise sur les deux premiers mille francs soit due. Je l'ai fait rapporter à plusieurs avoués qui l'avaient perçue. L'occasion s'est présentée de nouveau, non de la faire restituer, mais de ne pas la payer, et j'ai trouvé une résistance à laquelle je n'ai pû mettre fin qu'en menaçant de faire faire des offres réelles.

L'exploit était disposé, et au moment où l'huissier allait se présenter avec les fonds, l'avoué s'est empressé de déclarer qu'il acceptait la somme que je lui avais offerte dans son cabinet. Ainsi les avoués prétendent et soutiennent avec un aplomb imperturbable que la remise sur les deux premiers mille francs leur est due; mais lorsqu'on en vient au sérieux, ils n'osent persister. Il en est de même de toutes leurs perceptions illégales. Il est donc bien important pour les justiciables de se pénétrer de leurs droits, et dans ce cas de ne pas craindre de faire une action à l'avoué qui n'a pas honte de persister dans la demande d'un émolument que la loi proscrit. (art. 151 du Tarif).

Si l'on considère que la prétention d'un avoué de se faire allouer la remise sur 2,000 fr. n'est, en résultat, qu'une modique somme de 20 fr., on trouvera peut-être mon observation ridicule, et les avoués se récrieront sur ma parcimonie; mais si les magistrats veulent examiner la chose en grand, et comme ils la doivent voir, ils seront les premiers à interdire cette perception aux avoués, et M. le procureur du roi n'hésitera pas à provoquer contre ceux qui l'exigeraient les dispositions de l'art. 151 du Tarif, s'il trouve celles de l'art. 174 du Code pénal trop rigoureuses, quoique ce soit le cas d'en faire l'application sans aucun ménagement.

Il se fait au moins 1,000 adjudications par année aux criées du tribunal civil de la Seine, et il en est très-peu au-dessous de 2,000 fr.; ainsi ce serait 20,000 f. par année que les magistrats épargneraient aux adjudicataires.

J'appelle encore leur attention et leur sollicitude sur les adjudications par lots que la loi veut qu'on réunisse afin de percevoir la remise; car j'ai encore l'expérience que des avoués exigent la remise sur chaque lot et sur les deux premiers mille francs. Voici un exemple en chiffres, car j'aime cette logique, elle est sans replique : Je suppose qu'on poursuive une expropriation et qu'on divise les biens à vendre en 12 lots, et que chacun de ces lots soit vendu 12,000 f.;

les douze lots réunis formeront un total de 144,000 fr., et la remise proportionnelle sera, suivant l'art. 113 du Tarif, de 460 fr., savoir :

De   2,001 à   10,000.   80   » ⎫
De   10,001 à   50,000.   200   » ⎬ 460   »
De   50,001 à 100,000.   125   » ⎪
Et de 100,001 à 144,000.   55   » ⎭

Et suivant les avoués de Paris, d'après leur système de perception:

Sur les premiers 10,000 f. de chaque lot 100 f., et pour 12 lots. 1,200 ⎫
Et sur les deux autres mille f. de chaque lot 10 f., et pour 12.   120 ⎬ 1,320   »

En sorte que la différence, à la perte des acquéreurs et au bénéfice de l'avoué, est de   860   »

c'est-à-dire presque deux fois en sus de ce qui était dû légalement.

Combien y a-t-il d'adjudications par lots ? Que M. le président du tribunal civil de la Seine s'en fasse rendre compte par le greffier, et puis il saura ce que les adjudicataires auront payé de trop.

J'engage donc les adjudicataires à ne pas payer de remise proportionnelle sur les deux premiers mille francs de leurs adjudications, et si leurs avoués persistent à les exiger, qu'ils leur fassent faire des offres réelles d'après ce modèle (1).

Quant aux frais de poursuites, ils sont toujours imposés à l'adjudicataire, qui n'a aucun intérêt personnel à les faire taxer, puisque la différence de cette taxe ne tourne qu'au profit des vendeurs ou de leurs créanciers. Ce n'est pas pour cela un motif pour le magistrat de ne pas les taxer avant l'adjudication, dans

---

(1) L'an......, le......, à la requête de M. ......, demeurant à......;

J'ai......, huissier, etc......, déclaré et signifié à Me......, avoué près le tribunal civil de première instance, séant à......, y demeurant, rue......;

Que le (date du procès-verbal d'adjudication), le requérant s'est rendu adjudicataire, aux criées du tribunal civil de première instance de......, d'un immeuble situé......, ayant appartenu à......, poursuites et diligences dudit Me......;

Qu'en outre le prix principal d'adjudication, l'adjudicataire est tenu de payer, dans la huitaine, à Me......, avoué poursuivant la vente, le montant des frais de poursuites, s'élevant à..... portés au cahier des charges;

Qu'il est encore dû à l'avoué poursuivant la remise proportionnelle que l'article 113 du Tarif des frais et dépens lui attribue;

Que l'adjudication s'élève à......, et que c'est sur cette somme que la remise doit être calculée, savoir: depuis 2,001 fr. jusqu'à 10,000 à raison de 1 p. 100 (*à Paris, et les 3/4 pour les avoués de départemens*); 1/2 p. 100 sur l'excédant de 10,001 à 50,000; 1/4 p. 100 sur l'excédant de 50,001 à 100,000, et 1/8 de 1 p. 100 sur l'excédant de 100,001 indéfiniment;

Que cette remise, sur une adjudication s'élevant à......, est de . . . . 000 fr. 00 c.
Ajoutée au montant des frais de poursuites, qui sont de. 000   00

Total. 000   00

Que cette somme a été offerte à l'amiable à Me...... par le requérant, et que Me..... l'a refusée sous prétexte qu'elle était insuffisante de 20 fr. (*ou de 15 fr. selon la classe d'avoués*), parce qu'il prétend que la remise doit frapper sur les premiers 10,000 fr., sans égard aux deux premiers mille que la loi a affranchis de cette rétribution;

Que l'article 113 du Tarif, ainsi conçu : « *Il sera alloué à l'avoué poursuivant, sur le prix des biens dont l'adjudication sera faite au-dessus de 2,000 fr.; savoir : depuis 2,001 fr. jusqu'à 10,000, etc.* », est si positif qu'il n'est pas possible de douter que ce n'est que sur 8,000 fr. que la remise de 1 p. 100 (ou les 3/4) doit être perçue, et non sur 10,000;

l'intérêt des ayant-droit ; car voici la clause banale que les avoués insèrent dans tous les cahiers de charges : « Les adjudicataires paieront les frais de » poursuite et de vente en sus de leur prix, quel que soit l'événement de la » taxe d'iceux, dont le bénéfice, si bénéfice il y a, appartiendra toujours aux » vendeurs ou à leurs créanciers, *mais jamais aux adjudicataires.* »

Que résulte-t-il de cette clause ? Que les avoués font taxer provisoirement les frais de poursuites par leur Chambre, et que jamais cette taxe n'est demandée légalement, et lorsque quelque vendeur réclame la taxe légale, ce qui est fort rare, l'avoué poursuivant lui fait accroire qu'il est sans intérêt à la faire effectuer, puisque le montant n'en a pas été payé par lui, mais par l'adjudicataire. Le pauvre vendeur n'y fait pas plus d'attention, et ne réfléchit pas que, d'une part, s'il y a une différence, comme cela est indubitable, elle lui revient, et, d'autre part, que si les frais avaient été moins élevés l'acquéreur aurait mis un plus haut prix à son acquisition; que dans l'un ou l'autre cas il y aurait eu bénéfice pour lui en faisant taxer légalement, soit avant l'adjudication, soit après la vente consommée.

Ce que le vendeur ou l'exproprié ne pense pas à faire, parce que souvent il l'ignore, le magistrat peut et doit le faire dans l'intérêt de celui qu'on poursuit, car il ne doit pas permettre qu'on abuse de l'ignorance ou de l'apathie des malheureux qu'on exproprie; c'est d'ailleurs servir les intérêts des créanciers, auxquels les magistrats ne peuvent être indifférens.

Le débiteur qui n'a pu se garantir des dangers d'une expropriation, se trouve presque toujours réduit à n'avoir plus aucun intérêt à défendre. Si les officiers ministériels cherchent à tirer parti de sa fâcheuse position en mettant moins de modération dans les frais, le juge les punit en mettant à leur charge personnelle les dépens qu'ils auraient dû épargner.

Dans plusieurs tribunaux, quelques avoués ne veulent entreprendre une saisie immobilière qu'après s'être fait assurer une gratification indépendante des émolumens que la loi leur accorde. Cette pratique doit être sévèrement réprimée lorsqu'elle vient à la connaissance des magistrats. C'est aux poursuivant à ne pas le lui laisser ignorer.

Que la prétention de M⁰...... n'est nullement fondée ; (*Si c'est à Paris que les offres sont faites, on peut ajouter : que même la Chambre des avoués de Paris, si on peut l'invoquer* LÉGALEMENT, *a décidé plusieurs fois que la remise ne devait jamais porter sur les deux premiers mille francs, puisque la loi les en affranchissait.*)

Par ces motifs, j'ai, huissier susdit et soussigné, etc......, offert à M⁰......, en sa qualité d'avoué poursuivant la vente des biens acquis par M. ......, en parlant comme dit est et à deniers découverts, la somme de...... en......, pièces de monnaie ayant cours en France, savoir :

Pour les frais taxés jusqu'à l'adjudication définitive . . . . 000 fr. 00 c.
Et la remise proportionnelle sur......, montant de l'adjudication des....., faite au requérant 000 00
                                                   000 00
Total légal 000 00

Aux obéissances par M⁰ ...... d'en donner bonne et valable quittance, etc.......

Nota. L'huissier inscrira la réponse de l'avoué, s'il n'accepte pas, et assignera en validité d'offres par le même exploit avec constitution d'avoué, en déclarant que la consignation de la somme offerte sera faite conformément à la loi pour libérer le requérant.

Trop souvent les procès-verbaux d'adjudications forment des volumes. Leur expédition et les nombreuses copies qu'il faut quelquefois signifier, entraînent des frais excessifs. La surveillance des magistrats devrait, dans certains cas, les réduire de moitié.

Le procès-verbal des publications et des adjudications est dirigé sous la direction et la responsabilité du président ou du juge commis à la vente. Ces magistrats doivent veiller à ce qu'il soit énoncé avec une juste concision.

Dans les procès-verbaux de publications et d'adjudications, il est inutile et il serait frustratoire de rappeler tous les actes antérieurs de la procédure, de faire mention de toutes les enchères, de nommer les avoués qui les ont faites. Dix ou douze rôles devraient souvent contenir toute l'expédition des procès-verbaux de publication, d'adjudication préparatoire et d'adjudication définitive. Au lieu de cela, que voit-on ? Des expéditions de procès-verbaux d'adjudication, de 80, de 100, de 150 et jusqu'à 200 rôles. Quelle dépense pour les adjudicataires et quelle perte pour les vendeurs ou pour leurs créanciers ! car les acquéreurs, avant d'acheter, calculent les frais qu'ils auront à payer.

Il est essentiel que l'adjudicataire d'un immeuble vendu aux criées d'un tribunal soit présent à la vente, afin de signer, s'il est possible, immédiatement le procès-verbal d'adjudication et la déclaration de command qui doit être faite à son profit. S'il ne peut pas signer immédiatement, il faut qu'il accompagne sur-le-champ l'avoué au greffe et qu'il y fasse remplir la formalité. Il y a plusieurs inconvéniens, dont le plus grave sans doute serait que l'avoué vînt à mourir avant qu'il eût déclaré qu'il a acquis pour un tel; mais il pourrait se faire que l'avoué, qui est le maître de faire sa déclaration au profit de qui bon lui semble, eût des motifs pour ne plus vouloir ce qu'il avait consenti à faire avant l'adjudication. Tout le conseil que je peux donner aux adjudicataires, c'est de ne pas remettre au lendemain à remplir la formalité de la déclaration de command.

ORDRE.

Après la vente par expropriation, il y a toujours un ordre. C'est dans cette procédure que les avoués trouvent de grandes ressources pour se faire des émolumens, en créant des incidens et en élevant des discussions sans nombre et sans fin.

Mais la procédure que les avoués font n'est pas celle qui doit se suivre. La procédure d'ordre, telle que le veut la loi, est toute spéciale; on ne doit y trouver aucun des actes, aucun des droits accordés dans les procédures ordinaires, à moins qu'une disposition expresse de la loi ne prescrive ces actes ou n'alloue ces droits.

Ainsi le juge doit rejeter de la taxe tous droits de consultation, de vacations, de communication, de correspondance, enfin tous droits autres que ceux énoncés aux articles 130 à 139 du Tarif.

A cet égard, il est bon de prévenir les personnes sur lesquelles on poursuit un ordre, et leurs créanciers, qui ont le plus grand intérêt à diminuer ou à réduire les frais, que les avoués de Paris ont porté dans leur instruction occulte huit articles d'émolumens que la loi leur refuse, et que beaucoup d'autres sont susceptibles de modifications.

Je préviens à cet égard, parce que, lorsqu'on discute avec les avoués de Paris, ils ont le courage de vous dire qu'ils ne réclament que ce que la loi leur accorde, ainsi que l'établit *le tarif de la Chambre*; et comme peu de personnes savent faire la distinction du tarif de la Chambre des avoués du Tarif légal, il en résulte que les clients sont trompés si doucement qu'ils ne s'en aperçoivent pas du tout.

Le tarif de la Chambre des avoués de Paris est une réunion de droits légaux et illégaux que la Chambre a amalgamés dans une *instruction occulte qu'elle a fait imprimer pour l'usage personnel de la compagnie*; et comme cette réunion est un livre in-quarto, précédé d'un préambule trompeur, il est très-facile d'être pris au piége (Voyez p. 1 et 2 de l'Introduction).

Le Tarif légal, au contraire, le seul qu'on puisse et doive suivre, c'est le décret du 16 février 1807.

Je voudrais bien, sans être partie intervenante, être présent à la discussion d'un mémoire de frais entre un avoué et son client. Il lui débiterait, sans doute, avec le plus grand sérieux, toutes ces niaiseries qui convainquent ceux qui n'entendent rien aux affaires et qui ont confiance dans un homme revêtu d'un caractère public; et lorsque le client aurait payé et se serait retiré du cabinet de l'avoué, je serais curieux de reprendre la discussion et de convaincre, à mon tour, l'avoué, la loi à la main, qu'il a exigé et reçu de son client, par des argumens sophistiques, des sommes qui ne lui étaient pas dues. Ne pouvant me donner de bonnes raisons, il me répondrait sans doute : « Que voulez-vous ? » Nous achetons nos charges si cher; nous avons tant de frais d'étude et de » maison; nous sommes sujets à tant de représentation, que si l'on se renfermait » dans les limites du Tarif, il serait impossible de vivre honorablement dans un » monde poli et honnête comme nous nous le sommes fait. »

En effet, voici à peu près le budget des dépenses d'un avoué de Paris :

Charge, 300,000 fr.; intérêt à 5 p. 100	15,000 fr.
Loyer de maison (on n'y comprend pas la maison de campagne).	6,000
Frais de clercs	3,000
Perte de l'intérêt sur le cautionnement	80
Faux frais et pertes	10,000
Frais de maison, d'entretien et de représentation, en ce non compises les parties fines et la maîtresse.	12,000
Total.	46,080 fr.

A un raisonnement semblable, il n'y a qu'un conseil à donner aux justiciables : « Instruisez-vous et discutez article par article le mémoire d'un avoué, comme » vous discuteriez le mémoire d'un apothicaire, le mémoire d'un fournisseur, » dans lesquels on aurait fait entrer des objets qu'on ne vous aurait pas fournis » ou des articles qu'on aurait élevés trop haut. »

RÉFÉRÉ.

Le référé est une procédure simple et prompte qui se fait devant le président du tribunal civil, et qui ne doit avoir lieu que dans les cas d'urgence et lorsqu'il s'agit de statuer provisoirement sur les difficultés relatives à l'exécution d'un titre exécutoire ou d'un jugement (1).

On voit dès-lors que les frais doivent être peu de chose : une requête à fin d'assigner extraordinairement, si le cas requiert célérité; une assignation avec copie de la requête et de l'ordonnance qui autorise, ou dans les cas ordinaires, un assignation, vacation en référé, le papier de la minute de l'ordonnance, son enregistrement, coût de l'ordonnance, et la signification de l'ordonnance à domicile, voilà tout ce qui compose la procédure en référé.

Mais les avoués, qui ne peuvent se tenir dans les prescriptions de la loi, et qui se sont imaginé qu'on les avait créés non pour l'intérêt des justiciables et par une mesure d'ordre public, mais pour leur intérêt personnel et pour faire promptement leur fortune, ont cru pouvoir donner de l'extension à leurs mémoires de frais en référé.

D'abord la Chambre des avoués de Paris a ajouté, dans son instruction occulte, aux frais de référé : 1° le droit de placet; 2° l'appel de cause; et il semble qu'il eût été rationnel et surtout *conséquent* de la part des avoués de ne pas exiger davantage; mais comme l'idée d'un lucre légal ou illégal fait sur eux un effet extraordinaire, et qu'ils se croient une pierre d'aimant ayant le pouvoir d'attirer à eux l'argent des justiciables, ils usent de ce pouvoir toutes les fois qu'ils le peuvent impunément.

Voici donc comment les mémoires d'avoués de Paris se composent généralement dans les cas ordinaires, c'est-à-dire sans requêtes, sauf quelques exceptions :

Assignation.	5 fr.	50 c.
Rédaction du placet.	2	»
Visa d'icelui	»	40
Vacation au visa.	1	50
Vacation au référé (contradictoire).	5	»
Timbre et enregistrement de l'ordonnance sur minute	5	05
Vacation à la faire signer.	3	»
Payé à l'huissier audiencier pour dépôt d'icelle	3	»
Signification d'icelle à domicile (non compris le coût de l'expédition)	14	70
Total.	40	15

(1) Les avoués de Paris ont multiplié cette procédure extraordinaire, puisque l'on voit, par le résumé de M. le président, que les ordonnances de l'année judiciaire 1836 se sont élevées à 7770. Je ne les avais portées qu'à 5,200.

Tandis qu'ils ne devraient être que de :

L'assignation . . . . 5 fr. 40 c.
Vacation en référé. . . . . 5 »
Timbre et enregistrement de l'ordonnance 3 65
Signification de l'ordonnance sur minute 8 25

Total 22 30

La différence, de 17 fr. 85 c., s'explique ainsi :

L'assignation n'est que de 5 fr. 40 c. au lieu de 5 fr. 50 ; il n'est point dû de placet, et même, il faut le dire, lorsque l'on fait taxer un mémoire d'avoué par la Chambre, elle retranche le droit de placet, ce qui prouve encore que la Chambre n'est pas conséquente avec elle-même, et qu'il faut la prendre dans ce qu'elle fait plutôt que dans ce qu'elle dit ; car dans son instruction occulte elle porte le placet, et elle le rejette des mémoires qu'elle taxe.

Il n'est dû ni visa ni appel de cause ; point de visa, parce que la loi n'en accorde pas au greffier qui tient la plume ; point d'appel de cause, parce que les huissiers ne sont pas utiles en référé pour appeler les causes, puisque les référés se rendent, pour la plupart, dans l'hôtel de M. le président.

La minute d'un référé se compose d'une demi-feuille de timbre à 35 c., et de l'enregistrement 3 fr. 30 c. La vacation de l'avoué à faire signer l'ordonnance est une véritable concussion, dans toute la rigueur de l'art. 174 du Code pénal.

Je ne sais comment qualifier la perception de 3 fr., que l'avoué paie à l'huissier qui a exécuté l'ordonnance de référé sur minute, pour la réintégrer au greffe du tribunal ; nulle part on n'en voit l'allocation autorisée, et même on peut affirmer que ce n'est qu'à Paris qu'on en fait la perception. Les avoués affirment que M. le président du tribunal civil de la Seine a fixé cette rétribution, ou plutôt cette contribution, et qu'il exige qu'elle soit payée aux huissiers ; c'est inconcevable, et il serait bon de vérifier ce fait en s'opposant à l'allocation de ce prétendu droit dans un mémoire de frais d'avoué. Toujours est-il que l'huissier qui reçoit les 3 fr. donne une quittance conçue en ces termes :

« *Bureau des huissiers audien-* « *Je soussigné, huissier audiencier commis par*
» *ciers du tribunal civil de* » *M. le président pour le dépôt au greffe du tribu-*
» *la Seine.* » » *nal civil de la Seine d'une ordonnance rendue*
» *en l'audience des référés, le*
» *entre le sieur*
» *et le sieur*
» *Reconnais avoir reçu de Me ......, avoué, la*
» *somme de* TROIS FRANCS *pour vacation audit dé-*
» *pôt,*
» *Dont quittance, à Paris, ce 31 mai 1836.*
» *Signé Randon, pour Me Pierreson, huissier*
» *commis.* »

Cette quittance avait été précédée de la pièce ci-après transcrite :

RÉCÉPISSÉ D'ORDONNANCE DE RÉFÉRÉ EXÉCUTOIRE SUR MINUTE.

« Je soussigné
» reconnais que la minute d'une ordonnance de référé rendue le
» présent mois,
»   *entre M.*   *d'une part,*
»   *et M.*   *d'autre part,*
» m'a été communiqué avec déplacement, au greffe du tribunal de première instance
» de la Seine; et ce pour faire exécuter ladite ordonnance par le ministère de
» Pierreson, huissier ordinaire, commis à cet effet.
    » Laquelle ordonnance je m'oblige à rétablir dans le délai de quinze jours, à
» partir de ce jourd'hui.
    » Fait au Palais de Justice, le 22 août 1835.   Signé ..... »

Ces deux pièces sont imprimées, ce qui semblerait établir en effet qu'il y aurait autorisation du magistrat; mais, encore une fois, c'est incroyable.

Cependant, en comparant ces deux pièces, on voit évidemment que M. le président aurait prescrit une mesure pour constater dans quelles mains la minute d'une ordonnance de référé a passé, et à quelle époque elle a été réintégrée au greffe, car il est important que ces pièces ne s'égarent ou ne se perdent pas; mais on n'a pas la certitude que M. le président ait autorisé la perception d'un droit de 3 fr., et ce magistrat connaît trop bien les lois pour s'être mis en opposition avec elles, car il sait bien que les tribunaux ne peuvent s'immiscer dans le pouvoir législatif, et ce serait le faire que de créer une contribution.

Il n'est point dû de vacation au visa d'un référé; le Tarif n'en accorde pas, et le Code de procédure civile est muet à cet égard.

Enfin, en supposant que l'ordonnance de référé contînt six rôles, la copie et la signification ne s'élèveraient pas à plus de 8 fr. 25 c.

Lorsque les ordonnances de référé seront expédiées, il faudra ajouter le coût de l'expédition au mémoire; c'est un déboursé. Leur signification sera facile à compter, puisque le greffier est obligé de déterminer le nombre de rôles qu'elles contiennent, et que l'huissier est tenu de donner le détail de son acte au pied de l'original de son exploit.

Ainsi, s'il se rend 7,770 ordonnances de référé par année, et que les avoués de Paris comptent dans leurs mémoires 17 fr. 85 c. de plus que la loi ne leur accorde, il en résulte une perte, pour les justiciables de la Seine, de 130,694 f. 50 c.; c'est encore un fait que je signale à la sollicitude des magistrats.

<hr>

GREFFES DE PREMIÈRE INSTANCE.

Toutes les expéditions sortant des greffes des tribunaux de première instance se rattachent à la taxe des frais de justice civile et aux mémoires de frais d'avoués, c'est pourquoi j'attire l'attention des justiciables sur cette partie, qui est plus importante qu'on ne pourrait le croire.

« Je ne parlerai pas de la quotité des droits d'enregistrement sur tous les actes du greffe; on ne peut être trompé à cet égard, et si un receveur perçoit plus qu'il ne paraît être dû d'après la loi, il ne fait pas tourner l'excédant à son profit, puisqu'il en compte au gouvernement, et que les voies pour se faire restituer sont faciles et déterminées par la loi.

Il n'en est pas de même des greffiers, qui, en multipliant les rôles, causent d'abord une perte de papier et de droits de greffe à la partie qui paie, mais qui se créent ensuite une remise que l'équité et la loi repoussent.

Les lois qui ont imposé des droits de greffe et des remises aux greffiers sont la loi du 21 ventôse an vii, celle du 2 prairial même année, et celle du 12 juillet 1808.

Il ne s'agit ici que des expéditions que les greffiers délivrent, et qui, conformément à l'art. 6 de la loi du 21 ventôse an VII, doivent contenir vingt lignes à la page, et huit à dix syllabes à la ligne, *compensation faite des unes avec les autres*.

Mathématiquement parlant, la compensation de 8 à 10 est bien 9 ; ainsi les rôles du greffe civil devraient se composer de 360 syllabes. Mais le greffier en chef du tribunal civil de première instance de la Seine, M. Lelouche enfin, car il faut bien le nommer, a un système de calcul à son usage personnel. Si l'on en juge par des milliers d'expéditions qu'il a délivrées depuis qu'il règne au greffe civil de la Seine, 8 à 10 compensées seraient ordinairement 4, 5 et 6, ainsi que j'ai eu plus d'une occasion de le lui faire remarquer; mais depuis que je ne me suis pas borné à des observations et à des avertissemens, et que je me suis avisé de réclamer sérieusement contre son arithmétique exceptionnelle, il a été arrêté, après avoir pris l'avis de M. le receveur des droits de greffe, qui ne pouvait manquer de lui être favorable, car on peut lui dire aussi : « *Vous êtes orfèvre, M. Josse,* » puisque plus le greffier emploie de papier d'expédition, plus le recevenr en débite, et partant plus ses remises sont élevées ; enfin il a été arrêté que le rôle d'expédition contiendrait 320 syllabes, et c'est une grande économie que mes investigations ont procurée aux justiciables et aux acquéreurs de biens aux criées du tribunal surtout.

Trois expéditions de procès-verbaux d'adjudications devant le tribunal civil de la Seine me sont tombées dans les mains.

L'une comptait 151 rôles, et je l'ai réduite à 111, différence 40 rôles ;
La seconde,　　　88 —　　　　—　　　　68,　　—　　20 —
La troisième,　　62 —　　　　—　　　　50,　　—　　12 —

La première avait été signifiée 21 fois, ci . . . . 840 rôles ;
La seconde . . . . 12 — ci . . . . 240 —
La troisième . . . . 7 — ci . . . . 84 —
Ainsi il avait été perçu de trop :

1° Par le greffier, tant pour sa remise que pour les droits de greffe et le papier . . . . 144 fr. » c.
2° Et par les avoués, à raison de 30 c. par rôle 349 20

Total pour trois expéditions 493 20

Et, dans la proportion, pour 1000 adjudications, la somme de 164,400 fr. par chaque année, dont 48,000 fr. pour le greffier et droits de greffe, et 116,400 fr. pour les avoués; voilà comme des bagatelles en apparence sont importantes en réalité.

Je ne me suis pas borné à examiner les grosses et volumineuses expéditions des procès-verbaux d'adjudications; j'ai voulu m'assurer si les grosses des jugemens ordinaires n'étaient pas faites dans la même proportion, et j'ai reconnu que sur 7 expéditions portées pour 53 rôles, j'avais fait opérer une réduction de 13 rôles, ce qui établit une différence d'un quart.

Pour pouvoir se faire une juste idée de la somme qui reste aux mains du greffier, et de celle qui est perçue par les avoués sur les excédans de rôles, il faudrait savoir combien il se délivre d'expéditions de toutes les espèces au tribunal civil de la Seine par chaque année (il s'en délivre quelques milliers). C'est alors que les magistrats y regarderaient à deux fois et forceraient réellement le greffier en chef à se renfermer dans les prescriptions de la loi (Arrêt de cassation du 16 mai 1806).

On sent qu'il n'y a que les magistrats qui puissent opérer ce bien dans l'intérêt des justiciables, car le fisc ne se plaindra pas qu'on emploie inutilement beaucoup de papier timbré; les avoués ne se plaindront pas non plus de la longueur illégale des expéditions, puisqu'ils les signifient au moins deux fois, et que plus elles sont longues et plus le droit de copie leur rapporte; enfin, ce n'est pas le greffier qui se rognera lui-même les griffes il aimerait bien mieux se les alonger, s'il le pouvait.

A vous donc, Messieurs les magistrats. Lorsque vous aurez des mémoires à taxer, ayez l'attention de jeter un coup d'œil scrutateur sur les expéditions des jugemens, et ne vous bornez pas à considérer le coût de l'expédition comme un simple déboursé, car avec les officiers ministériels, il ne faut pas toujours s'en rapporter à ce qu'ils disent; il faut vérifier. C'est pour cela que les parties s'adressent à votre autorité, certaines qu'elles sont que vous tiendrez une juste balance entre des intérêts opposés : j'ai aplani toutes les difficultés; j'ai mis le doigt sur toutes les plaies des malheureux justiciables, c'est aux magistrats à les guérir.

Voilà la question résolue par les trois degrés de juridiction.

L'arrêt ci-après transcrit devrait servir de règle aux magistrats et de leçon aux greffiers prévaricateurs.

« Les tribunaux ont-ils le droit de destituer eux-mêmes les greffiers, lorsque la » destitution est ordonnée comme peine légale d'une contravention qu'ils ont com- » mise? (Oui.)

» Le greffier qui délivre des expéditions de jugemens qui ne contiennent pas le » nombre de lignes à la page et de syllabes à la ligne prescrit par la loi, encourt-il » la peine de 100 fr. d'amende et de la destitution? (Oui.)

» Le sieur Wauters, greffier du tribunal de commerce d'Anvers, avait délivré » plusieurs expéditions de jugemens qui ne contenaient pas vingt lignes à la

» page et huit à dix syllabes à la ligne, comme le prescrit l'art. 5 de la loi du 21
» ventôse an VII.

» Il a été traduit, pour cette contravention, devant le tribunal correctionnel
» d'Anvers, qui l'a condamné à 100 fr. d'amende, et a prononcé sa destitution,
» conformément à l'art. 23 de la même loi, qui défend, sous ces peines, d'exi-
» ger d'*autres droits de greffe* que ceux déterminés, ni *aucun droit de prompte
» expédition.*

» Le sieur Wauters interjette appel, et soutient que cet article n'est pas ap-
» plicable au fait dont il est accusé ; que par les mots *autres droits*, le législa-
» teur a voulu parler de ceux qui ne seraient pas dus, et non pas des droits
» trop forts que les greffiers percevraient en délivrant des expéditions plus vo-
» lumineuses qu'il n'est permis.

» La cour criminelle de l'Escaut confirme néanmoins le jugement de pre-
» mière instance : « *Attendu que c'est évidemment recevoir d'autres droits de greffe
» que ceux établis par la loi, que de recevoir, pour des feuilles de quinze à dix-huit
» lignes, et écrites de manière que ces lignes ne contiennent que six, cinq, quatre,
» trois ou deux syllabes, les mêmes droits qui sont établis par une feuille conte-
» nant vingt lignes à la page et huit à dix syllabes à la ligne.* »

» Pourvoi en cassation pour fausse application de l'art. 23 de la loi du 21
» ventôse an VII. Le demandeur présente le même moyen que devant les juges
» d'appel, et ajoute que, dans tous les cas, les tribunaux n'avaient pas le pou-
» voir de prononcer la destitution des greffiers; que ce droit n'appartenait
» qu'au souverain, aux termes de la loi du 27 ventôse an VIII, et que l'auto-
» rité judiciaire pouvait tout au plus provoquer l'application de cette peine.

» Du 16 mai 1806, arrêt de la Cour de cassation, section criminelle, M. *Barris*,
» président; M. *Audier-Massillon*, rapporteur; M. *Daniels*, avocat-général, par
» lequel :

» *LA COUR, attendu qu'il résulte des faits déclarés constans par l'arrêt de la
» Cour de justice criminelle du département de l'Escaut, qu'il y avait lieu à l'appli-
» cation des peines portées par l'art. 23 de la loi du 21 ventôse an VII, combiné
» avec l'art. 5 de la loi du 22 prairial suivant ;*

» *Attendu que la destitution prononcée par ladite loi du 21 ventôse étant ordon-
» née comme une peine de la contravention prévue par cette loi, elle peut être pro-
» noncée par les tribunaux qui ont été juges de cette contravention; que cette peine
» est indépendante du droit de révocation que la loi du 27 ventôse an VIII attribue à
» l'autorité à laquelle elle confère le droit de nomination;*

» *Rejette, etc.* »

Il n'y a pas de commentaire possible : la loi est positive, et le jugement de
police correctionnelle ainsi que l'arrêt de la Cour criminelle en ont fait une sévère mais juste application. La Cour de cassation est venue sanctionner et le
jugement et l'arrêt.

Le greffier a l'habitude de délivrer sur parchemin les expéditions d'adjudications aux criées du tribunal. Il fait entendre aux adjudicataires que le parche-

min ou le vélin durent bien plus long-temps que le papier ordinaire, et que par conséquent une expédition de cette espèce convient mieux. C'est une erreur. Le papier se conserve aussi long-temps que le vélin, et l'encre ne s'efface jamais, parce qu'elle s'imbibe dans le papier, tandis qu'elle ne reste qu'à la superficie du vélin, qui est un corps trop compacte. On a dû remarquer que les feuilles de vélin qui sont maniées beaucoup, sont souvent effacées et presque illisibles. D'ailleurs il est très-facile de faire disparaître l'encre de dessus le vélin, et qu'il n'en est pas de même à l'égard du papier.

Il ne faut donc voir dans l'insistance du greffier à vous faire prendre du vélin, que le lucre qu'il retire; car s'il n'y avait aucun intérêt pécuniaire pour lui, il ne se donnerait pas la peine d'acheter du vélin et de l'envoyer timbrer. Mais il vous compte la feuille à 40 c., et il est présumable qu'il a une remise d'un quart. Les greffiers sont comme tous les autres officiers ministériels, ils ne font rien pour rien.

J'engage donc les adjudicataires aux criées du tribunal civil de la Seine à ne prendre d'expédition que sur du papier de la régie. J'entends déjà M. Lelouche dire, en me regardant de travers : « *Quelle parcimonie vous conseillez ! qu'est-ce que cela peut coûter à un acquéreur ? 30 fr. peut-être.* » Oui; mais ces 30 fr. font pour vous un bénéfice de 6 à 8000 fr. par année, et pour les acquéreurs une perte de 30,000 fr.; c'est comme le bulletin d'audience de 15 c., une bagatelle qui vous coûte 1,800 fr., et qui vous rapporte 54,000 fr. Il n'est point de petites économies, comme il n'est point de petits profits lorsqu'ils sont calculés sur une grande échelle.

CHAMBRE DES AVOUÉS.

La Chambre des avoués est le *refugium peccatorum* des membres de la compagnie. C'est surtout à Paris que cette vérité reçoit plus particulièrement son application. Non seulement la Chambre s'interpose entre les avoués et les parties qui ont des réclamations à leur faire, mais encore elle s'interpose entre les magistrats et les parties, lorsque ces dernières déposent des plaintes contre les avoués, et cela est si vrai que les magistrats du parquet ne reçoivent de réclamations qu'à la charge en quelque sorte de les transmettre à la Chambre pour avoir son avis : et l'avis de la Chambre est toujours que l'avoué a raison ou qu'il n'a pas tort. Il a raison lorsque la réclamation n'est pas trois fois bien fondée, et il n'a pas tort lorsque le mémoire est réduit, n'importe à quelle somme, car, suivant les avoués, un excédant de perception de droits, ou l'exigence de droits illégaux, se traduit en réduction de taxe, l'avoué ne reçoit pas ce qui ne lui était pas dû, ou il restitue ce qu'il a trop perçu, et tout est dit. La Chambre ne signale point ces faits au ministère public lorsqu'ils viennent directement à sa connaissance par les parties, et les magistrats ne font aucune observation sur l'avis que la Chambre leur transmet, que tel avoué a été réduit dans son mémoire de frais ; elle se borne à dire aux parties : l'avoué un tel aura tant à vous remettre, ou vous aurez tant de moins à lui payer ; c'est l'avis de la Chambre. Cette marche est suivie par le tribunal, et lorsqu'à l'audience on reconnaît qu'un avoué a excédé les bornes de la loi, on le réduit seulement, et l'on condamne la partie aux dépens dans lesquels se trouvent les émolumens et actes de l'avoué demandeur, qui, comme on le sait, *est payé pour discuter son propre mémoire de frais qu'il a eu intérêt d'exagérer et entendre prononcer une réduction.* C'est conséquent : celui qui doit le principal doit les accessoires, *et n'est-il pas d'une grande équité de condamner celui qui voulait payer tout ce qu'il devait légalement, mais qui se refusait à payer ce qu'il ne devrait pas ?* O justice humaine !

La réduction dans les mémoires de frais d'avoués porte aussi bien sur les déboursés que sur les émolumens.

Lorsqu'un avoué porte dans son mémoire de frais des déboursés qu'il n'a pas faits ou des émolumens que la loi ne lui accorde pas, est-il un concussionnaire, suivant le texte et l'esprit des articles 151 du Tarif et 174 du Code pénal ? C'est une question que les avoués qui se trouvent dans le cas des articles cités trouveront bien saugrenue de ma part, et dussais-je me faire traiter d'impertinent, d'absurde, de ridicule, je la fais, cette question. Je ne la résoudrai cependant pas, parce que je n'ai pas qualité pour la décider. Mais si j'étais procureur du roi, j'essaierais de la présenter devant une Cour d'assises, et je développerais ma proposition. Je serais curieux de voir qu'elle décision un jury, composé d'honnêtes gens et d'hommes éclairés, prendrait, et si en examinant l'action d'avoués qui subissent des réductions énormes, les jurés penseraient que les circonstances atténuantes doivent venir alléger leur condamnation ; ce serait un bel exemple qu'un procureur du roi pourrait donner aux compagnies d'officiers ministériels. Et si la condamnation était prononcée, pense-t-on que les charges ne diminueraient pas de prix ? Ce moyen que la loi indique et autorise vaudrait bien le moyen tiré de l'augmentation dans le nombre des avoués.

Les articles 8, 22 et 29 du Code d'instruction criminelle sont bien clairs, bien positifs et bien impératifs, et il serait à désirer pour le bien des justiciables et l'intérêt de la société qu'ils fussent mis à exécution à l'égard des officiers ministériels qui sacrifient leurs devoirs, leur considération et leur conscience à leur sordide intérêt, et qui abusent du caractère dont ils sont révêtus.

L'art. 30 du même Code impose également des obligations aux simples particuliers ; mais les citoyens courageux ne peuvent en user qu'avec une extrême circonspection, car on ne manquerait pas de leur donner l'épithète de dénonciateur, qui n'a point chez nous l'acception et la valeur qu'elle avait chez les Romains.

Si les avoués de Paris ont trouvé que l'art. 71 du décret du 30 mars 1808 pouvait leur faire croire qu'ils avaient le droit de se faire payer le placet, qu'une loi qui n'a point été abrogée proscrit ; moi, je trouve dans cette loi quelque autre chose de bien plus positif ; j'y vois, art. 102, *que les officiers ministériels qui seront en contravention aux lois et règlemens, pourront suivant la gravité des circonstances, être punis par des condamnations de dépens en leur nom personnel,*

pur des suspensions à temps, et que leur destitution pourra être provoquée, s'il y a
lieu.

J'y vois encore, art. 103, *que les mesures de discipline à prendre sur les plaintes*
des particuliers ou sur les réquisitions du ministère public, pour cause de faits qui
ne se seraient point passés ou qui n'auraient pas été découverts à l'audience, se-
ront arrêtés en assemblée générale, à la chambre du conseil, après avoir appelé
l'individu inculpé.

J'y vois enfin, dans le dernier *alinéa* de l'art. 103 et dans l'art. 104, que
M. le procureur général rendra compte au garde des sceaux de tous les actes
de discipline, et que M. le procureur du roi rendra un pareil compte à M. le
procureur-général.

Mais je ne vois nulle part que le ministère public devra consulter la Chambre
des avoués et lui demander son avis lorsqu'il s'agit des plaintes que les particuliers déposent contre des avoués. Cette condescendance est très-nuisible aux
réclamans, dont le moindre mal est d'éterniser les affaires de ce genre, car la
Chambre ne se presse jamais de se prononcer sur un confrère; elle a au contraire intérêt à prolonger sa décision autant qu'elle le peut, et ce n'est souvent
qu'après plusieurs rappels que le ministère public obtient enfin son avis. Ensuite, cela fait penser aux avoués qu'ils sont une autorité que l'on n'ose pas
attaquer et rappeler à ses devoirs comme les autres particuliers, s'ils en
abusent.

J'en ai dit assez sur les moyens de répression pour que l'autorité agisse si
elle le veut; je vais passer aux abus qui résultent des réclamations qu'on
adresse directement à la Chambre.

Il entre dans les attributions de la Chambre « *de prévenir toutes plaintes et*
» *réclamations de la part de tiers contre des avoués à raison de leurs fonctions ;*
» *concilier celles qui pourraient avoir lieu; émettre son opinion, par forme de*
» *simple avis, sur les réparations civiles qui pourraient en résulter, et réprimer,*
» *par voie de discipline et censure, les infractions qui en seraient l'objet, sans pré-*
» *judice de l'action publique devant les tribunaux, s'il y a lieu ;*
  » *De donner son avis, comme tiers, sur les difficultés qui peuvent s'élever lors de*
» *la taxe de tous frais et dépens, et même sur tous les articles soumis à la taxe,*
» *lorsqu'elle se poursuit contre partie, ou lorsque l'avoué fait défaut.* »

Ainsi un avoué refuse-t-il son ministère à un justiciable ou ne veut-il plus le
lui prêter dans le cours de l'instance; un avoué retient-il des pièces sous un
prétexte quelconque, ou ne suit-il pas la procédure avec la célérité qui conviendrait à ses intérêts; un avoué demande-t-il des déboursés qu'il n'a pas
faits, ou exige-t-il des droits et des émolumens qui ne lui sont pas attribués par
la loi, ou excèdent-ils les limites du Tarif, les Chambres peuvent en connaître,
si les particuliers, pensant qu'ils auront une prompte et bonne justice, consentent à s'adresser à elles, et dans ce cas on leur fait donner un pouvoir assez
étendu pour les rendre souveraines et qu'on ne puisse plus revenir sur leurs
décisions.

Posons d'abord en principe qu'un avoué ne peut, sous aucun prétexte, refuser ou retirer son ministère, et dès-lors la Chambre n'aura point à prononcer sur cette première partie de ses attributions. En effet, le privilége accordé aux avoués d'avoir seuls le droit de postuler près des tribunaux et de mettre l'affaire en état d'être jugée, n'est-il pas exclusif? La loi sur la postulation ne punit-elle pas d'une amende assez forte, et ne prive-t-elle pas de la faculté d'être nommés aux fonctions d'avoué ceux qui se livreraient à la postulation sans avoir le titre d'avoué? Et puisque personne autre qu'un avoué ne peut postuler près des tribunaux et mettre la procédure en état, en faut-il davantage pour établir jusqu'à la dernière évidence que le ministère de l'avoué est forcé, et qu'il n'est pas nécessaire de le consulter pour intenter une action devant les tribunaux. Si j'intente un procès à mon voisin, que l'action soit juste ou non, bonne ou mauvaise, est-ce l'avoué qui peut la juger en refusant son ministère? Dans ce cas, si on se prononce pour l'affirmative, il n'est plus besoin de juges. Et si l'avoué du demandeur l'a trouvée bonne, l'avoué du défendeur pourra-t-il dire qu'il ne la trouve pas telle, et refuser son ministère? Dans ces cas, qui aura raison, et quelle est l'autorité qui décidera? Sera-ce la Chambre? Et s'il s'agit d'une action contre la compagnie des avoués, pense-t-on qu'elle donnera un avis favorable et qu'elle se suicidera?

Je vais citer deux exemples, dans lesquels la compagnie des avoués de Paris se met en cause, parce que des particuliers sont assez *effrontés*, assez *malhonnêtes*, pour vouloir exercer eux-mêmes des droits que les avoués de Paris prétendent s'attribuer exclusivement, quand même.

Le premier est la conséquence du jugement de la cinquième chambre, en date du 15 avril 1836, qui rejette comme frustratoires les significations d'avoué à avoué des procès-verbaux d'adjudications aux criées du tribunal (voyez pages 11 et 12 de l'Introduction). L'avoué qui a soutenu la prétention de l'acquéreur, refuse maintenant son ministère, qu'il s'agit d'obtenir la conséquence du jugement, c'est-à-dire de faire taxer les frais et de réduire les copies du procès-verbal d'adjudication dans les termes de l'art. 72 du Tarif (600 syllabes au lieu de 320), et cela parce que les avoués perdraient (selon eux) à peu près moitié du salaire attribué aux copies de pièces.

Voici la copie de la lettre par laquelle l'avoué se révoque; c'est le même qui avait déjà refusé son ministère (page 38 de l'Introduction).

« Paris, le 16 juin 1837.

« Monsieur,

» Je ne puis suivre l'affaire de M. E.... contre M⁰ T...., ainsi que vous le voulez. Cette direction me paraissant ne devoir amener aucun résultat pour le client, trouvez bon que je résilie mes pouvoirs.

» Votre très-humble serviteur. Signé BAUER. »

Le second est la prétention des avoués à faire exclusivement, et parce qu'ils sont avoués, les purges légales.

Il y a eu une première tentative qui n'a pas été suivie, parce que l'avoué, commis d'office, a intimidé le client en lui présentant un procès devant passer par les trois juridictions, et devant lui coûter au moins 4000 fr. pour s'épargner quelques honoraires d'avoué, et en lui disant encore que quoique avoué commis, il ne pouvait lui dissimuler que la compagnie prenait fait et cause contre lui et se tenait derrière le greffier pour le soutenir, et qu'en conséquence il était de son intérêt d'abandonner l'exercice d'un droit qui lui était si fortement et si puissamment disputé.

Une seconde tentative a été faite, et les parties sont en instance. Voici la position de l'affaire, qui fera connaître aux magistrats que les avoués sont plus puissans qu'eux, qu'ils méconnaissent leur autorité ou qu'ils la méprisent, et que si un président a le droit de commettre un avoué, il n'a pas le pouvoir de lui faire accomplir sa mission.

C'est encore un acquéreur qui veut faire lui-même ou faire faire sa purge légale, et c'est moi qui le dirige.

Les avoués étant intéressés à conserver le monopole de la purge des hypothèques (page 10 de l'Introduction), se sont refusés à se constituer, et il a fallu s'adresser à M. le président du tribunal civil de la Seine pour en faire commettre un. M. Debellesme était absent, et M. Eugène Lami le remplaçait. Sur la demande de l'acquéreur, M. le vice-président renvoya à la Chambre des avoués pour qu'il soit communiqué, et voici ce que le président de cette Chambre répondit le 27 août 1836 :

« Le président de la Chambre.

» Monsieur le président,

» Vous avez eu *la bonté de renvoyer à la Chambre* la demande adressée par » M. *Courgibet* (1), afin de nomination d'un avoué d'office pour occuper sur la » solution de *la question de savoir si une purge légale peut être suivie par toute* » *personne, sans le ministère d'avoué.*

» *La compagnie des avoués de Paris partage l'opinion du greffier, et aura pro-* » *bablement à s'occuper de cette affaire.*

» Quant à présent, elle ne voit pas qu'il soit possible de refuser à M. Cour- » gibet un avoué d'office pour soutenir le droit qu'il se croit fondé à exercer.

» La Chambre me charge toutefois de vous remercier de *l'obligeante com-* » *munication* que vous avez bien voulu lui faire.

» Agréez, je vous prie, Monsieur le président, l'assurance des sentimens res- » pectueux de votre très-humble et très-obéissant serviteur.

» Signé GLANDAZ. »

Ce n'est qu'après cette réponse, et le 9 septembre seulement, qu'un avoué

---

(1) La demande n'était ni faite par moi, ni signée par moi ; mais elle était de mon écriture. Le président de la Chambre des avoués a pris le rédacteur pour le signataire et pour le demandant. On voit où l'on en veut venir.

d'office a été nommé. Cet avoué a tout fait pour paralyser sa commission, et l'affaire est toujours pendante au tribunal.

L'avoué a raison de résister par la force d'inertie; il croit être soutenu dans sa prétention de corporation, et il veut accomplir son œuvre d'iniquité. On verra si le tribunal partagera les prétentions du greffier en chef du tribunal civil de la Seine, soutenues par la compagnie des avoués de Paris.

C'est une question d'une haute importance, car il s'agit d'enlever l'exercice d'un droit à 32 millions de Français pour le conférer à 3,730 avoués déjà si privilégiés.

Il est donc évident que si, comme je l'ai démontré, le ministère de l'avoué est obligé, et que, d'un autre côté, la compagnie ait intérêt à ne pas occuper dans une cause, il est inutile, il est absurde de recourir à l'intervention ou à la médiation de la Chambre.

Un avoué retient-il tout ou partie des pièces de la procédure, quoique vous lui ayez payé son mémoire de frais? vous vous adresserez à sa Chambre, et vous serez tout aussi avancé que si vous n'aviez pas réclamé. On vous répondra que les pièces de procédure vous sont inutiles, mais qu'au besoin vous pouvez en prendre communication chez l'avoué. Il y a là deux motifs : le premier, c'est pour vous empêcher de faire taxer, si l'envie vous en prenait ou si le conseil vous en était donné ; le second, pour que vous vous attachiez à l'étude, parce que, comme les avoués font spéculation de leur charge, ils ont besoin de faire parade d'un grand nombre de dossiers, qui supposent de nombreux clients inféodés à l'étude.

N'allez pas vous plaindre à la Chambre qu'un avoué ne suit pas votre procès avec célérité et ainsi que le veut la loi du 30 mars 1808, car elle vous répondrait avec cet aplomb et cette suffisance qui lui sont propres, que ce sont les magistrats qui n'expédient pas promptement les affaires; que les audiences sont trop courtes; qu'ils laissent parler les avocats trop long-temps; qu'ils remettent les causes avec trop de facilité; que les juges rapporteurs gardent les dossiers pendant des mois, quand il ne faudrait que quelques heures et tout au plus quelques jours pour mettre le tribunal en état de prononcer; enfin, elle ne tarirait pas sur les moyens de vous prouver que les avoués travaillent comme des nègres, et que la prompte expédition des affaires ne dépend nullement de leur volonté.

C'est une occasion dont je dois profiter pour leur donner un démenti formel. Je n'irai pas chercher ce que prescrivent les articles 67, 68, 69, 70, 71 et 72 de la loi citée; je sais bien que les affaires en matières ordinaires ne peuvent pas se traiter avec la même célérité que les causes spécifiées en l'article 66 de la même loi; mais il est si peu vrai que la lenteur à expédier les procès provient des magistrats chargés de prononcer, qu'il est d'usage au tribunal civil de la Seine de ne passer que trois remises de causes par chaque année judiciaire, et quand on voit dans un mémoire de frais d'avoué jusqu'à dix remises, on doit être convaincu que ces nombreuses remises sont, pour les avoués et pour le greffier, un objet de spéculation.

Pour les avoués qui s'allouent 3 fr. par remise, cela leur fait 30 fr. au lieu de 9 fr., et pour le greffier 1 fr. 50 c. pour les bulletins d'audience, au lieu de 45 c. On ne sait pas que ces 21 fr. par cause ordinaire feraient pour un avoué 2,100 fr., et pour les 150 avoués de Paris, 315,000 fr. Pour le greffier, les 1 fr. 50 c. de trop feraient, pour le bulletin de 15 c., 15,750 f. Ainsi, que les magistrats taxateurs n'accordent que trois remises en causes ordinaires, et ils opèreront un soulagement de 330,750 fr. aux justiciables de la Seine. Lorsque les mémoires de frais ne sont pas soumis à la taxe légale, les avoués ne s'infligent pas cette réduction, parce que l'article 83 du Tarif leur attribue ce droit, et c'est pour ne pas faire un abus que les juges dè Paris ont réduit à trois le nombre des vacations à tout jugement portant remise de cause. Voilà encore une occasion de recommander aux justiciables de ne pas payer un mémoire d'avoué sans qu'il ait été soumis à la taxe, et bien que la recommandation ait été faite d'une manière générale, il était bon d'en faire sentir la nécessité à un cas particulier. Le nombre des remises de causes est donc expliqué par l'intérêt personnel des avoués, et s'ils n'expédient pas plus promptement les affaires, ce n'est qu'à leur sordide intérêt qu'il faut s'en prendre.

S'il s'agit de faire taxer un mémoire de frais dans lequel vous avez cru voir des déboursés qui n'ont pas été faits et des droits ou qui n'existent pas ou qui sont excédant au taux fixé par la loi, et que vous vous adressiez à la Chambre, elle fera tout ce qu'elle pourra pour que vous donniez un pouvoir discrétionnaire et qui approuve d'avance tout ce qu'elle fera ; alors elle taxera comme le veut son tarif occulte, et vous paierez une infinité de droits et d'honoraires que vous ne devez pas. Dans le premier cas, si elle reconnaît que l'avoué que vous demandez à faire taxer a pris des déboursés qu'il n'a pas faits, elle les fera sortir du mémoire, vous ne les payerez pas, mais tout sera dit. Vous aurez couru la chance d'être *robert-macairisé*, et vous devrez vous estimer fort heureux de ne pas payer ce que vous ne devez pas.

La Chambre n'usera pas du pouvoir que lui confèrent les articles 9 et 10 de l'arrêté du 13 frimaire an 9.

Voici ce que portent ces articles :

« Art. 9. Si l'inculpation portée à la Chambre contre un avoué paraît assez » grave pour mériter la suspension de l'avoué inculpé, la Chambre s'adjoint, » par la voie du sort, d'autres avoués en nombre égal, plus un, à celui des » membres dont elle est composée; et, ainsi formée, la Chambre émet son » opinion sur la suspension et sa durée par forme de simple avis.

» Les voix sont recueillies, en ce cas, au scrutin secret, par *oui* ou par *non;* et » l'avis ne peut être formé si les deux tiers au moins des membres appelés » à l'assemblée n'y sont présens.

» Les dispositions de cet article ne sont point applicables aux avoués des » tribunaux où leur nombre total n'est pas au moins triple de celui des mem- » bres de la Chambre.

» Art. 10. Quand l'avis émis par la Chambre sera pour la suspension, il sera

» déposé au greffe du tribunal; expédition en sera remise au procureur du roi,
» qui en fera l'usage qui sera voulu par la loi. »

Voilà les deux articles qui imposent à la Chambre des avoués des devoirs sérieux à remplir envers la société en général et les justiciables en particulier.

Mais on voit d'abord que les dispositions de l'article 9 sont applicables à bien peu de chambres d'avoués, puisque pour émettre son avis il faut que le nombre des avoués soit au moins triple de celui de la Chambre, et que là où les chambres sont composées de 4, 5, 7 et 9 membres, il n'y a pas toujours 12, 15, 21 ou 27 avoués. Ainsi, point de juridiction de chambre pour ces localités. Ensuite, dans les chambres où le nombre des membres est en rapport avec les avoués du tribunal, il faut qu'elles s'adjoignent le double plus un d'avoués. A Paris, par exemple, la Chambre se compose de 11 membres, et il faudrait lui en adjoindre 12, ce qui formerait un tribunal de 23 juges; mais si les deux tiers des membres appelés à l'assemblée ne sont pas présens, il ne pourra être formé d'avis. Il suffira donc que 8 membres ne se présentent pas pour que l'avoué inculpé ne puisse être jugé, et il sera facile de le mettre dans ce cas. D'ailleurs, comment pourrait-on prononcer sur un fait qu'on peut reprocher à tous les avoués sans blesser leur susceptibilité. Et je suppose que la Chambre soit composée comme la loi le veut, croit-on que ces messieurs prononceraient contre un confrère qui pourrait leur rendre le lendemain ce qu'ils lui auraient fait la veille. On connaît le proverbe, et les avoués s'entendent trop bien pour le faire mentir.

Dans le second cas, c'est-à-dire si l'avoué a exigé des droits qui ne lui étaient pas dus, ou s'il a excédé le taux de ceux que la loi lui accorde, elle réduira le mémoire, et votre réclamation se bornera à une restitution que vous aurez bien du mal à vous faire faire, parce que ce qu'ont pris les avoués, ils ont une grande peine à le rendre.

Il sera constaté par les décisions de la Chambre que des avoués auront enflé leurs mémoires de frais, et la Chambre n'en instruira pas M. le procureur du roi : ces messieurs ont la précaution de laver tout leur linge sale en famille. Si vous voulez faire réviser la taxe de la Chambre par le tribunal, il y aura nécessairement ensuite une réduction; mais tout cela est sans conséquence pour les avoués, qui ont le courage de venir en plein tribunal soutenir qu'ils n'ont rien exigé de trop, quand leurs mémoires sont réduits par un jugement qui les condamne à la restitution. S'il m'était permis de faire une comparaison, je demanderais aux magistrats si, lorsqu'il comparait devant eux un homme accusé d'avoir pris à autrui ce qui ne lui appartenait pas, et qu'il est convaincu du fait dont on l'accuse, les magistrats se bornent à ordonner une restitution? Mais le privilége d'un avoué est donc immense? la commission qu'on lui délivre le met donc au-dessus des lois? Je ne m'étonne plus si les charges se vendent si cher, et si l'on y acquiert si promptement une immense fortune, et si un avoué, après dix ans d'exercice, se retire riche et *considéré!*..... Courage, messieurs, puisez de l'eau tandis que la gaule est au puits.

Lorsque vous faites une réclamation à la Chambre des avoués de Paris, elle vous fait l'honneur de vous inviter à venir à sa barre présenter les moyens sur lesquels vous appuyez vos prétentions ; l'avoué inculpé est invité à s'y trouver également ; mais il n'y vient jamais ; il envoie un de ses clercs, et ce n'est pas toujours le maître-clerc qui se présente ; quelquefois il n'y vient ni clerc ni patron, et l'affaire n'en est pas moins contradictoire : c'est une des moindres contradictions de la Chambre. Dans tous les cas, voilà comment les choses se passent :

Vous vous présentez avec votre lettre de convocation, et vous restez dans une antichambre jusqu'à ce que votre tour arrive. Vous y restez quelquefois long-temps, parce que les avoués sont si exigeans de salaires que la loi ne leur accorde pas, ils aiment tant l'argent, ces honnêtes gens, pour arriver promptement à la fortune, afin de jouir et de rire aux dépens des pauvres clients, qu'il y a toujours à la Chambre des avoués de Paris un grand nombre de réclamations ; enfin, elles y pleuvent.

Lorsque votre tour est arrivé, vous êtes introduit par une dame jusque dans la salle d'audience de la Chambre des avoués, et là, en présence de onze individus en robe, rangés autour d'une table en forme de fer à cheval, qui se donnent l'importance de juges et qui ne sont rien moins que justes, vous vous expliquez le plus succinctement possible, car ces messieurs n'aiment pas les développemens, ils ne veulent pas qu'on aille au fond des choses. Lorsque vous avez donné vos observations et que vous avez prouvé par $A + B$ que vous êtes fondé dans votre réclamation, vous croyez que l'avoué inculpé va vous répondre : erreur. C'est un des membres de l'aréopage, c'est d'ordinaire le rapporteur de la Chambre, chargé d'entendre les parties dans son cabinet et qu'il n'a pas entendues, qui prend la parole pour donner raison à son confrère ; puis ensuite il donne son avis, qui est celui de la Chambre. Ainsi, lorsque vous avez entendu le rapporteur, vous savez parfaitement à quoi vous en tenir. Il n'y a point de réplique à faire. Le président ou le syndic vous dit d'un ton grave et sérieux : « Retirez-vous, la Chambre *va délibérer.* » Puis, au bout de 4 à 5 *minutes*, il vous fait rappeler et vous donne lecture d'une délibération pour laquelle on aurait employé *un quart d'heure à l'écrire, sans compter le temps de la discuter et de la rédiger.* Le résultat de cette délibération est que vous avez toujours tort d'avoir accusé l'avoué, à qui on ne peut reprocher que *d'avoir pris des droits qu'il est d'usage d'accorder, mais que la loi n'admet pas rigoureusement.* Il doit donc restituer ; mais il ne restitue pas, et il faut encore se plaindre à la Chambre de ce que l'avoué méprise ses décisions et ne les exécute pas. Voilà comment la Chambre des avoués de Paris entend que les plaintes contre les avoués soient vidées. Au reste, c'est conséquent avec leur système de perception. Si vous voulez une taxe légale en révision de la taxe de la Chambre, et que vous soyez assez heureux pour rencontrer un juge sévère, vous ne perdrez pas votre temps ; et, sans aller plus loin, je vais vous citer un exemple de l'équité de la Chambre. Sur une réclamation que j'ai portée devant elle, elle a décidé que des significations d'avoué à avoué seraient admises, et le tribunal les a rejetées par un jugement fortement motivé en droit. Je pour-

5*

rais bien citer trois autres exemples, mais voici pourquoi je suis dans l'impossibilité de le faire :

J'avais présenté à la taxe légale quatre mémoires de frais de quatre avoués différens, dont trois avaient été déjà taxés par la Chambre des avoués de Paris. M. le président du tribunal civil avait renvoyé devant des juges commis, et avait remis les dossiers à son commis d'ordre. Un seul m'a été rendu, parce que l'avoué qu'il concernait, et à qui le commis l'a présenté, ayant vu mon nom au bas de l'état, a refusé de le prendre. Quant aux trois autres, ils ont disparu, et le commis d'ordre n'a pu dire à qui il les avait remis. Pressé d'exhiber son registre, croira-t-on qu'il a répondu qu'il l'avait brûlé? Dans le nombre de ces trois dossiers qui ont disparu comme par enchantement, il y en avait un qui avait été transmis à M. le président par M. le procureur du roi. Les mémoires avaient été acquittés par le client. Quelques recherches qu'on ait faites et quelques réclamations qu'on ait adressées tant à M. le président du tribunal civil qu'à M. le procureur du roi, il a été impossible, depuis plus de deux ans, de remettre la main sur ces trois dossiers. Il faut en convenir, le génie des avoués et de leur Chambre les a bien protégés.

Voilà pour la manière dont la Chambre en agit envers ceux qui ont la bonhomie de lui adresser des réclamations contre des confrères. Si vous voulez vous donner une petite idée de la conséquence qu'elle apporte dans ses décisions, lisez, page 24, à l'Introduction, dernier alinéa, affaires sommaires. C'est encore moi qui représentais le client contre qui les deux décisions ont été prises dans la même séance. Je voulais les faire juger par la taxe légale, mais j'en ai été empêché, puisque les deux dossiers font partie des trois qui ont disparu. Comme on le voit, les avoués et messieurs de la Chambre ont joué de bonheur.

Je pourrais bien citer d'autres faits, mais l'énumération en serait trop longue : je me borne à donner le conseil de ne jamais s'adresser aux chambres d'avoués : on voit ce qu'elles sont.

LES DÉLÉGUÉS DE LA CHAMBRE.

Les délégués de la Chambre pour vider des questions de taxe entre les justiciables et des confrères, emploient une autre tactique que celle de la Chambre; ils ne décident pas, ils cherchent à concilier, et ce serait une action très louable si, au fond, on n'y voyait pas que l'intérêt seul de la compagnie est le motif réel qui dirige le délégué.

C'est rarement le justiciable qui se charge de réclamer; il confie toujours ce soin à un mandataire qui s'y connait ou qui croit s'y connaître, et c'est lui qui est chargé de la discussion, soit devant la Chambre, soit dans le cabinet du délégué.

Le délégué commence par inviter le mandataire de se rendre chez lui, et s'il le trouve disposé à faire les concessions que la Chambre demande pour consacrer les prétentions des avoués, alors les choses vont bien; on réduit un peu le mémoire, et le client est satisfait d'avoir eu raison de réclamer : il ne va pas plus loin.

Mais si le mandataire est un homme rétif, qui se met à cheval sur la loi et qui n'entend pas qu'on laisse subsister dans le mémoire tout ce qui, légalement, ne doit pas y entrer, alors ce n'est plus au mandataire que le délégué s'adresse. Il écrit directement au client, sous prétexte qu'on a besoin de l'entendre personnellement dans ses réclamations. Si le client se rend à l'invitation, et s'il n'a pas la fermeté qui convient à un homme qui a la conviction de son droit, il sortira du cabinet tout aussi avancé que s'il n'avait pas réclamé. L'avoué inculpé aura raison quand même, et la Chambre battera des mains en félicitant son délégué d'avoir aussi bien manœuvré.

L'intervention de la Chambre est donc nuisible aux justiciables, et je les engage à n'y avoir jamais recours. Il n'y a qu'une manière légale de se faire taxer, c'est par le juge. D'ailleurs, pourquoi multiplier les rouages? N'est-ce pas entraver le mouvement de la machine? Et si la taxe de la Chambre ne convient pas ,comme cela arrive toujours, ne faudra-t-il pas en revenir aux magistrats? Veut-on encore un exemple de cet inconvénient; je vais le citer : M⁰ Hocmelle a présenté un mémoire de frais qu'il élevait à 270 fr. 49 c.; ce mémoire, taxé par un délégué de la Chambre, a été réduit à 220 fr. 50 c., et le juge l'a encore fait descendre à 199 fr. 65 c. Encore, dans cette somme, il y a à déduire un déboursé de 17 fr. 60 c. qui n'a pas été fait par l'avoué, en sorte que le mémoire de 270 fr. 49 c. va se trouver réduit à 182 fr. 05 c., différence de 88 fr. 44 c., c'est-à-dire le tiers. Je nomme M⁰ Hocmelle, avoué à Paris, rue Vide-Gousset, n⁰ 4, parce qu'il s'agit d'un exécutoire expédié et signifié : c'est un acte authentique qu'on ne viendra pas contester.

ENREGISTREMENT DES JUGEMENS SUR LA MINUTE.

Lorsqu'un client qui aura succombé dans un procès paiera les frais tant de son avoué que ceux de l'avoué de sa partie adverse, il aura l'attention de confronter les deux mémoires pour s'assurer si le droit d'enregistrement n'aurait pas été porté dans les deux à la fois, car MM. les avoués de Paris ont tant d'affaires, qu'il peut bien leur échapper de porter comme déboursés des sommes qu'ils n'ont pas payées. C'est une erreur qui ne leur porte pas un autre préjudice que de faire entrer dans leur caisse une somme qui n'en était pas sortie, et qui vient augmenter ce qu'ils appellent les bénéfices de hasard. En effet, c'est un hasard si le client s'aperçoit qu'il a payé deux fois un droit d'enregistrement qu'il ne doit qu'une seule, parce que, d'une part, il ne confronte jamais les mémoires qu'il paie; que, d'une autre, il ne suppose pas qu'un avoué, qui est tenu à un registre, puisse porter en dépense une somme qu'il n'a pas déboursée, et qu'on puisse faire entrer dans un mémoire une somme qui ne serait pas inscrite au registre; qu'enfin il y a souvent un exécutoire pour l'avoué qui a gagné le procès, parce que la signification de cet exécutoire donne quelques sous de bénéfice (droit de copie) à l'avoué, et que tout est bénéfice et calcul pour un officier ministériel qui achète sa charge si cher, et qu'il n'y a qu'un simple mémoire pour l'avoué qui a succombé.

La seule difficulté qui empêche qu'on puisse s'apercevoir de ce double emploi vient de ce que l'état de frais, que l'avoué présente au juge pour faire l'exécutoire, reste au greffe, joint à la minute de cet exécutoire, et qu'on ne le signifie pas en même temps que la grosse; alors, comment reconnaîtra-t-on que le droit d'enregistrement, qui a déjà été payé à un avoué, est encore porté par un autre, puisque l'exécutoire n'exprime que l'état des dépens liquidés. Et puis on vous dit : si la taxe ne vous convient pas, vous pouvez y former opposition dans les trois jours de la signification à avoué. D'abord, cette signification peut être faite le samedi soir à votre avoué; il ne vous en donnera connaissanse que le lundi, s'il est revenu de sa campagne, et vous n'avez que quelques heures pour y former opposition; puis, sur quoi baserez-vous cette opposition, puisque vous n'avez pas connaissance de l'état des dépens? La loi n'est donc faite que pour les avoués, qui en profitent. Il faudrait que l'état fût signifié avec l'exécutoire.

Le seul moyen de vérification que le client puisse avoir, c'est de se rendre aux archives du greffe, de se faire représenter la minute de l'exécutoire, et d'examiner si, dans le mémoire qui est toujours joint à cette minute, le coût de l'enregistrement du jugement ne formerait pas double emploi avec le mémoire déjà payé. Dans le cas de l'affirmative, l'un des deux avoués l'aurait reçu sans l'avoir déboursé, et alors il y aurait lieu à restitution, à moins que, sur une plainte déposée au parquet, M. le procureur du roi ne jugeât à propos de poursuivre l'avoué, conformément à l'art. 174 du Code pénal, ou seulement ne provoquât que la suspension, suivant l'interprétation favorable qu'on pourrait faire de l'art. 151 du Tarif.

Si, dans le mémoire, on reconnaissait que le magistrat taxateur aurait fait erreur en passant à l'avoué des articles ou que la loi proscrit, ou qu'elle n'accorde pas, on pourrait former opposition avec citation dans la Chambre du conseil, et obtenir une rectification. L'opposition étant fondée, les frais seraient pour l'avoué.

DE L'AMITIÉ D'UN AVOUÉ POUR SON CLIENT,

ET VICE VERSA.

Lorsque vous aurez un procès, ne choisissez jamais pour avoué un ami ou une connaissance. Les avoués font une dérogation à ce principe sacré : « Les loups ne se mangent point! »

Un avoué retiré n'a pas même le moyen d'empêcher le pillage de sa propre bourse, lorsqu'il a un procès. Quelle serait la conduite à tenir pour éviter les frais?... En vain sauriez-vous votre Code de procédure sur le bout du doigt; en vain connaîtriez-vous les ruses de la basoche; en vain sauriez-vous que les huissiers, les *Petites Affiches*, font des remises; en vain les exigeriez-vous; en

vain, suivant votre affaire du doigt et de l'œil, défendriez-vous de faire des
requêtes, et vous en tiendriez-vous à une procédure sèche comme un squelette...,
un avoué ne ferait pas cela pour son propre père, à plus forte raison pour un
ami ou pour une connaissance. Si un avoué vous faisait gagner votre procès
sans vous pressurer, il deviendrait la *bête noire* de ses confrères, et attirerait
sur lui l'animosité de tout le corps.

L'amitié d'un avoué pour son client ressemble à celle d'un marchand pour
un ami qui lui donne la préférence. Elle consiste dans l'avoué à faire un procès aussi compliqué qu'il puisse l'être et à faire payer à son ami des droits et
des honoraires qui ne sont pas dus, et qu'il sait bien qu'on ne lui contestera pas,
parce qu'un ami, qui n'est pas avoué, ne peut penser que son ami le traite plus
mal qu'un étranger, en lui faisant payer ce qu'en bonne justice on n'aurait pas
alloué à l'avoué.

L'amitié d'un client est tout autre chose. Le client-ami est si persuadé que
son *cher avoué* ne peut le tromper, il est si convaincu que non-seulement il
ne lui fera pas payer plus que la conscience d'un honnête homme ne le permet,
mais encore qu'il lui épargnera quelques frais, autant qu'il sera dans son pouvoir, et, partant de ce point, le client ne demande pas la taxe; il ne veut pas
qu'on fasse taxer; il ne lit pas le mémoire de l'avoué; il n'additionne même pas
ce mémoire; ce n'est cependant pas une précaution inutile; il ouvre sa bourse,
et l'avoué prend comme un avoué est dans l'habitude de prendre....

J'ai pour habitude de citer toujours des faits à l'appui de ce que j'avance; c'est
ce que j'appelle la preuve. Voici donc ce qui m'est arrivé tout récemment, pendant que mon livre s'imprimait :

J'avais été chargé de faire prononcer une séparation de biens; j'en charge
un avoué, qui, par hasard, était l'ami de mon client; mais pendant que la procédure marchait, la séparation devint inutile, toutes choses s'arrangèrent, et
l'instance s'arrêta à la prononciation du jugement. Je demandai donc le mémoire de l'avoué. Il se montait à 145 f. 20 c. En l'examinant, j'eus l'occasion de remarquer ce que je remarque sur tous les mémoires d'avoués qui me sont soumis, de l'exagération, des droits illégaux et proscrits, et des honoraires pour
n'avoir rien fait en dehors de la procédure ordinaire.

Je retranchai donc du mémoire tout ce qui ne devait pas y rester; je le rédui-
sis à 73 fr. 10 c., et je le renvoyai à l'avoué. Les choses restèrent dans cet
état pendant deux mois; au bout de ce laps de temps, je suis fort surpris que
l'avoué m'envoie un de ses clercs avec une lettre de mon client, qui me dit qu'il a
fixé le mémoire à 132 fr., et qu'il me prie de le payer. Je fus d'autant plus surpris, que, dans le mémoire, il y avait un article de 24 fr. et un autre de 26 f. 50 c.
qui ne pouvaient, sous aucun prétexte, être admis. J'en fis l'observation à mon
client, qui me répondit : *M. C. de Ch. est mon ami, et quoique vous me dé-
montriez jusqu'à la dernière évidence, et la loi à la main, que je ne devais pas
145 fr. 20 c., ni même 132 fr., c'est mon ami intime, et il faut le payer.* Il faut
remarquer qu'en sa qualité d'ami du client, l'avoué, dont le mémoire qu'il
m'avait présenté n'était que de 145 fr. 20 c., lui avait demandé 152 fr.

Je me suis plaint à l'avoué de son procédé, qui n'était rien moins qu'honnête ; mais faire des reproches à un avoué pour avoir employé de semblables moyens qui ont réussi , c'est applaudir un escamoteur d'avoir fait adroitement un tour de gibecière.

Il ne faut donc jamais employer un avoué dans l'exercice de sa profession, s'il est votre ami ou seulement votre connaissance, à moins que, laissant de côté l'amitié que vous lui portez, vous ne le traitiez comme il a l'intention de vous traiter, de Turc à Maure· Ne lui faites pas de grâce, car je vous donne l'assurance qu'il ne vous en fera pas.

DES MÉMOIRES DE FRAIS

QUE L'ON RÈGLE A L'AMIABLE AVEC LES AVOUÉS DIRECTEMENT.

Lorsqu'un client, pour éviter les longueurs de la Chambre ou du juge taxateur à taxer le mémoire de frais d'un avoué, veut régler à l'amiable, s'il n'est pas en garde contre l'éloquence et les moyens spécieux de son avoué ; s'il n'a pas le sang-froid nécessaire pour entendre les turpitudes qu'un avoué débite avec loquacité, et les mauvaises raisons qu'il donne pour justifier ses exactions; s'il n'a pas les connaissances nécessaires pour discuter avec l'avoué les articles du mémoire, ou s'il ne s'explique pas assez librement, il ne faut pas qu'il se présente lui-même, car c'est un combat inégal, dans lequel il a déjà succombé avant de s'être mesuré. Lorsqu'il s'agit de discuter son mémoire de frais, un avoué est toujours armé de toutes pièces, et il a un avantage immense sur son adversaire, qui n'a que sa bonne foi et son droit. Dans ce cas, il faut employer un intermédiaire qui mérite toute confiance et qui soit incapable de faiblesse ou de lâcheté. Mais une fois ce choix fait, il ne doit plus, il ne faut plus qu'il ait de communication avec l'avoué, il doit s'en isoler et laisser agir son mandataire. L'avoué aura beau lui écrire qu'il veut le voir pour lui communiquer ses observations , il aura beau envoyer un de ses clercs pour lui dire que son patron veut transiger avec lui, mais avec lui seulement, le client doit être sourd et muet s'il entend ses intérêts. Le but de l'avoué est d'écarter le mandataire de la discussion, et, s'il y réussit, son procès est gagné, et le client est une seconde fois dupe de sa confiance. C'est la fable *des Loups et des Brebis.*

ADJUDICATIONS DE BIENS IMMEUBLES

RENVOYÉES, PAR LES TRIBUNAUX, DEVANT LES NOTAIRES.

Lorsque, par suite de licitation et partage, la vente des biens est renvoyée, par les tribunaux, devant les notaires , le ministère des avoués a cessé après la signification du jugement de renvoi, et il n'est plus rien dû aux avoués.

Néanmoins, ces officiers veulent s'immiscer dans toutes les opérations de la vente et du partage, afin de se faire des vacations et des honoraires ; ils vont plus loin : ils exigent des acquéreurs la remise proportionnelle sur le prix des ventes, comme s'ils les avaient suivies devant le tribunal ; c'est par extension de l'art. 113 du Tarif. Mais il ne leur est rien dû, et si les avoués exigent soit la remise proportionnelle, soit des vacations, soit des honoraires dans les partage et licitation, c'est autant de concussions. La loi veut que les vacations des avoués devant le notaire n'entrent point en frais de partage (Art. 92 du Tarif.), à plus forte raison des honoraires et la remise proportionnelle (Voyez page 23 de l'Introduction.

JUSTICES DE PAIX.

Suivant le budget de 1838, distribué aux honorables de la chambre basse, les juges de paix sont au nombre de 2,846, savoir : 12 aux appointemens de 2,400 f.;

ce sont les juges de paix des douze arrondissemens de Paris, ci. fr.	28,800
18 à 1,600 fr., ci	28,800
21 à 1,200 fr., ci	25,200
43 à 1000 fr., ci	43,000
Et 2,752 à 800 fr., ci	2,201,600
Total	2,327,400
Le tiers pour le traitement des greffiers	775,800
Total égal au budget de 1838.	3,103,200

Ainsi les greffiers des justices de paix, à Paris, reçoivent du gouvernement un traitement de 800 fr. par an. Après quelques années d'exercice, ils vendent leur greffe de 150 à 180,000 fr., ce qui, au denier 10, représente un produit annuel de 15,000 à 18,000 fr. Le casuel, c'est-à-dire les vacations aux inventaires, à l'apposition et à la levée des scellés, aux conseils de famille, et les expéditions de toute espèce, leur produisent donc chaque année de 14 à 17,000 fr.

Les vacations des juges de paix, à Paris, sont portées à 5 f. et celles de leurs greffiers aux deux tiers, c'est-à-dire à 3 fr. 34 c. Les expéditions des procès-verbaux de non conciliation ne peuvent dépasser 1 fr., et toutes les autres expéditions sont fixées à 50 c. du rôle, qui doit contenir 20 lignes à la page (40 au rôle) et 20 syllabes à la ligne (400 syllabes).

C'est avec d'aussi faibles émolumens que les greffiers des juges de paix à Paris se sont fait un fonds qu'ils exploitent si peu de temps, et qu'ils vendent si cher. Quelles causes peut-on assigner à de si prodigieux effets ? Voilà tout le problème, qu'un simple particulier ne peut résoudre. même par induction, car on pense bien qu'il n'est pas à portée de se procurer des renseignemens positifs; les greffiers gardent pour eux la pierre philosophale. L'autorité a seule le droit d'investigation ; c'est donc à elle de le résoudre, si elle le veut.

Je me borne à donner copie littérale de l'*ordonnance du Roi, portant règlement sur les frais et émolumens à percevoir par les greffiers des justices de paix, en date du 17 juillet* 1825, et à la faire suivre de quelques observations à l'usage des justiciables.

« Vu l'art. 1042 du Code de procédure civile, les art. 9 et suivans jusqu'à 20
» du décret du 16 février 1807, l'art. 23 de la loi du 21 ventôse an VII, les art.
» 3 et 4 de la loi du 21 prairial an VII, et l'art. 64 du décret du 18 juin 1811;

» Considérant qu'il importe au bien de la justice que tous les officiers minis-
» tériels soient soumis, pour le règlement des droits et vacations que la loi
» leur accorde, à des mesures d'ordre et de discipline qui puissent prévenir les
» perceptions illicites ou en assurer la répression ;

» Que ces mesures ont été déjà établies pour les notaires, les avoués, les
» huissiers et greffiers des tribunaux civils et des tribunaux de commerce, par
» les lois des 22 frimaire et 22 ventôse an VII et 25 ventôse an XI, par les dé-
» crets des 16 février 1807, 18 juin 1811 et 14 juin 1813, et enfin par le Code
» de procédure ;

» Que les greffiers des justices de paix sont les seuls pour qui ces mesures
» n'aient pas encore été établies ;

» Sur le rapport de notre garde-des-sceaux, ministre secrétaire d'état au dé-
» partement de la justice ;

» Notre conseil d'état entendu ,

» Avons ordonné et ordonnons ce qui suit :

» Article 1ᵉʳ. Aucuns frais ni émolumens ne pourront être perçus par les gref-
» fiers de justice de paix que sur des états dressés par eux, qui seront vérifiés
» et visés par le juge de paix.

» Ces états seront écrits au bas de l'expédition délivrée par le greffier; à dé-
» faut d'expédition, il sera fait un état séparé.

» Art. 2. Les greffiers de justice de paix tiendront un registre sur lequel ils
» inscriront, par ordre de date et sans aucun blanc, toutes les sommes qu'ils
» recevront pour les actes de leur ministère.

» Les déboursés et les émolumens seront inscrits dans des colonnes sé-
» parées.

» Art. 3. Le registre mentionné en l'article précédent sera coté et paraphé
» par le juge de paix.

» Il sera tenu sous la surveillance de ce magistrat, qui, à chaque trimestre,
» et plus souvent s'il le juge convenable, le vérifiera, l'arrêtera, et en dressera
» un procès-verbal dans lequel il consignera ses observations.

» Ce procès-verbal sera envoyé à notre procureur près le tribunal de pre-
» mière instance, qui en rendra compte au procureur-général près la Cour
» royale.

» Art. 4. Pourront nos procureurs, quand ils l'auront reconnu nécessaire,
» procéder par eux-mêmes ou leurs substituts à la vérification prescrite par
» l'art. 3.

» Art. 5. En cas d'infraction aux règles prescrites par la présente ordon-

» nance, il en sera fait rapport à notre garde-des-sceaux pour être pris, à
» l'égard des contrevenans, telle mesure qu'il appartiendra.

» Art. 6. Si les greffiers ou leurs commis reçoivent, sous quelque prétexte
» que ce soit, d'autres ou de plus forts droits que ceux qui leur sont attribués
» par les lois et les règlemens, il est enjoint aux juges de paix d'en informer
» nos procureurs. Il en sera pareillement fait rapport à notre garde-des-
» sceaux.

» Les contrevenans seront, selon la gravité des circonstances, destitués de
» leur emploi, traduits devant la police correctionnelle, pour être condamnés
» aux amendes déterminées par les lois, ou poursuivis extraordinairement, en
» vertu de l'art. 174 du Code pénal, sans préjudice, dans tous les cas, de la res-
» titution des sommes indûment perçues, et des dommages et intérêts quand
» il y aura lieu.

» Art. 7. Notre garde-des-sceaux, ministre secrétaire d'état au département
» de la justice, est chargé de l'exécution de la présente ordonnance. »

Ainsi, si les greffiers, conformément à l'art. 1er, ne peuvent percevoir de frais
ni d'émolumens que sur des états certifiés et visés par le juge de paix, et si ces
états doivent être écrits au bas des expéditions délivrées par le greffier, ou, à
défaut d'expéditions, sur des états séparés, il faut que les justiciables ne paient
jamais un greffier de juge de paix sans qu'il justifie que l'une ou l'autre de
ces formalités ait été remplie. C'est déjà un point important que j'indique au
public. Assurément qu'un juge de paix ne se prêtera pas à ce que son greffier se fasse payer des droits qui ne lui sont pas dus ou des déboursés qu'il
n'aura pas faits.

Lorsqu'il s'agira de vacations pour assistance aux conseils de famille, aux appositions et reconnaissances de scellés, aux référés, aux actes de notoriété, il
faudra faire observer à M. le juge de paix de bien déterminer le nombre des
vacations qui auront été faites, et si, par erreur on en comptait, dans la même
séance, deux pour une ou trois pour deux, on ferait rectifier cette erreur invo-
lontaire ; *les greffiers ont tant d'affaires, que quelques distractions peuvent bien
avoir lieu.* Voici comment cela peut arriver, surtout dans les reconnaissances de
scellés qui sont suivies d'un inventaire.

Aux termes de l'art. 931 du Code de procédure civile, c'est le juge de paix
qui fixe le jour et l'heure de la levée des scellés pour procéder à l'inventaire.
Si, par exemple, c'est le 10 de tel mois, à onze heures du matin, qui a été indiqué, toutes les parties doivent s'y rendre avec d'autant plus d'exactitude que
chaque vacation coûte aux héritiers 25 fr. 54 c., tant pour le notaire et le com-
missaire-priseur que pour le juge de paix et son greffier, y compris le droit
d'enregistrement, et si vous y employez un avoué, personnage tout-à-fait inutile pour vos intérêts, ce sera 6 fr. de plus. Le juge de paix et le greffier sont-
ils toujours arrivés à l'heure indiquée, et le notaire est-il aussi exact ? Dans le
cas de l'affirmative, il ne s'agit que d'opérer avec cette célérité qui convient
aux intérêts des parties qui paient, sans nuire à la régularité de l'opération.

Mais est-ce ainsi que l'on procède? Si le juge de paix et son greffier sont à onze heures dans le lieu où l'on doit lever les scellés, ils commencent l'intitulé du procès-verbal qui constate l'ouverture de la séance, et si le notaire ne vient que deux heures après, comme cela peut arriver, n'y a-t-il pas évidemment deux heures de perdues pour l'opération? Cependant on constate que le notaire était à l'ouverture du procès-verbal et qu'il est resté jusqu'à sa clôture. On fait cette clôture à quatre heures ordinairement, et on croit devoir compter deux vacations ; cependant il n'en a été véritablement fait qu'une ; voilà déjà 25 fr. 54 c. de perdus pour les héritiers. Cette perte peut se rencontrer tous les jours, pendant tout le temps que durera l'inventaire, ainsi calculez. Et si le greffier se trompe et *qu'il écrive par inadvertance qu'on a employé triple vacation au lieu d'une double*, ce sera bien autre chose. Il sera donc utile et fort utile que les parties intéressées s'assurent, d'une part, si les vacations ont été remplies (trois heures chaque), et, de l'autre, si, comme je l'ai dit, le greffier n'en mettrait pas, *par erreur, deux pour une* ou *trois pour deux*; il est rare qu'une des parties ne sache pas lire, et dans ce cas il faut lire. Chacun est là pour son intérêt, et lorsque chacun a le sien, un vieux proverbe dit que le diable n'y a rien : on sait ce que c'est que le diable dans un inventaire !...

Après avoir veillé à ce que tous les hommes de justice soient exacts au rendez-vous, et ne portent au procès-verbal que le nombre des vacations véritablement employées, il faut encore avoir soin qu'ils ne perdent pas leur temps à baguenauder, comme cela arrive trop souvent, car si les objets qui sont sous les scellés ont quelque importance soit par leur valeur intrinsèque, soit pour leur rareté ou leur antiquité, chacun veut les examiner en tous sens. Si ce sont des tableaux ou d'autres objets précieux : Oh! voilà un bien beau morceau ! s'écrie un clerc. Le notaire l'interrompt, le commissaire priseur arrive ; on examine, on admire ; on vous raconte le trait d'histoire ou de la fable que le tableau représente, ou l'origine de l'objet précieux ; tout le monde écoute, le temps se passe, et votre argent coule comme de l'eau. A qui le temps perdu profite-t-il ? Vous le savez de reste, vous qui avez requis la levée des scellés.

Pour alonger l'inventaire, le notaire fait une longue énumération des papiers inutiles, et il n'en passe pas un sans lui avoir donné une cote ; il y mettrait jusqu'à des cartes de visites, si comme il arrive quelquefois, on avait mis un, mot au dos. Il considérerait ce mot comme un renseignement pouvant avoir un jour son utilité. Il faut encore veiller à ce que les papiers sans valeur soient réunis dans une liasse ou dans un paquet, et qu'il n'en soit fait qu'une cote sous le titre de *papiers sans valeur.*

C'est bien autre chose dans l'apposition et levée des scellés par suite de faillite à Paris.

Lorsque le tribunal a prononcé un jugement de faillite, il ordonne l'apposition des scellés.

Aux termes de l'art. 463 du Code de commerce, les livres peuvent être extraits des scellés et remis par le juge de paix aux agens, après avoir été arrêtés par lui. Les effets de porte-feuille qui sont à courtes échéances ou susceptibles d'acception, sont également extraits, décrits au procès-verbal, et remis aux agens pour en faire le recouvrement, puis le juge de paix appose les scellés.

Mais il arrive souvent que les agens sont munis d'une ordonnance du juge commissaire, portant que les scellés seront apposés sur les registres et papiers seulement, et que toutes les marchandises et les ustensiles seront exactement décrits au procès-verbal; c'est déjà une infraction à la loi, car suivant l'art. 464 du Code de commerce, il n'y a que les marchandises sujettes à dépérissement qui puissent être retirées des scellés pour être vendues par les agens. MM. les greffiers de justices de paix sont loin d'y trouver à redire, quoique cela leur occasione un travail fort long; nous verrons bien par la suite ce qui les rend si faciles.

Aussitôt après leur nomination, les syndics provisoires doivent requérir la levée des scellés et procéder à l'inventaire. Cet *inventaire doit être fait par les syndics eux-mêmes*, à mesure que les scellés sont levés, et le juge de paix doit y assister et le signer à chaque vocation (Art. 486 C. de comm.) En suivant textuellement la loi, on éviterait de grands frais dans toutes les faillites.

Mais il s'est introduit un usage que le tribunal de commerce de Paris tolère et autorise, et qui est extrêmement préjudiciable à la masse des créanciers d'une faillite.

Les syndics, qui devraient faire eux-mêmes l'inventaire, ne veulent pas se charger de ce travail; ils ne veulent, à cet égard, ni remplir leur devoir, ni accomplir les prescriptions impératives de la loi; ils consentent que l'inventaire soit fait sur le procès-verbal de la levée des scellés du juge de paix, en sorte que le greffier, qui n'emploierait le temps de ses vacations qu'à faire une description sommaire des objets trouvés sous les scellés au fur et à mesure de leur levée, est bien obligé de consacrer plus de temps encore à la description détaillée et à l'estimation de toutes les marchandises, qu'il faut ou peser, ou mesurer, ou compter, et l'on conçoit dès-lors combien de vacations qui coûtent 16 fr. 54 c. chaque. Aussi il n'est pas rare de voir cinq à six cents francs de frais d'apposition et de levée de scellés dans les faillites ordinaires; et ne croyez pas que le greffier se borne à ses nombreuses vacations; il demande encore une gratification qui lui est allouée par le tribunal, pour le travail extraordinaire qu'on lui a fait faire, et il a raison, puisque les délégués du tribunal, pour représenter une masse de créanciers et veiller à ses intérêts, les ont abandonnés pour s'éviter quelques jours de travail, et puisque le tribunal vient sanctionner cette transgression de la loi.

Aux nombreuses et chères vacations, aux gratifications plus ou moins fortes, selon l'importance du travail, il faut encore ajouter une énorme dépense que les syndics auraient épargnée en faisant l'inventaire; ce sont les volumineuses expéditions du procès-verbal de la levée des scellés, qui contient l'inventaire, et qui coûte 2 fr. 25 c. la feuille. Combien y a-t-il de ces feuilles dans un inventaire dont la rédaction de la minute a employé plus de quarante vacations, quelquefois plus de deux cents. Cette expédition n'aurait rien coûté si les syndics s'étaient conformés à la loi; et si le tribunal rejetait des frais de faillite toutes les sommes payées au greffier pour le travail que doivent faire les syndics, cet abus serait bientôt réprimé, et ce qui devrait y engager d'autant plus les juges commissaires, c'est qu'à Paris la plupart des faillites sont régies par des syndics salariés.

Savez-vous comment les greffiers s'y prennent pour se *créer un droit d'expédi-tion* des procès-verbaux de levée des scellés et de l'inventaire qu'ils contiennent? Ils emploient un moyen fort simple que des syndics qui ne connaissent pas la loi ou qui n'ont pas le sentiment de leurs devoirs ne peuvent apprécier.

Lorsque des syndics se présentent au greffe pour requérir la levée des scellés, on leur demande s'ils entendent faire un procès-verbal d'inventaire séparé, ou s'ils veulent faire cet inventaire sur le procès-verbal même du juge de paix, *suivant l'usage adopté.*

On ne manque pas de leur faire remarquer que cela leur évitera un travail fastidieux pour des négocians qui n'y sont pas accoutumés; que d'ailleurs il sera mieux fait, plus régulier, et qu'ils y trouveront de grandes facilités pour tous les renseignemens dont-ils auront besoin dans la suite. *Enfin, le greffier fait l'article.* Les syndics se refusent rarement à cette proposition qui leur présente tant d'avantages en apparence. Et puis, quelle condition les greffiers mettent-ils, sans que les syndics s'en aperçoivent? Une misère : pour tous ces soins, ces petites attentions et ce travail que l'on a déjà payé par de nombreuses vacations, on ne leur demande que d'insérer dans leur réquisition, *la demande formelle d'une expédition pleine et entière du procès-verbal d'apposition et levée des scellés,* laquelle expédition atteint aisément deux cents rôles; ainsi, 162 fr. 50 c. de perte pour la faillite, dont 100 f. au profit du greffier, et 62 f. 59 c. pour le fisc (le papier timbré). On voit maintenant le but de toutes les complaisances du greffier.

Il arrive souvent que les syndics se récrient et déclarent, mais trop tard, qu'ils n'ont pas besoin de l'expédition. On leur oppose alors leur réquisition (art. 16 du Tarif. Voir le n° 17 du premier tableau), et s'ils répondent que, ne connaissant pas l'opération, ils ne l'ont pas conçue et ont signé de confiance, on arrange la chose pour le mieux. On établit par approximation le nombre des rôles auxquels s'élèverait l'expédition, on en déduit le papier timbré, et le greffier reçoit son droit de rôle que la loi lui accorde, et que les syndics lui doivent réellement, puisqu'ils ont requis une expédition ; mais on stipule que si l'expédition devient nécessaire, elle sera délivrée moyennant qu'on paiera alors le papier timbré. C'est la condition aléatoire, qui ne se remplit jamais, ou qui se remplit très-rarement. Comme on le voit, tout est légal, et on ne peut accuser le greffier que d'avoir été plus empressé à débattre ses intérêts personnels, que les syndics n'ont été consciencieux à ménager ceux de la masse des créanciers qu'ils représentaient.

Le juge de paix ne se plaindra pas des nombreuses vacations que son greffier lui a créées; la loi ne lui impose pas d'obligations à cet égard, et il n'interviendra pas dans le petit traité entre son greffier et les syndics, parce que l'ordonnance du 17 juillet 1825 ne s'oppose pas non plus à ce qu'on paie le droit d'expédition au greffier en attendant qu'on la délivre.

L'art. 16 du Tarif des frais et dépens dit : « Les greffiers des juges de paix ne
» pourront délivrer d'expéditions entières des procès-verbaux d'apposition,
» reconnaissance et levée de scellés, *qu'autant qu'ils en seront expressément*
» *requis par écrit.* »

C'est donc aux syndics à ne jamais faire cette réquisition, et d'attendre que
le besoin et l'utilité d'une expédition se fassent sentir pour la demander.

Ce que je dis pour les syndics dans les faillites, j'en fais l'application au cas par-
ticulier où des héritiers ont fait apposer et lever des scellés, car peut-être aussi leur
fait-on déclarer qu'ils requièrent qu'une expédition entière des procès-verbaux
d'apposition, reconnaissance et levée de scellés leur soit délivrée.

Il est toujours temps de requérir une expédition qui n'a qu'une utilité de
circonstance. Faites-vous délivrer des extraits ; les greffiers ne peuvent s'y refuser ; il n'en coûtera que le droit d'expédition et le papier (n° 21 du premier
tableau).

Il faut examiner les états de frais des greffiers avec la même attention qu'on
le fait à l'égard des mémoires d'avoués. Toutes les fois qu'une charge est de-
venue vénale, celui qui la régit tend toujours à lui donner de l'extension.

En résumé, les justiciables des justices de paix n'ont qu'à suivre exactement
ce qu'indique le premier tableau de mon Instruction, rapproché des dispositions de l'art. 1er de l'ordonnance du 17 juillet 1825, et ils pourront, comme
on dit, apercevoir le défaut de la cuirasse, et ne payer réellement que ce qu'ils
doivent.

DES HUISSIERS.

Tous les actes possibles des huissiers sont désignés au Tarif de 1807, et les
salaires ne sont pas susceptibles de la plus légère variation. Si un exploit comprend un excédant, c'est évidemment une concussion, excepté dans l'évaluation
des copies de pièces ; mais cette évaluation est facile à faire, car, comme les
avoués, les huissiers n'ont pas deux espèces de copies de pièces. Les copies
des jugemens signifiés d'avoué à avoué et aux parties dans les instances sont
évaluées, suivant l'art. 89 du Tarif, comme les rôles du greffe, tandis que les
rôles des requêtes, toutes les copies de pièces signifiées dans les procédures
ou hors les procédures, et signées par les avoués, sont calculées d'après l'art. 72
du Tarif, c'est-à-dire à raison de 600 syllabes au rôle.

Les copies de pièces qui doivent être données avec l'ajournement et *autres*
actes, sont évaluées sur le pied de 20 lignes à la page et 10 syllabes à la ligne, ou
400 syllabes au rôle ; il n'y a pas de modification possible, c'est le texte de l'art.
28 du Tarif.

Il n'y a donc d'erreur excusable que dans les copies de pièces, qui sont toujours plus élevées qu'elles ne devraient l'être ; mais lorsqu'elles sont portées à
30 c. le rôle à Paris, et 25 c. ailleurs, il y a évidemment concussion, puisque
la loi ne les a fixées qu'à 25 et 20 c.

Il y a aussi concussion lorsqu'un huissier porte dans son exploit un droit de transport, quand il n'y a pas lieu à ce transport, c'est-à-dire lorsque la distance qu'il avait à parcourir n'était pas à *plus* de cinq kilomètres (Art. 66 du Tarif).

LE PROTET.

Il n'y a que deux espèces de protêt : le protêt simple ou avec intervention fait la première, et le protêt avec perquisition fait la seconde.

Le protêt, l'intervention à protêt et sommation d'intervenir, assistans (les témoins) *et copie comprise,* est pour Paris et les villes assimilées, de 4 fr. 90 c., et pour le reste de la France, 4 f. 40 c. (n° 118 du 2ᵉ tableau). Le protêt avec perquisition est de 7 fr. 55 c. à Paris, et de 6 fr. 55 c. ailleurs (n° 119 du 2ᵉ tableau); c'est encore l'art. 65 du Tarif qui les a ainsi fixés, et le Tarif est une loi qui n'a pas encore été modifiée; mais la Chambre des huissiers de Paris a, comme celle des avoués, fait de la législation au petit pied.

Elle a porté le protêt d'un seul effet à un seul domicile, à la somme de 6 fr. 85 c., et lorsqu'il est fait à deux domiciles, 8 fr. 85 c.

Si l'on proteste deux effets à un domicile, la Chambre veut qu'on y ajoute 90 c. pour les copies de ce second effet, et si le protêt de ces deux effets est fait à deux domiciles, elle veut encore qu'on y ajoute 2 fr. pour timbre et copie compris, sans égard au nombre d'effets protestés; enfin, si le protêt est fait à plus de deux domiciles, il faudra ajouter autant de fois 2 fr. qu'il y aura de domiciles en sus.

La Chambre des huissiers de Paris ne veut pas que le protêt avec intervention soit fait par un seul et même acte, comme le veulent l'art. 65 du Tarif et l'art. 173 du Code de commerce ; cependant leurs dispositions sont positives. *Mais qu'est-ce que la loi pour des privilégiés? et l'intérêt général ne doit-il pas le céder à des intérêts de compagnies ?*

La Chambre veut donc qu'il soit fait un acte d'intervention qu'elle élève à 5 fr.; en sorte que le protêt d'un seul effet, suivant elle, et à un seul domicile, sera de 11 fr. 85 c.; celui d'un seul effet à deux domiciles, de 12 fr. 75 c., s'il y a intervention, et ainsi de suite (voyez la note du coût du protêt à la fin de cet article); et les huissiers peuvent faire naître l'intervention.

Les prétentions de la Chambre sont bien autre chose dans le protêt de perquisition : cet acte qui, suivant l'art. 65 du Tarif, est de 7 fr. 90 c., est élevé par elle à 15 fr. 75 c., et le coût, d'après le système de la Chambre, varie suivant qu'il y a plusieurs effets ou plusieurs domiciles.

Enfin, la Chambre des huissiers veut que, pour la présentation d'un effet pour parvenir au protêt, on paie la somme de 2 fr. On sait ce que c'est: c'est la course que l'huissier fait chez le débiteur qui n'a pas payé à présentation, et lorsqu'il y a un, deux, trois ou quatre besoins, l'huissier se fait payer autant de 2 fr. qu'il y a de besoins. Rien n'est dû à cet égard.

Voilà comment la Chambre des huissiers, dont les membres font des protêts tous les jours, entend le Tarif des frais et dépens.

Il ne s'agit pas de savoir si la rétribution accordée par l'art. 65 du Tarif est insuffisante dans les actes de protêt, et si les magistrats l'ont augmenté en admettant en taxe des salaires qui ne leur ont pas été accordés par la loi.

Si une compagnie d'officiers ministériels a le droit de modifier, dans son intérêt personnel, les règlemens qui la régissent, il n'y a plus besoin de lois; il faudra la laisser faire, et ce sera l'histoire du galon. Permettez-leur d'en mettre sur le collet et aux manches de leur habit, et bientôt ils en mettront sur toutes les coutures.

La Chambre des huissiers de Paris, à l'instar de celle des avoués, s'est érigée en espèce d'aréopage pour juger, par forme d'avis, tous les différends qui s'élèvent entre les membres de la compagnie et les justiciables, soit pour la remise de fonds indûment retenus par les huissiers, soit pour la taxe de leurs frais.

Quant à la première mission qu'elle s'est imposée, elle la remplit très-bien, et l'on obtient toujours satisfaction à cet égard; mais il n'en est pas de même à l'égard des taxes; il est vrai aussi que les conséquences ne sont pas les mêmes; on destitue ou l'on suspend un huissier pour retention illégale de fonds, et l'on ne réprimande même pas un officier ministériel pour avoir exigé dans son mémoire de frais des sommes qu'il savait bien ne pas lui être dues. Aussi les règlemens que fait la Chambre des huissiers de Paris des mémoires de frais de ses confrères sont-ils presque toujours réduits par le juge; c'est donc un motif pour ne jamais s'adresser à la Chambre, et toujours au magistrat. D'ailleurs la Chambre se fait payer 10 c. par article du mémoire taxé, et le juge n'exige aucune rétribution. Cette rétribution n'est due en aucune manière, et tourne tout entière au profit de la Chambre. Et pour faire sentir combien il est onéreux de s'adresser à la Chambre des huissiers pour faire taxer des mémoires, il suffit d'un exemple : supposez que le mémoire présenté à la taxe ne contienne que des exploits simples, sans copies de pièces, tels que des assignations, des sommations, des commandemens, etc., tous ces actes sont de 5 fr. 40 c. à Paris; les huissiers les élèvent à 5 fr. 50 c., et les 10 c. de différence sont mis pour tenir lieu du répertoire, pour lequel le Tarif n'a rien alloué, que les juges civils n'accordent pas dans les procédures d'avoués, et que ces derniers n'allouent pas lorsqu'ils taxent eux-mêmes les mémoires. La Chambre alors ne porte que 5 c. pour le répertoire, et elle prend 10 c. par acte qu'elle taxe; ainsi en ne faisant pas taxer on aurait 5 c. de moins à payer. Par cette manière d'opérer, elle autorise et sanctionne, d'une part, une concussion, si c'est une concussion d'exiger plus qu'il n'est dû, et, de l'autre, elle exerce le pouvoir législatif, en imposant, de son autorité de Chambre, une contribution arbitraire sur les justiciables.

Il est bien d'autres faits qu'on pourrait signaler, mais à quoi bon? puisqu'à cet égard c'est parler dans le désert; il vaut mieux n'avoir jamais recours à la Chambre, et *s'adresser toujours soit à M. le président du tribunal civil, lorsqu'il s'agira de taxes, soit à M. le procureur du roi, lorsqu'il y aura lieu à pré-*

varication ou à méfaits ; on sera certain d'avoir une prompte justice, tandis qu'avec la Chambre on n'en finit pas ; on vous envoie à un délégué, on vous fait revenir à la Chambre; à peine si l'on vous écoute un moment ; puis l'aréopage prononce une décision en forme d'avis qui était peut-être prise d'avance, comme cela se pratique à la Chambre des avoués, car ces deux Chambres s'imitent l'une l'autre, et cette décision donne rarement tort à l'officier inculpé. Il est convenu entre eux qu'ils auront toujours raison, quand même.

Tous les actes que les huissiers signifient doivent être remis par eux-mêmes à personne ou à domicile, à peine d'une suspension de trois mois et d'une amende de 200 à 2000 fr., indépendamment des dommages-intérêts, s'il y a lieu (art. 45 du décret du 14 juin 1813). Et s'il résulte de l'instruction qu'ils ont agi frauduleusement, ils seront poursuivis criminellement, et punis d'après l'article 146 du Code pénal.

On voit, par la notice qui suit et qui émane directement de la Chambre des huissiers de Paris, qui n'a reçu aucune sanction légale dont les huissiers puissent s'étayer, quel est le but que la Chambre s'est proposé : elle a jugé, dans son *omnipotence,* qu'elle avait le droit de corriger le Tarif des frais et dépens, en ce qu'il était trop exigu pour les huissiers ; et lorsque le législateur a voulu que la copie et les témoins dans un acte (le protêt) fussent compris dans l'émolument qu'il a accordé à l'huissier; lorsque le législateur a encore voulu que *le protêt, l'intervention à protêt et sommation d'intervenir fussent faits par un seul et même acte,* la Chambre, qui se compose d'huissiers, a voulu prouver que le législateur n'était pas juste, qu'il avait omis beaucoup de choses utiles pour les huissiers seulement, et que, loin de porter sa sollicitude sur des millions de commerçans et d'autres individus, il ne fallait envisager que quelques milliers d'huissiers, qui n'ont été créés que par nécessité et dans l'intérêt de l'ordre public.

En résumé, lorsqu'un huissier porte dans ses actes de protêt d'autres déboursés que ceux qu'il a réellement faits, ou qu'il perçoit d'autres salaires que ceux que la loi a ordonnés, il est un concussionnaire ; mais si le magistrat lui accorde ces sommes lorsqu'il taxe ses actes, le concussionnaire disparaît et c'est le magistrat qui devient prévaricateur. Car, non-seulement il n'a pas mission de corriger la loi en créant un émolument en faveur de ceux auxquels la loi les a refusés, mais encore cette faculté lui est impérieusement interdite. Une condescendance semblable est non-seulement blâmable, mais elle est considérée sous un autre rapport par le Code pénal (art. 127).

Si les magistrats pensent que l'acte de protêt n'est pas assez rétribué, qu'ils présentent un projet de loi pour en augmenter le salaire, mais qu'ils ne prennent pas l'initiative, et que ceux qui sont institués pour faire exécuter les lois ne soient pas les premiers à les fouler aux pieds.

Est-ce tenir une juste balance entre les citoyens que de dire aux uns : Percevez des droits qui ne vous sont pas dus, et aux autres : Payez ce que vous ne devez pas? Il y aurait dans ce principe quelque chose de subversif de l'ordre légal.

NOTICE
DU COUT DES PROTÊTS

DANS LES DIFFÉRENS CAS PRÉVUS PAR LE CODE DE COMMERCE,

Dressée par la Chambre de discipline des Huissiers

DU DÉPARTEMENT DE LA SEINE.

(Dans le coût de ces Actes ne sont pas compris les droits d'enregistrement des titres, ni les transports extérieurs.)

PROTÊT D'UN SEUL EFFET, A UN SEUL DOMICILE.

Original et copie du protêt............	2 »
Papier de l'original et de la copie......	» 70
Droits de copie de l'effet sur l'original et sur la copie du protêt............	» 50
Transcription de l'effet sur le registre..	» 25
Transcription du protêt sur le registre..	» 75
Papier timbré du registre des protêts...	» 40
Papier timbré du répertoire des actes..	» 05
Enregistrement du protêt............	2 20
Total.........	6 85

PROTÊT D'UN SEUL EFFET, A DEUX DOMICILES.

Pour le premier domicile, suivant le détail ci-dessus.....................	6 85
Pour le second domicile, déboursé de timbre et copie compris...........	2 »
Total.........	8 85

N. B. *Le besoin au domicile de qui l'on continue le protêt, bien qu'il déclare vouloir intervenir, est nécessairement un second domicile, conformément à l'art. 173 du Code de commerce.*
Si le protêt est fait à plus de deux domiciles, il devra être ajouté autant de fois 2 fr. qu'il y aura de domiciles en sus du second.

PROTÊT DE DEUX EFFETS, A UN SEUL DOMICILE.

Le coût du protêt d'un seul effet à un seul domicile, suivant le détail, est de	6 85
Copie du deuxième effet sur l'original et la copie......................	» 50
Transcription de cet effet sur le registre	» 25
Papier timbré du registre...........	» 15
Total.........	7 75

N. B. *S'il y a plus de deux effets, on ajoutera autant de fois 90 c. qu'il y aura d'effets en plus des deux.*

PROTÊT DE DEUX EFFETS, A DEUX DOMICILES.

Le coût du protêt de deux effets à un seul domicile, suivant le détail qui précède, est de......................	7 75
Pour le second domicile, timbre et copie compris, sans égard au nombre d'effets protestés......................	2 »
Total.........	9 75

N. B. *Si le protêt est fait à plus de deux domiciles, il faudra ajouter autant de fois 2 fr. qu'il y aura de domiciles en sus, ainsi qu'il est expliqué dans une des précédentes notes.*

PROTÊT DE PERQUISITION, D'UN SEUL EFFET.

Original et une copie...............	5 »
Droits de deux copies à afficher l'une à la Bourse, et l'autre à la porte du tribunal......................	2 50
Quatre copies du titre...............	1 »
Visa......................	1 »
Papier ; savoir : une demi-feuille pour l'original, une *idem* pour la copie à M. le procureur du roi, une feuille entière pour l'affiche à la Bourse, une *idem* pour l'affiche au tribunal..........	2 10
Enregistrement......................	2 10
Transcription du titre au registre......	» 25
Idem du procès-verbal de perquisition et protêt......................	1 25
Papier du registre pour la transcription	» 40
Timbre du répertoire des actes........	» 5
Total.........	15 75

PROTÊT DE PERQUISITION, DE DEUX EFFETS.

Le coût du protêt de perquisition, d'un seul effet, suivant le détail ci-contre, est de...................... 45 75

Copie du deuxième effet sur l'original et les trois copies.................. 1 »

Transcription de cet effet au registre... » 25

Papier du registre.................. » 45

Total........ 17 15

N. B. *S'il y a plus de deux effets, on ajoutera autant de fois 1 fr. 40 c. qu'il y aura d'effets en plus du second.*

Si, outre la perquisition, le protêt doit être fait à plusieurs autres domiciles réels, il faudra ajouter, comme aux autres protêts, autant de fois 2 fr. qu'il y aura de domiciles réels en sus de la perquisition.

PROTÊT D'UN SEUL EFFET, A DERNIER DOMICILE CONNU.

Le protêt simple (compris la copie à laisser au dernier domicile connu) est de............................. 6 85

Pour deuxième copie à M. le procureur du roi...................... » 50

Pour troisième copie à afficher au tribunal » 5

Droit de copie de l'effet sur les deuxième et troisième copies................. » 50

Vacation au visa................... 1 »

Papier; savoir : une demi-feuille pour la copie à M. le procureur du roi, et une feuille entière pour l'affiche........ 1 05

Total........ 10 40

N. B. *Si ce protêt est fait pour plusieurs ef-*
fets, il devra en outre être ajouté autant de fois 1 fr. 40 c. qu'il y aura d'effets en plus, suivant le détail indiqué pour le protêt de perquisition de deux effets.

Et si le protêt est fait à plusieurs domiciles, il devra être augmenté de 2 fr. par chaque domicile en sus du premier.

INTERVENTION.

Original........................ 2 »

Transcription au registre............. » 50

Papier du registre et du répertoire.... » 30

Enregistrement................... 2 20

Total........ 5 »

N. B. *Le coût de l'intervention ne doit pas varier comme celui des protêts, quel que soit le nombre des effets et des domiciles, attendu que tous les droits relatifs à ces différens cas sont calculés dans le coût du protêt.*

OBSERVATION GÉNÉRALE.

S'il était employé plus de papier qu'il n'en a été calculé dans le coût de chaque acte, il devrait être compté en plus.

———

Présentation de l'effet pour parvenir au protêt.

Présentation et réception de deniers.. 2 fr.

———

NOTA. Malgré cette notice, il faudra toujours persister dans les prescriptions de l'art. 65 du Tarif, seule loi en vigueur.

DES JUSTICES DE PAIX.

ARTICLES du TARIF.	DÉSIGNATION DES ACTES.	ÉMOLUMENS.			DÉTAIL.	À PARIS.	ARRONDISS'.	VILLES et CANTONS RURAUX.
		PARIS.	ARRONDISS.	VILLES et CANTONS RURAUX.				
		fr. c.	fr. c.	fr. c.		fr. c.	fr. c.	fr. c.
	CHAPITRE PREMIER.							
	DES JUGES DE PAIX.							
1.	1. Vacation d'apposition, reconnaissance et levée de scellés, qui sera de trois heures	5 »	3 75	2 50				
2.	2. Vacation en référé, ou pour présenter un testament ou autre papier cacheté au président du tribunal de première instance (C. de p. c., Art. 921-1035-1016.)	5 »	3 75	2 50				
3.	3. En cas de transport devant le président du tribunal de première instance, chaque myriamètre	» »	» »	2 »				
	Autant pour le retour	» »	» »	2 »				
	Et par journée de cinq myriamètres	» »	» »	10 »				
4.	4. Pour l'assistance à tout conseil de famille	5 »	3 75	2 50				
	(Le juge de paix ne pourra jamais prendre plus de deux vacations.)							
5.	5. Acte de notoriété sur la déclaration de sept témoins, pour constater l'époque et le lieu de naissance d'un individu qui se propose de contracter mariage, et les causes qui empêchent de représenter son acte de naissance	5 »	3 75	2 50				
	6. Délivrance de tout acte de notoriété qui doit être donné par le juge de paix (Art. 70-71 C. civ.)	1 »	» 75	» 50				
6.	7. Transport du juge de paix, à l'effet d'être présent à l'ouverture de portes, en cas de saisie-exécution. Par chaque vacation de trois heures	5 »	3 75	2 50				
	8. Et à l'arrestation d'un débiteur condamné par corps dans le domicile où ce dernier se trouve	10 »	7 50	5 »				
7.	9. Il n'est rien alloué au juge de paix : 1° pour toute cédule qu'il pourra délivrer ; 2° pour le paraphe des pièces, en cas de dénégation d'écriture et de déclaration qu'on entend s'inscrire en faux incident (Art. 14-51-14-29 C. de p.)	» »	» »	» »				
8.	10. Transport à l'effet de visiter les lieux contentieux, ou entendre des témoins, lorsque le transport aura été expressément requis par l'une des parties, et que le juge l'aura trouvé nécessaire, par chaque vacation	5 »	3 75	2 50				
	(Le procès-verbal du juge fera mention de la réquisition de la partie, et il n'est rien alloué au juge à défaut de cette mention.)							

ARTICLES du TARIF.	DÉSIGNATION DES ACTES.	ÉMOLUMENS.			DÉTAIL.	À PARIS.	ARRONDISS'.	VILLES et CANTONS RURAUX.
	CHAPITRE II.							
	GREFFIERS DES JUGES DE PAIX.							
9.	11. Il est taxé aux greffiers des juges de paix, par chaque rôle d'expédition qu'ils délivreront, et qui contiendra vingt lignes à la page et dix syllabes à la ligne (Art. C. p. c.).	» 50	» 40	» 40				
10.	12. Expédition du procès-verbal qui constatera que les parties n'ont pu être conciliées, et qui ne doit contenir qu'une mention sommaire qu'elles n'ont pu s'accorder (Art. 54 C. p. c.)	1 »	» 80	» 80	Procès-verbal	1 »	» 80	» 80
11.	(Art. 7 C. p.)	» »	» »	» »	Enregistrement	1 10	1 10	1 10
					Papier-minute	» 38	» 38	» 35
					Papier d'expédition	1 25	1 08	1 05
						3 70	3 40	3 90

ARTICLES du TARIF.	DÉSIGNATION DES ACTES.		ÉMOLUMENS.			DÉTAIL.	A PARIS.	ARRONDISS'.	VILLES et CANTONS ruraux.
			PARIS.	ARRONDISS.	VILLES et Chefs-lieux cantons.				
			fr. c.	fr. c.	fr. c.		fr. c.	fr. c.	fr. c.
12.	13. Transport sur les lieux contentieux, les deux tiers de la taxe du juge de paix (Art. 50 C. p.).	»	3 34	2 50	1 67				
13.	14. Il n'est rien alloué pour la mention sur le registre du greffe et sur l'original et copie de la citation en conciliation, quand l'une des parties ne comparaît (Art. 58 C. p.).	»	» »	» »	» »				
14.	15. Pour la transmission au procureur du roi de la récusation et de la réponse du juge, tous frais de port compris (Art. 45-47 C. p.).	»	5 »	5 »	5 »				
15.	16. Il sera taxé au greffier du juge de paix qui aura assisté aux opérations des experts et qui aura écrit la minute de leur rapport, dans les cas où tous où l'un d'eux sauraient écrire, les deux tiers des vacations allouées à un expert (Art. 317 C. p. c.). (Voir aux articles 5 et 15 ci-après.)	»	» »	» »	» »				
16.	17. Il lui est alloué les deux tiers des vacations du juge de paix, pour assistance aux conseils de famille (Art. 460 C. civ.); aux appositions de scellés (Art. C. p. c.); aux reconnaissances de scellés (Art. 932-955 C. p. c.); aux récolements (Art. 921-955 C. p. c.); aux actes de notoriété (Art. 70-71 C. civ.).	»	3 34	2 50	1 67				
	Il est encore alloué aux greffiers les deux tiers des frais de transport, dans les mêmes cas où ils sont alloués au juge de paix.	»	3 34	2 50	1 67				
	Les greffiers des juges de paix ne pourront délivrer d'expéditions entières des procès-verbaux d'apposition, reconnaissance et levée de scellés *qu'autant qu'ils en seront expressément requis par écrit.* Ils seront tenus de délivrer les extraits qui leur seront demandés, quoique l'expédition entière n'ait été ni demandée ni délivrée (Art. 70-71 C. civ.).								
17.	18. Il sera taxé au greffier du juge de paix pour sa vacation, à l'effet de faire la déclaration de l'opposition des scellés sur le registre du greffe du tribunal de première instance, dans les villes où elle est prescrite, les deux tiers de la vacation du juge de paix (Art. 928 C. p. c.).	»	3 34	2 50	1 67				
18.	19. Il lui sera alloué pour chaque opposition aux scellés qui sera formée par déclaration sur le procès-verbal de scellés (Art. 926 C. p. c.).	»	» 50	» 40	» 40				
19.	20. Il ne lui sera rien alloué pour les oppositions formées par le ministère des huissiers et visées par lui (Art. 1039 C. p. c.)	»	» »	» »	» »				
20.	21. Il est alloué, par chaque extrait des oppositions aux scellés, à raison par chaque opposition, de (Art. 926 C. p. c.).	»	» 50	» 40	» 40	Papier de l'extrait.			

CHAPITRE III.

TAXE DES HUISSIERS DES JUGES DE PAIX.

ARTICLES du TARIF.	DÉSIGNATION DES ACTES.		PARIS.	ARRONDISS.	VILLES et cantons.	DÉTAIL.	A PARIS.	ARRONDISS'.	VILLES et CANTONS.
21.	22. Citation contenant demande (Art. 16 et 10 C. p. c.). (S'il y a plusieurs parties en cause, il sera dû un droit de copie pour chaque, et deux francs de timbre.)	10	1 88	1 57	1 57	Papier.	» 70	» 70	» 70
						Enregistrement.	1 10	1 10	1 10
						Original.	1 80	1 25	1 25
						Copie (1).	» 38	» 32	» 32
							3 68	3 37	3 37

ARTICLES du TARIF.	DÉSIGNATION DES ACTES.	N°	EMOLUMENS — PARIS.	EMOLUMENS — ARRONDISS.	EMOLUMENS — VILLES et cantons ruraux.	DÉTAIL.	À PARIS.	ARRONDISS.	VILLES et CANTONS ruraux.
	23. Signification de jugement (Art. 16-19 C. p. c.). *(S'il y a plusieurs parties en cause, on ajoutera un droit de copie, au droit de table, feuille de papier pour chaque.)*	15	3 58	2 77	2 77	Papier de l'original Original Une copie Copie de pièces (évaluée) à six rôles Papier de la copie Enregistrement —	» 35 1 70 » 38 1 60 » 70 1 10 5 53	» 38 1 23 » 32 1 20 » 70 1 10 4 92	» 35 1 23 » 32 1 20 » 70 1 10 4 92
	23 bis. Sommation de fournir caution ou d'être présent à la réception et soumission de la caution ordonnée (Art. 17 C. p. c.).	80	1 88	1 57	1 57	Papier de l'orig. et 1 copie Original Copie Enregistrement —	» 70 1 50 » 38 1 10 3 68	» 70 1 25 » 32 1 10 3 37	» 70 1 25 » 32 1 10 3 37
	24. Opposition à un jugement par défaut avec assignation à la prochaine audience (Art. 20 C. p. c.).	80	1 88	1 57	1 57	Papier Original Copie Enregistrement —	» 70 1 50 » 38 1 10 3 68	» 70 1 25 » 32 1 10 3 37	» 70 1 25 » 32 1 10 3 37
	25. Demande en garantie (Art. 32 C. p. c.).	80	1 88	1 57	1 57	*Idem.*	3 68	3 37	3 37
	26. Citation aux témoins (Art. 34 C. p. c.).	80	1 88	1 57	1 57	*Idem.*	3 68	3 37	3 37
	27. Citation en conciliation (Art. 52 C. p. c.).	80	1 88	1 57	1 57	*Idem.*	3 68	3 37	3 37
	28. Citation aux membres qui doivent composer le conseil de famille (Art. 406 C. c.).	80	1 88	1 57	1 57	*Idem.*	3 68	3 37	3 37
	29. Notification de l'avis du conseil de famille (Art. 996 C. p. c.).	80	1 88	1 57	1 57	*Idem.*	3 68	3 37	3 37
	30. Notification d'opposition aux scellés (Art. 926 C. p. c.).	80	1 88	1 57	1 57	*Idem.*	3 68	3 37	3 37
	31. Notification de sommation à la levée des scellés (Art. 926 C. p. c.). Et pour chaque copie des actes énoncés en l'art. 21 du tarif, le quart de l'original	80	1 88	1 57	1 57	*Idem.*	3 68	3 37	3 37
22.	32. Pour la copie des pièces qui pourra être donnée avec les actes, *par chaque d'expédition de 30 lignes à la page et de 10 syllabes à la ligne.*		» 25	» 20	» 20				
23.	33. Transport, qui ne pourra être alloué qu'autant qu'il y aura plus d'un demi myriamètre *(une lieue ancienne)* de distance entre la demeure de l'huissier et le lieu où l'exploit devra être posé; aller et retour, par myriamètre. Il ne sera rien alloué aux huissiers des juges de paix pour visa par le greffier de la justice de paix, ou par les maires et adjoints des communes du canton, dans les différens cas prévus par le Code de procédure.		2 » » »	2 » » »	2 » » »				

ARTICLES du TARIF.	DÉSIGNATION DES ACTES.	DÉBOURS.	ÉMOLUMENS.			DÉTAIL.	À PARIS	ARRONDIS.	VILLES et CANTONS RURAUX.
			PARIS.	SEINE-ET-OISE.	VILLES et Cantons ruraux.				
		fr. c.	fr. c.	fr. c.	fr. c.		fr. c.	fr. c.	fr. c.

CHAPITRE IV.

TAXE DES TÉMOINS, EXPERTS ET GARDIENS DES SCELLÉS.

ARTICLES du TARIF.	DÉSIGNATION DES ACTES.	DÉBOURS.	PARIS.	SEINE-ET-OISE.	VILLES et Cantons ruraux.	DÉTAIL.	À PARIS	ARRONDIS.	VILLES et CANTONS RURAUX.
24.	34. Il sera taxé au témoin entendu par le juge de paix une somme équivalente à la journée de travail, même à une double journée, si le témoin a été obligé à faire remplacer dans sa profession, ce qui est laissé à la prudence du juge. (Le prix de la journée de travail varie suivant les localités; il n'a donc pas été possible de faire fixation.)								
	Il sera taxé au témoin qui n'a pas de profession.	»	2 »	2 »	2 »				
	Il ne sera point passé de frais de voyage, si le témoin est domicilié dans le canton où il est entendu.	»	» »	» »	» »				
	S'il est domicilié hors du canton et à une distance de plus de deux myriamètres et demi du lieu où il fera sa déposition, il lui sera alloué autant de fois une somme double de journée de travail, ou une somme de 4 fr. qu'il y aura de fois myriamètres de distance entre son domicile et le lieu où il aura déposé (Art. 34 C. p. c.).								
25.	35. La taxe des experts en justice de paix sera la même que celle des témoins; et ne leur sera alloué de frais de voyage que dans les mêmes cas (Art. 29-42 C. p. c.).								
26.	36. Les frais de garde seront taxés par *chaque jour*, pendant les *douze premiers* jours.	»	2 50	2 »	1 50				
	Ensuite seulement à raison de.	»	1 »	» 80	» 60				

DES HUISSIERS ORDINAIRES.

TITRE PREMIER.

DE LA TAXE DES ACTES DES HUISSIERS ORDINAIRES

§ I.er

ACTES DE PREMIÈRE CLASSE.

ARTICLES du TARIF	DÉSIGNATION DES ACTES	VACQÉS	ÉMOLUMENS — PARIS	ARRONDISS.	VILLES et Cantons ruraux	DÉTAIL	A PARIS	ARRONDISS.t	VILLES et CANTONS ruraux
27	1. Exploit d'appel du jugement de la justice de paix.	20	2 50	1 88	1 88	Original. Copie un quart. Papier. Enregistrement.	9 » » 50 » 70 5 50 —— 8 70	1 50 » 38 » 70 5 50 —— 8 08	1 50 » 38 » 70 5 50 —— 8 08
	2. Exploit d'ajournement, même en cas de domicile inconnu en France, et d'afficher à la porte de l'auditoire (Art. 1&59&61 et 69, n° 8, C. p. c.). . . . . *L'exploit d'ajournement n'est que de 5 f. 50 c. d'enregistrement, ainsi ce sera 5 f. 40 c. ou 4 f. 4...*	90	2 50	1 88	1 88	Ajournement, original. Copie. Papier. Enregistrement.	9 » » 50 » 70 2 20 —— 5 40	1 50 » 38 » 70 2 20 —— 4 78	1 50 » 38 » 70 2 20 —— 4 78
28.	3. Pour les copies de pièces qui doivent être données avec l'exploit d'ajournement et autres actes, par rôle contenant vingt lignes à la page et 10 syllabes à la ligne, ou *évalué sur ce pied*.	»	» 25	» 20	» 20				
	4. Le droit de copie de toute espèce de pièces et de jugemens appartiendra à l'avoué, quand les copies de pièces seront faites par lui; l'avoué sera tenu de signer les copies de pièces et de jugemens, et sera garant de leur exactitude. Les copies seront correctes et lisibles, à peine de rejet de la taxe (Art. 65 C. p. c.). . . .								
29.	5. Sommation d'être présent à la prestation d'un serment ordonné (Art. 1210 p. c.). . . . . (Tous les actes compris sous l'article 29 du tarif sont du coût de 5 f. 40 c. à Paris, et de 4 f. 4... partout ailleurs; mais ils seront augmentés du droit de copie de pièces et du prix du papier employé, conformément à l'art. 28 ci-dessus et dont on ne peut faire ici l'évaluation. Il y a pareillement un quart de l'original par chaque copie et le papier employé.)	90	2 50	1 88	1 88	Original. Copie. Papier. Enregistrement.	9 » » 50 » 70 2 20 —— 5 40	1 50 » 38 » 70 2 20 —— 4 78	1 50 » 38 » 70 2 20 —— 4 78
Id.	6. Signification de jugement à domicile (Art. 147 C. p. c.).	90	2 50	1 88	1 88	*Idem.*	5 40	4 78	4 78
Id.	7. Signification d'un jugement de jonction, par un huissier commis (Art. 155 C. p. c.)	90	2 50	1 88	1 88	*Idem.*	5 40	4 78	4 78
Id.	8. Signification d'un jugement par défaut contre partie, par un huissier commis (Art. 156 C. p. c.).	70	2 50	1 88	1 78	*Idem.*	5 40	4 78	4 78
Id.	9. Opposition au jugement par défaut rendu contre partie (Art. 162 C. p. c.) . . .	90	2 50	1 88	1 88	*Idem.*	5 40	4 78	4 78
Id.	10. De sommation aux experts et aux dépositaires des pièces de comparaison, en vérification d'écritures (Art. 204 C. p. c.).	90	2 50	1 78	1 88	*Idem.*	5 40	4 78	4 78
Id.	11. Signification aux dépositaires de l'ordonnance ou du jugement, qui porte que la minute de la pièce sera apportée au greffe (Art. 223 C. p. c.).	90	2 50	1 88	1 88	*Idem.*	5 40	4 78	4 78
Id.	12. D'assignation aux témoins dans les enquêtes.	90	2 50	1 88	1 88	*Idem.*	5 40	4 78	4 78

ARTICLES du tarif	DÉSIGNATION DES ACTES.	TARIF	ÉMOLUMENS.			DÉTAIL.	A PARIS.	ARRONDISS'.	VILLES et CANTONS ruraux.
			PARIS.	ARRONDISS.	VILLES et Cantons ruraux.				
			fr. c.	fr. c.	fr. c.		fr. c.	fr. c.	fr. c.
28.	13. D'assignation à la partie contre laquelle se fait l'enquête (260 et 261 C. p. c.).	90	2 50	1 88	1 88	Comme au n° 5.	5 40	4 78	4 78
Id.	14. Signification de l'ordonnance du juge-commissaire pour faire prêter serment aux experts (Art. 307 C. p. c.).	90	2 50	1 88	1 88	Idem.	5 40	4 78	4 78
Id.	15. Signification de la requête et des ordonnances pour faire subir un interrogatoire sur faits et articles (Art. 329 C. p. c.).	90	2 50	1 88	1 88	Idem.	5 40	4 78	4 78
Id.	16. Signification du jugement rendu par défaut contre partie, sur demande en reprise d'instance, ou la constitution de nouvel avoué, par un huissier commis (Art. 3.. C. p. c.).	90	2 50	1 88	1 88	Idem.	5 40	4 78	4 78
Id.	17. Signification du désaveu (Art. 335 C. p. c.).	90	2 50	1 88	1 88	Idem.	5 40	4 78	4 78
Id.	18. Signification du jugement, portant permission d'assigner en règlement de juges, contenant assignation (Art. 365 C. p. c.).	90	2 50	1 88	1 88	Idem.	5 40	4 78	4 78
Id.	19. Original d'une demande formée au tribunal de commerce (Art. 415 C. p. c.).	90	2 50	1 88	1 88	Idem.	5 40	4 78	4 78
Id.	20. Sommation de comparaître devant les arbitres ou experts nommés par le tribunal de commerce (Art. 420 C. p. c.).	90	2 50	1 88	1 88	Idem.	5 40	4 78	4 78
Id.	21. Signification de jugement par défaut du tribunal de commerce, par un huissier commis (435 C. p. c.).	90	2 50	1 88	1 88	Idem.	5 40	4 78	4 78
Id.	22. Opposition au jugement par défaut, rendu par le tribunal de commerce, contenant assignation (Art. 436 et 437 C. p. c.).	90	2 50	1 88	1 88	Idem.	5 40	4 78	4 78
Id.	23. Signification des jugemens contradictoires (Art. 439 C. p. c.).	90	2 50	1 88	1 88	Idem.	5 40	4 78	4 78
Id.	24. De l'acte de présentation de caution, avec sommation à jour et heure fixes de se présenter au greffe pour prendre communication des titres de la caution, et assignation à l'audience, en cas de contestation, pour y être statué (Art. 440 et 441 C. p. c.).	90	2 50	1 88	1 88	Idem.	5 40	4 78	4 78
Id.	25. Appel des jugemens des tribunaux de première instance et de commerce, avec assignation et constitution d'avoué (Art. 456 C. p. c.).	70	2 50	1 88	1 88	Original.	2 »	1 50	1 50
						Copie.	» 50	» 38	» 38
						Papier.	» 70	» 70	» 70
						Enregistrement.	11 »	11 »	11 »
							14 20	13 58	13 58
Id.	26. Signification de jugement à des héritiers collectivement, au domicile du défunt (Art. 447 C. p. c.).	90	2 50	1 88	1 88	Comme au n° 5.	5 40	4 78	4 78
Id.	27. Réquisition aux tribunaux de juger, donnée en la personne du greffier (Art. ... C. p. c.).	90	2 50	1 88	1 88	Idem.	5 40	4 78	4 78
Id.	28. Signification de la requête et du jugement qui admet une prise à partie (Art. 510 C. p. c.).	90	2 50	1 88	1 88	Idem.	5 40	4 78	4 78
Id.	29. Signification de la présentation de caution, avec copie de l'acte de dépôt au greffe des titres de solvabilité de la caution (Art. 418 C. p. c.).	90	2 50	1 88	1 88	Idem.	5 40	4 78	4 78
Id.	30. Signification de l'ordonnance du juge-commissaire, pour entendre un compte, et sommation de se trouver devant lui, aux jour et heure indiqués, pour être présent à la présentation et affirmation (Art. 534 C. p. c.).	90	2 50	1 88	1 88	Idem.	5 40	4 78	4 78

ARTICLES du TARIF.	DÉSIGNATION DES ACTES.		ÉMOLUMENS.			DÉTAIL.	DÉBOURSÉS.	ARRONDISS.	VILLES et CANTONS ruraux.
			TARIF.	ARRONDISS.	VILLES et Cantons ruraux.				
			fr. c.	fr. c.	fr. c.		fr. c.	fr. c.	fr. c.
29.	31. Saisie-arrêt ou opposition, contenant énonciation de la somme pour laquelle elle est faite, et des titres ou de l'ordonnance du juge (Art. 557-558 et 5.. C. p. c.).	90	2 50	1 88	1 88	Comme au n° 5.	5 40	4 78	4 78
Id.	32. Dénonciation au saisi de la saisie-arrêt ou opposition, avec assignation en validité (Art. 563 C. p. c.).	90	2 50	1 88	1 88	Idem	5 40	4 78	4 78
Id.	33. Dénonciation au tiers saisi de la demande en validité, formée contre le débiteur saisi (Art. 564 C. p. c.).	90	2 50	1 88	1 88	Idem	5 40	4 78	4 78
Id.	34. Assignation au tiers saisi pour faire sa déclaration (Art. 570 C. p. c.).	90	2 50	1 88	1 88	Idem	5 40	4 78	4 78
Id.	35. Commandement pour parvenir à une saisie-exécution (Art. 583-584 C. p. c.).	90	2 50	1 88	1 88	Idem	5 40	4 78	4 78
Id.	36. Notification de la saisie-exécution faite hors du domicile du saisi et en son absence (Art. 602 C. p. c.).	90	2 50	1 88	1 88	Idem	5 40	4 78	4 78
Id.	37. Sommation à la partie saisie, pour être présentée au récolement des effets saisis quand le gardien a obtenu sa décharge (Art. 606 C. p. c.).	50	2 70	1 88	1 88	Idem	5 40	4 78	4 78
Id.	38. Assignation en référé à la requête du gardien qui demande sa décharge (Art. 6.. C. p. c.).	90	2 50	2 88	1 88	Idem	5 40	4 78	4 78
Id.	39. Opposition à vente, à la requête de celui qui se prétendra propriétaire des effets saisis entre les mains du gardien.	90	2 50	1 88	1 88	Idem	5 40	4 78	4 78
Id.	40. Dénonciation de cette opposition au saisissant et au saisi, avec assignation libellée et l'énonciation des preuves de propriété. (Le gardien ne pourra être assigné (Art. 608 C. p. c.).)	90	2 50	1 88	1 88	Idem	5 40	4 78	4 78
Id.	41. Opposition sur le prix de la vente qui en contiendra les causes (Art. 609 C. p. c.).	90	2 50	1 88	1 88	Idem	5 40	4 78	4 78
Id.	42. Sommation au premier saisissant de faire vendre (Art. 612 C. p. c.).	90	2 50	1 88	1 88	Idem	5 40	4 78	4 78
Id.	43. Sommation à la partie saisie, pour être présentée à la vente qui ne serait pas faite au jour indiqué par le procès-verbal de saisie-exécution (Art. 614 C. p. c.).	90	2 50	1 88	1 88	Idem	5 40	4 78	4 78
Id.	44. Commandement qui doit précéder la saisie-brandon (Art. 626 C. p. c.).	90	2 50	1 88	1 88	Idem	5 40	4 78	4 78
Id.	45. Dénonciation de la saisie-brandon au garde-champêtre, gardien de droit à la saisie, et qui ne sera pas présent au procès-verbal (Art. 628 C. p. c.).	90	2 50	1 88	1 88	Idem	5 40	4 78	4 78
Id.	46. Commandement qui doit précéder la saisie de rentes constituées sur particuliers (Art. 636 C. p. c.).	90	2 50	1 88	1 88	Idem	5 40	4 78	4 78
Id.	47. Dénonciation à la partie saisie de l'exploit de saisie de rentes constituées sur particuliers (Art. 643 C. p. c.).	90	2 50	1 88	1 88	Idem	5 40	4 78	4 78
Id.	48. Sommation aux créanciers de produire dans les contributions, et à la partie saisie de prendre communication des pièces produites, et de contredire, s'il y échet (Art. 659-660 C. p. c.).	90	2 50	1 88	1 88	Idem	5 40	4 78	4 78
Id.	49. Sommation à la partie saisie qui n'a point d'avoué constitué, de la clôture du procès-verbal du juge-commissaire, en contribution, avec sommation d'en prendre communication, et de contredire sur le procès-verbal dans la quinzaine (Art. 6.. C. p. c.).	90	2 50	1 88	1 88	Idem	5 40	4 78	4 78

ARTICLES de TARIF	DÉSIGNATION DES ACTES.	TAXÉS.	ÉMOLUMENS. PARIS	ÉMOLUMENS. ARRONDISS.	ÉMOLUMENS. VILLES et Cantons ruraux.	DÉTAIL.	A PARIS.	ARRONDISS'.	VILLES et CANTONS ruraux.
			fr. c.	fr. c.	fr. c.		fr. c.	fr. c.	fr. c.
29.	50. Commandement tendant à saisie immobilière (Art. 673 C. p. c.). *(Acheter les côtes du tiers; vérifier le papier; apposer le timbre, s'il a lieu; ajouter le parapheur du rôl, s'il a lieu.)*		4 »	3 »	5 »	Original. 2 » / 2 » / 2 » Deux copies. 1 » / 1 » / 1 » Enregistrement. 2 20 / 2 20 / 2 20 Papier. » » / » » / » » Visa du maire. 1 » / 1 » / 1 » Copie du titre. » » / » » / » » Papier de l'original. » 35 / » 35 / » 35			
							6 55	6 55	6 55
Id.	51. Notification à la partie saisie de l'acte d'apposition de placards en saisie immobilière (Art. 687 C. p. c.).	90	2 50	1 88	1 88	Comme au n° 5.	5 40	4 78	4 78
Id.	52. Signification aux créanciers inscrits de l'acte de consignation faite par l'acquéreur en cas d'aliénation, qui peut avoir lieu d'après la saisie immobilière, sous la condition de consigner (Art. 683 C. p. c.).	90	2 50	1 88	1 88	Idem.	5 40	4 78	4 78
Id.	53. Notification d'un exemplaire du placard aux créanciers inscrits (Art. C. p. c.).	90	2 50	1 88	1 88	Idem.	5 40	4 78	4 78
Id.	54. Demande en distraction d'objets saisis immobilièrement contre la partie qui n'a pas avoué en cause (Art. 727 C. p. c.).	90	2 50	1 88	1 88	Idem.	5 40	4 78	4 78
Id.	55. Notification au greffier de l'appel du jugement qui aura statué sur les moyens proposés en saisie immobilière (Art. 734-736 C. p. c.).	90	2 50	1 88	1 88	Idem.	5 40	4 78	4 78
Id.	56. Sommation aux créanciers inscrits de produire dans les ordres (Art. 755 C. p. c.).	90	2 50	1 88	1 88	Idem.	5 40	4 78	4 78
Id.	57. Assignation en référé en cas d'urgence, ou lorsqu'il s'agit de statuer sur les difficultés relatives à l'exécution d'un titre exécutoire ou d'un jugement (Art. C. p. c.).	90	2 50	1 88	1 88	Idem.	5 40	4 78	4 78
Id.	58. Signification d'une ordonnance sur référé (Art. 809 C. p. c.).	90	2 50	1 88	1 88	Idem.	5 40	4 78	4 78
Id.	59. Sommation d'être présent à la consignation de la somme offerte (Art. 1258 C. civ.).	70	2 50	1 88	1 88	Idem.	5 40	4 78	4 78
Id.	60. Dénonciation du procès-verbal de dépôt de la chose ou de la somme consignée au créancier qui n'était pas présent à la condamnation (Art. 1259 C. civ.).	90	2 50	1 88	1 88	Idem.	5 40	4 78	4 78
Id.	61. Sommation aux créanciers d'enlever le corps certain qui doit être livré au lieu où il se trouve (Art. 1265 C. civ.).	90	2 50	1 88	1 88	Idem.	5 40	4 78	4 78
Id.	62. Commandement à la requête des propriétaires et principaux locataires de maisons ou biens ruraux, à leurs locataires, sous-locataires et fermiers, pour paiement de loyers ou fermages échus (Art. 819 C. p. c.).	90	2 50	1 88	1 88	Idem.	5 40	4 78	4 78
Id.	63. Notification aux créanciers inscrits de l'extrait du titre du nouveau propriétaire, de la transcription et du tableau prescrit par l'article 2183 du Code civil.	70	2 50	1 88	1 88	Idem.	5 40	4 78	4 78
Id.	64. Assignation et sommation à un notaire et aux parties intéressées, s'il y a lieu, pour avoir expédition d'un acte parfait (Art. 839 C. p. c.).	90	2 50	1 88	1 88	Idem.	5 40	4 78	4 78
Id.	65. Assignation d'un acte non enregistré ou resté imparfait (Art. 841 C. p. c.).	90	2 50	1 88	1 88	Idem.	5 40	4 78	4 78
Id.	66. Assignation d'une seconde grosse (Art. 844 C. p. c.).	90	2 50	1 88	1 88	Idem.	5 50	4 78	4 78
Id.	67. Sommation à la requête de la femme à son mari, de l'autoriser (Art. 861 C. p. c.).	90	2 50	1 88	1 88	Idem.	5 40	4 78	4 78

ARTICLES du TARIF	DÉSIGNATION DES ACTES.	QUOTITÉS	ÉMOLUMENS PARIS	ÉMOLUMENS ARRONDIS.	ÉMOLUMENS VILLES et cantons ruraux	DÉTAIL.	A PARIS.	ARRONDIS'.	VILLES et CANTONS ruraux
			fr. c.	fr. c.	fr. c.		fr. c.	fr. c.	fr. c.
29.	68. D'une demande à domicile afin de rectification d'un acte de l'état civil (Art. 855 C. p. c.).	90	2 50	1 88	1 88	Comme au n° 5.	5 40	4 78	4 78
Id.	69. Demande en séparation de corps (Art. 876 C. p. c.).	90	2 50	1 88	1 88	Idem.	5 40	4 78	4 78
Id.	70. Demande en divorce pour cause déterminée (Art. 241 C. civ.).	90	2 50	1 88	1 88	Idem.	5 40	4 78	4 78
Id.	71. Ajournement pour demander la réformation d'un conseil de famille qui n'a pas été unanime (Art. 885 C. p. c.).	90	2 50	1 88	1 88	Idem.	5 40	4 78	4 78
Id.	72. Opposition formée, à la requête des membres d'un conseil de famille, à l'homologation de la délibération (Art. 888 C. p. c.).	90	2 50	1 88	1 88	Idem.	5 40	4 78	4 78
Id.	73. Sommation aux parties qui doivent être appelées à la vente des meubles dépendant d'une succession (Art. 947 C. p. c.).	90	2 50	1 88	1 88	Idem.	5 40	4 78	4 78
Id.	74. Idem, aux co-partageans de comparaître devant le juge-commissaire (Art. 970 C. p. c.).	90	2 50	1 88	1 88	Idem.	5 40	4 78	4 78
Id.	75. Idem, aux parties pour assister à la clôture du procès-verbal de partage chez le notaire (Art. 980 C. p. c.).	90	2 50	1 88	1 88	Idem.	5 40	4 78	4 78
Id.	76. Idem, à la requête d'un créancier, à l'héritier bénéficiaire de donner caution (Art. 802 C. p. c.).	90	2 50	1 88	1 88	Idem.	5 40	4 78	4 78
Id.	77. Idem, aux arbitres de se réunir un tiers-arbitre pour vider le partage.	90	2 50	1 88	1 88	Idem.	5 40	4 78	4 78
Id.	78. De tout exploit contenant sommation de faire une chose, ou opposition à ce qu'une chose soit faite; protestation de nullité, et généralement de tous actes simples du ministère des huissiers, non compris dans la seconde partie du présent tarif.	90	2 50	1 88	1 88	Idem.	5 40	4 78	4 78

§ II.

ACTES DE SECONDE CLASSE ET PROCÈS-VERBAUX.

ARTICLES du TARIF	DÉSIGNATION DES ACTES.	QUOTITÉS	ÉMOLUMENS PARIS	ÉMOLUMENS ARRONDIS.	ÉMOLUMENS VILLES et cantons ruraux	DÉTAIL.	A PARIS.	ARRONDIS'.	VILLES et CANTONS ruraux
30.	79. Original de la récusation du juge de paix, qui en contiendra les motifs, et qui sera signé par la partie ou son fondé de pouvoir spécial, ainsi que la copie (Art. 45 C. p. c.).	90	3 75	2 80	2 80	Original. 3 » / 2 28 / 2 28 Copie. » 75 / » 85 / » 85 Papier. » 70 / » 70 / » 70 Enregistrement. 1 10 / 1 10 / 1 10	5 55	4 60	4 60
31.	80. Procès-verbal de saisie-exécution qui durera trois heures, y compris le temps nécessaire pour requérir, soit le juge de paix, soit le commissaire de police ou le maire et adjoints, en cas de refus d'ouverture de portes, y compris le salaire des témoins.	90	8 »	6 »	6 »	Procès-verbal, y compris les copies pour la partie saisie et pour le gardien. 8 » / 6 » / 6 » Papier, 3 feuilles à 70 c. 2 10 / 2 10 / 2 10 Enregistrement. 4 40 / 4 40 / 4 40 14 50 / 12 50 / 12 50			
	Si la saisie dure plus de trois heures, par chacune des vacations subséquentes aussi de trois heures, il sera ajouté 5 fr. pour Paris, et 3 fr. 75 c. partout ailleurs; ainsi une saisie qui durera six heures sera de. Dans la taxe ci-dessus se trouvent comprises les copies pour la partie saisie et pour le gardien (Art. 585-586-587-588-589-590 et 601 C. p. c.).	30	13 »	9 75	9 75		19 50	16 25	16 25

ARTICLES du TARIF	DÉSIGNATION DES ACTES.		ÉMOLUMENS — A PARIS	ARRONDISS.	VILLES et CANTONS ruraux	DÉTAIL.	A PARIS	ARRONDISS.	VILLES et CANTONS ruraux
			fr. c.	fr. c.	fr. c.		fr. c.	fr. c.	fr. c.
32.	81. Vacation du commissaire de police qui aurait été requis pour être présent à l'ouverture des portes et des meubles fermant à clé, ou aux maire et adjoints, si ces derniers le requièrent (Art. 587 C. p. c.). *(Le procès-verbal devra constater la présence du commissaire, des maire ou adjoints, et la réquisition de ces derniers d'être payés.)*		5 »	3 75	2 50				
33.	82. Vacation de l'huissier pour déposer au lieu établi pour les consignations, ou entre les mains du dépositaire qui sera convenu, les deniers comptant qui pourront avoir été trouvés (Art. 590 C. p. c.).		2 »	1 50	1 50		2 »	1 50	1 50
34.	83. Les frais de garde seront taxés par chaque jour, pendant les douze premiers jours.		» »	» »	» »		2 50	2 »	1 50
	Ensuite seulement à raison de (Art. 596 C. p. c.).		» »	» »	» »		1 »	» 80	» 60
35.	84. Procès-verbal de récolement des effets saisis, quand le gardien a obtenu sa décharge. Il sera laissé copie du procès-verbal de récolement au gardien qui aura obtenu sa décharge; il remettra la copie de la saisie qu'il avait entre les mains au nouveau gardien, qui se chargera du contenu sur le procès-verbal de récolement (Art. 611 C. p. c.). *(Le procès-verbal ne contiendra aucun détail, si ce n'est pour constater les effets qui pourront se trouver en déficit, et l'huissier ne sera point assisté de témoins.)*	30	4 80	3 38	3 38	Original. . . . . Deux copies. . . . . . . Papier, évalué à 3 feuilles. Enregistrement.	3 » 1 50 2 10 2 20	2 25 1 13 2 10 2 20	2 25 1 13 2 10 2 10
							8 80	7 68	7 68
36.	85. Dans le cas de saisie antérieure et d'établissement de gardien, pour le procès-verbal de récolement sur le premier procès-verbal, que le gardien sera tenu de représenter, et qui, sans entrer dans aucun détail, contiendra seulement la saisie des effets omis et sommation au premier saisissant de vendre, lequel y compris et deux copies (Art. 611 C. p. c.). *(Si une troisième copie est nécessaire, il sera ajouté le quart de l'original.)*	50	6 »	4 50	4 50	Original et 2 copies. . . . Papier, 3 feuilles. . . . . Enregistrement.	6 » 2 10 2 90	4 50 2 10 2 20	4 50 2 10 2 20
							10 30	8 80	8 80
37.	86. Procès-verbal de récolement qui précédera la vente et qui ne contiendra aucune énonciation des effets saisis, mais seulement de ceux en déficit, s'il y en a, et y compris les témoins. Il n'en sera point donné de copie (Art. 616 C. p. c.).	50	6 »	4 50	4 50	Original. . . . . Papier. . . . . Enregistrement.	6 » » 70 2 90	4 50 » 70 2 20	4 50 » 70 2 20
							9 60	7 40	7 40
38.	87. Transport des effets saisis, s'il a lieu; l'huissier sera remboursé des frais qu'il représentera, soit par la quittance qu'il représentera, soit par sa simple déclaration, si les voituriers et gens de peine ne savent écrire, ce qu'il constatera au procès-verbal de vente.								
	88. Il sera alloué à l'huissier ou autre officier qui procédera à la vente, pour la rédaction de l'original du placard qui doit être affiché. *(Si la vente a lieu ailleurs que sur un marché, il sera apposé un placard de plus, le port et le timbre. Si les placards sont imprimés, ils seront rétablis sur la quittance de l'imprimeur.)*	95	3 »	3 »	3 »	Original. . . . . Quatre placards. . . . . Papier. . . . . Enregistrement.	1 » 2 » 1 75 2 20	1 » 2 » 1 75 2 20	1 » 2 » 1 75 2 20
							6 95	6 95	6 95

ARTICLES du tarif	N°	DÉSIGNATION DES ACTES	copiés	ÉMOLUMENS — PARIS	ARRONDISS.	VILLES et Cantons ruraux	DÉTAIL	A PARIS	ARRONDISS'.	VILLES et CANTONS ruraux
				fr. c.	fr. c.	fr. c.		fr. c.	fr. c.	fr. c.
39.	89.	Procès-verbal d'apposition de placards, dont il ne sera point donné de copie. Il sera passé, en outre, la somme qui aura été payée pour l'insertion de l'annonce de la vente dans un journal, si la vente est faite dans une ville où il s'en imprime.	55	3 »	2 25	2 25	Original	3 »	2 25	2 25
							Papier	» 35	» 35	» 35
							Enregistrement	2 20	2 20	2 20
								5 55	4 80	4 80
							Insertion de l'annonce . .	» »	» »	» »
	90.	Vente. Pour chaque vacation de trois heures, le procès-verbal compris, il sera [alloué] à l'huissier, dans les lieux où les huissiers sont autorisés à la faire. Et à Paris, où les ventes sont faites par les commissaires-priseurs, il sera alloué à l'huissier, pour requérir le commissaire-priseur, une vacation de…	»	8 »	» »	4 »				
40.	91.	En cas d'absence de la partie saisie, son absence sera constatée, et il ne sera nommé aucun officier pour la représenter (Art. 623 C. p. c.).	»	2 »	» »	» »				
41.	92.	Dans le cas de publication sur les lieux où se trouvent les bestiaux, ustensiles ou autres bâtimens, prescrite par l'art. 620 du Code, et dans le cas d'exposition de vaisselle d'argent, bagues et joyaux, ordonnée par l'art. 621, il sera alloué à l'huissier, pour chacune des deux premières publications ou expositions. La troisième publication ou exposition est comprise dans la vacation de la vente. A Paris, et dans les villes où il s'imprime des journaux, les vacations pour publications et expositions ne pourront être allouées aux huissiers, attendu qu'il doit y être suppléé par l'insertion dans un journal. Si l'expédition du procès-verbal de vente est requise par l'une des parties, il sera alloué à l'huissier ou autre officier qui aura procédé à la vente, par chaque rôle d'expédition contenant vingt-cinq lignes à la page et dix à douze syllabes à la ligne (Art. 620-621 C. p. c.). *(Le papier en sus.)*	»	6 » / 1 »	4 » / » 50	3 » / » 40				
42.	93.	Vacation de l'huissier ou autre officier qui aura procédé à la vente, pour faire taxer ses frais par le juge sur la minute de son procès-verbal (Art. 637 C. p. c.).	»	3 »	2 »	1 50				
	94.	Vacation pour consigner les deniers provenant de la vente (Art. 637 C. p. c.).	»	3 »	2 »	1 50				
43.	95.	Procès-verbal de saisie-brandon, contenant l'indication de chaque pièce, sa contenance et sa situation, deux au moins de ses tenans et aboutissans et la nature des fruits, quand il n'y sera pas employé plus de trois heures; quand il sera employé plus de trois heures, il sera alloué pour chacune des autres vacations, aussi de trois heures. L'huissier ne sera point assisté de témoins (Art. 627 C. p. c.).	»	5 »	4 »	3 »	Original	6 »	5 »	4 »
							Trois copies	4 50	3 75	3 »
							Papier, 4 feuilles	2 80	2 80	2 80
							Enregistrement	2 20	2 20	2 20
								15 50	13 75	12 »
44.	96.	Pour les copies à délivrer à la partie saisie, au maire de la commune et au garde champêtre ou au gardien, le quart de l'original (Art. 628 C. p. c.) voyez le n°… Nota. *Le surplus des actes sera taxé comme en saisie-exécution.*								
45.	97.	Frais de garde, soit au garde champêtre, soit à tout autre gardien qui pourrait être établi, aux termes de l'art. 628, savoir : au garde champêtre. Et à tout autre qu'au garde champêtre.	» / »	» 75 / 1 25	» 75 / 1 25	» 75 / 1 25				

ARTICLES du tarif	DÉSIGNATION DES ACTES.	RÔLES	ÉMOLUMENS. PARIS	ÉMOLUMENS. ARRONDIS.	ÉMOLUMENS. VISAS et Conduite ruraux	DÉTAIL.	A PARIS.	ARRONDIS.	VILLES et CANTONS ruraux.
			fr. c.	fr. c.	fr. c.		fr. c.	fr. c.	fr. c.
46.	97. Exploit de saisie du fonds. Pour reste constaté sur particulier, contenant gestion au tiers saisi, ou déclaration affirmative devant le tribunal, et pour la copie le quart (Art. 657 C. p. c.). *Nota. La dénonciation des placards et tous autres actes seront taxés comme saisie immobilière.*	90	5 »	3 75	3 75	Original. Copie. Enregistrement. Papier.	4 » 1 » 2 20 » 70	3 » » 75 2 20 » 70	3 » » 75 2 20 » 70
							7 90	6 65	6 65
47.	98. Procès-verbal de saisie immobilière auquel il n'aura été employé que trois heures. Si le procès-verbal a duré plus de trois heures, on ajoutera pour chaque ... L'huissier ne sera point assisté de témoins (Art. 673 C. p. c.) S'il y a transport, cf contre l'ajouter à l'exploit.	30	11 » 5 »	9 » 4 »	9 » 4 »	Original. Deux copies. Papier supposé. Enregistrement. Deux visa.	6 » 3 » 4 20 2 20 2 »	5 » 2 50 4 20 2 20 1 50	5 » 2 50 4 20 2 20 1 50
							17 40	15 40	13 40
48.	99. Pour chaque copie de ladite saisie qui sera laissée au greffier des juges de paix, aux maires ou adjoints des communes de la situation des biens, le quart (676 C. p. c.).		» »	» »	» »				
49.	100. Dénonciation de la saisie immobilière et des enregistremens à la partie saisie (681 C. p. c.) Le quart pour la copie. (Ajouter le transport, s'il y a lieu.)		» »	» »	» »	Original. Copie. Enregistrement. Papier. Visa. Copies de pièces.	2 50 » 65 2 20 » » 1 » » »	2 » » 50 2 20 » » » 75 » »	2 » » 50 2 20 » » » 75 » »
50.	101. Apposition de placards en saisie immobilière, lequel ne contiendra pas la désignation des lieux où ils ont été apposés (Art. 685-686 C. p. c.).	3	5 »	5 »	5 »	Original. Papier. Enregistrement. Visa.	4 » » 35 2 20 1 »	3 » » 35 2 20 » 75	3 » » 35 2 20 » 75
							7 85	6 30	6 30
51.	102. Signification du jugement qui prononce la contrainte par corps, avec commandement, et pour la copie le quart (Art. 780 C. p. c.). (On a supposé dix rôles de copie; il faudra compter le surplus, s'il y en a, ainsi que le papier.)	25	6 25	4 50	3 57	Original. Copie. Copie du jugement, évaluée à 10 rôles. Papier. Enregistrement.	5 » » 75 2 50 1 05 2 20	2 » » 50 2 » 1 05 2 20	1 25 » 37 2 » 1 05 2 20
							9 50	7 75	6 82
52.	103. Vacation pour obtenir l'ordonnance du juge de paix, à l'effet, par ce dernier, se transporter dans le lieu où se trouve le débiteur condamné par corps, et requérir son transport (Art. 781 C. p. c.).		2 50	2 »	2 »				

ARTICLES du Tarif	DÉSIGNATION DES ACTES	ÉMOLUMENS PARIS	ÉMOLUMENS ARRONDISS.	ÉMOLUMENS VILLES et Campagnes rurales	DÉTAIL	A PARIS	ARRONDISS'.	VILLES et CANTONS ruraux
		fr. c.	fr. c.	fr. c.		fr. c.	fr. c.	fr. c.
53.	104. Procès-verbal d'emprisonnement d'un débiteur, y compris l'assistance de deux records, et l'écrou. . . . . Il ne pourra être passé aucun procès-verbal de perquisition, pour lequel l'huissier n'aura point de recours, même contre sa partie; la somme ci-dessus lui étant allouée en considération de toutes les démarches qu'il pourrait faire (Art. 789 C. p. c. *(Il faudra vérifier les copies du jugement, et les taxer comme à l'art. 48 du Tarif; il faudra vérifier le papier employé. Pour les emprisonnements faits à Paris, voyez le tarif des prisons commerce.)*	»	»	»	Original. . . . . Copie des titres. . . . . . . Pouvoir enregistré. . . . . Visa du dossier à Paris. . . Copie du proc.-verb. d'emprisonnement et de l'écrou, ensemble. . . . . Au gardien ou geôlier pour la copie du jugement sur son registre, par rôle d'expédition. . . Papier. . . . . Enregistrement.	60 » » » 2 55 » » 5 » » » » » 2 20	40 » » » 2 58 » » 2 95 » » » » 2 20	50 » » » 2 55 » » 2 95 » » » » 2 20
54.	105. Vacation de l'huissier en référé, si le débiteur arrêté le requiert (Art. ... C. p. c.).	8 »	6 »	6 »				
55.	106. Copie du procès-verbal d'emprisonnement et de l'écrou, le tout ensemble (Art. 789 C. p. c.). . . . . *(Cet article est compris au n° 104.)*	3 »	2 95	2 95				
56.	107. Il sera taxé au gardien ou geôlier, qui transcrira sur son registre le jugement portant la condamnation par corps, par chaque rôle d'expédition (Art. 790 C. p. c.). . . . . . . *(Cet article est compris au n° 104.)*	» 25	» 20	» 20				
57.	108. Acte de recommandation d'un débiteur emprisonné, sans assistance de records, pour chaque copie à donner au débiteur et au geôlier, le quart (Art. 792 ... C. p. c.).	» »	» »	» »	Original. . . . . Deux copies. . . Copie du jugement. Papier. . . . . . Copie du jugement sur le registre du geôlier. Pouvoir enregistré. . . Enregistrement. . . .	4 » 2 » » » » » » » 2 55 2 20	5 » 1 80 » » » » 2 55 2 20	5 » 1 80 » » » » 2 55 2 20
58.	109. Signification du jugement qui déclare un emprisonnement nul et la mise en liberté du débiteur. . . . . Pour la copie à laisser au gardien ou geôlier, le quart (Art. 796 C. p. c.). . . . . . *(L'évaluation du jugement à dix rôles peut varier en plus comme en moins; il suffira de vérifier l'expédition du jugement.)*	11 »	8 80	8 80	Original. . . . . . Copie au geôlier. . . Copie au créancier. . . Copie du jugement, évaluée à 10 rôles (20 rôles). Papier. . . . . Enregistrement.	4 » 1 » 1 » 5 » 1 75 2 20	5 » » 75 » 75 4 » 1 75 2 20	5 » » 75 » 75 4 » 1 75 2 20
						14 85	12 45	12 45

ARTICLES du TARIF.	DÉSIGNATION DES ACTES.	taxés.	ÉMOLUMENS. PARIS.	ARRONDISS.	VILLES et cantons ruraux.	DÉTAIL.	A PARIS.	ARRONDISS'.	VILLES et CANTONS ruraux.
			fr. c.	fr. c.	fr. c.		fr. c.	fr. c.	fr. c.
59.	110. Procès-verbal d'offres, contenant le refus ou l'acceptation du créancier ; pour copie le quart (Art. 813 C. p. c.) . . . . *(Si les offres sont acceptées, l'emploi sera augmenté de l'enregistrement de la somme offerte.)*	90	3 75	2 82	2 82	Original	3 »	2 25	2 25
						Copie	» 75	» 57	» 57
						Papier	» 70	» 70	» 70
						Enregistrement	2 20	2 20	2 20
							6 65	5 72	5 72
60.	111. Procès-verbal de consignation de la somme ou de la chose offerte ; pour chaque copie à laisser au créancier, s'il est présent, et au dépositaire, le quart (Art. 1... C. civ.) . . . . *(Si le créancier n'est pas présent à la consignation, il n'y aura qu'une copie au dépositaire, et copie de pièces ;)*	25	11 »	8 75	8 75	Original	5 »	4 »	4 »
						Copie au dépositaire . .	1 25	1 »	1 »
						Copie au créancier . . .	1 25	1 »	1 »
						Copies de pièces	2 50	2 »	2 »
						Papier	1 95	1 05	1 05
						Enregistrement	2 20	2 20	2 20
						Visa	1 »	» 75	» 75
							14 25	12 »	12 »
61.	112. Les procès-verbaux de saisie-gagerie sur locataires et fermiers, et ceux de saisie des effets du débiteur forain, seront taxés comme ceux de saisie-exécution, ... que tout le reste de la poursuite (Art. 819=822=825 C. p. c.) Voyez les n. ... et suivans.								
62.	113. Procès-verbal tendant à saisie-revendication, s'il y a refus de portes, ou opposition à la saisie, contenant assignation en référé devant le juge, y compris les témoins, pour la copie le quart. . . . . Le procès-verbal de saisie-revendication sera taxé comme celui de saisie-exécution (Art. 829 C. p. c.). Voyez le n. 80.	90	6 25	5 »	5 »	Original	5 »	4 »	4 »
						Copie	1 25	1 »	1 »
						Papier	» 70	» 70	» 70
						Enregistrement	2 20	2 20	2 20
							9 15	7 90	7 90
63.	114. Réquisition d'un créancier inscrit, afin de mise aux enchères et adjudications publiques de l'immeuble aliéné par son débiteur, pour la copie le quart . . . . L'original et la copie de cette réquisition seront signés par le requérant ou par son fondé de procuration spéciale. Il contiendra la soumission de porter ou faire porter le prix à un dixième en sus de celui qui aura été stipulé dans le contrat, et l'offre d'une caution, avec assignation devant le tribunal pour la réception de la caution (Art. 822 C. p. c.) —(Art. 2185 C. civ.)	90	6 25	5 »	5 »	Original	5 »	4 »	4 »
						Copie	1 25	1 »	1 »
						Papier	» 70	» 70	» 70
						Enregistrement	2 20	2 20	2 20
							9 15	7 90	7 90
64.	115. Procès-verbal de réitération de la cession par le débiteur failli à la maison commune, s'il n'y a pas de tribunal de commerce (Art. 901 C. p. c.)	90	1 »	3 »	3 »	Original	4 »	3 »	3 »
						Papier	» 70	» 70	» 70
						Enregistrement	2 20	2 20	2 20
							6 90	5 90	5 90
65.	116. Procès-verbal d'extraction de la prison du débiteur failli, à l'effet de faire la réitération de sa cession de biens, indépendamment du procès-verbal de ladite réitération (Art. 902 C. p. c.).	90	6 »	5 »	5 »	Original	6 »	5 »	5 »
						Papier	» 70	» 70	» 70
						Enregistrement	2 20	2 20	2 20
							8 90	7 90	7 90

DÉSIGNATION DES ACTES.

117. Le procès-verbal d'apposition de placards en vente de biens immeubles de mineurs ou dépendant d'une succession bénéficiaire ou vacante, ou abandonnés par un débiteur failli, sera taxé comme en saisie immobilière. (Voyez le n. [illegible])

118. Protêt, intervention à protêt, et sommation d'intervenir, assistans et copie compris. ...

Nota. Lorsqu'il y a intervention, les huissiers sont dans l'habitude de faire [deux] actes; la loi comprend ces deux actes dans le même.

Le droit du protêt est établi selon la lettre de la loi; mais on y ajoute la copie du protêt, laissée à la partie, et le papier du registre sur lequel l'huissier doit transcrire le protêt. Ce règlement de la Chambre des huissiers de Paris, qui n'a aucune autorité légale; présente un droit d'ajouter à la loi.

119. Protêt avec perquisition, assistans et copie compris. ...

§ III.

DISPOSITIONS GÉNÉRALES RELATIVES AUX HUISSIERS.

120. Il ne sera rien alloué aux huissiers pour transport jusqu'à un demi-myriamètre.

Il leur sera alloué, au-delà d'un demi-myriamètre, pour frais de voyage qui pourra excéder une journée de cinq myriamètres (10 lieues anciennes), savoir: au-delà d'un demi-myriamètre et jusqu'à un myriamètre, pour aller et retour. ...

Au-delà d'un demi-myriamètre, il sera alloué par chaque demi-myriamètre, [sans] distinction. ...

121. Il sera taxé pour *visa* de chacun des actes qui y sont assujettis. ...

En cas de refus du fonctionnaire public qui doit donner le *visa*, et dans le [cas] où l'huissier sera obligé, à raison de ce refus, de requérir le *visa* du procureur [du] roi, *le droit sera double.*

Les huissiers qui seront commis pour donner des ajournemens, faire des significations de jugemens, et tous autres actes, ou procéder à des opérations, ne pourront prendre de plus forts droits que ceux énoncés au présent Tarif, à peine de restitution et d'interdiction, quel que soit la cour ou le tribunal auquel ils sont attachés.

Les huissiers qui auront omis de mettre au bas de l'original et de chaque copie des actes de leur ministère la mention du coût d'icelui, pourront, indépendamment de l'amende portée par l'article 67 du Code de procédure civile, être interdits de leurs fonctions, sur la réquisition d'office des procureurs-généraux et procureurs du roi (Art. 68 C. p. c.).

ÉMOLUMENS / DÉTAIL

Art.	À PARIS	ARRONDISS.	VILLES et CANTONS RURAUX	DÉTAIL	À PARIS	ARRONDISS.	VILLES et CANTONS RURAUX
118	2 »	1 50	1 50	Original	2 »	1 50	1 50
				Papier	» 70	» 70	» 70
				Enregistrement	2 20	2 20	2 20
				Total	**4 90**	**4 40**	**4 40**
119	5 »	4 »	4 »	Original	5 »	4 »	4 »
				Papier	» 35	» 35	» 35
				Enregistrement	2 20	2 20	2 20
				Total	**7 55**	**6 55**	**6 35**
120	4 »	4 »	4 »				
120	2 »	2 »	2 »				
121	1 »	» 75	» 75				

OBSERVATION.

Conformément au décret du 16 février 1807, qui rend commun à plusieurs Cours royales le Tarif des frais et dépens de ceux de Paris, et en fixe la réduction, *les salaires et droits des huissiers qui résident dans un chef-lieu de Cour royale autre que Paris, Lyon, Bordeaux et Rouen, ou qui habitent des villes dont la population excède 30,000 âmes, seront réduits d'un dixième sur ceux de Paris.*

EXEMPLE :

HUISSIERS DES JUSTICES DE PAIX.

Exploit de citation, à PARIS 1 fr. 50 c. — COURS ROYALES 1 fr. 58 c.

HUISSIERS ORDINAIRES.

Acte de 1re classe à PARIS 2 fr. » c. — COURS ROYALES 1 fr. 80 c.

Acte de 2me classe à » 3 » ... » 2 70

Et ainsi de tous les autres actes.

Nota. Il en sera de même pour les vacations et autres droits des juges de paix, de leurs greffiers, des experts et des témoins.

Les huissiers de Paris ayant droit d'exploiter dans toute l'étendue du département de la Seine, et ces officiers exigeant un droit ou un demi-droit de transport dans toutes les communes qui avoisinent les barrières et sont situées à 5 kilomètres et moins de distance, où le droit de transport n'est pas dû; j'ai dû, pour faciliter le coût de chaque acte, donner l'État des distances, arrêté par M. le Préfet du département de la Seine.

C'est cet état qu'il faudra consulter toutes les fois qu'un huissier de Paris ou du département de la Seine portera un droit de transport dans son exploit.

TABLEAU

DES DISTANCES DE CHAQUE COMMUNE DU DÉPARTEMENT DE LA SEINE

AU CHEF-LIEU DE CANTON, AU CHEF-LIEU D'ARRONDISSEMENT ET AU CHEF-LIEU DE DÉPARTEMENT,

Dressé en conformité de l'article 95 du décret du 18 juin 1811.

NOMS DES CHEFS-LIEUX JUDICIAIRES		DÉSIGNATION des COMMUNES	DISTANCE DE CHAQUE COMMUNE Au chef-lieu judiciaire					
D'ARRONDISSEMENT.	DE CANTON.		DE CANTON.		DE L'ARROND.		DE DÉPARTEM.	
			Myr.	Kil.	Myr.	Kil.	Myr.	Kil.
SCEAUX	Sceaux	Antony	»	5	»	5	1	5
Idem	Villejuif	Arcueil	»	3	»	7	»	7
SAINT-DENIS	Nanterre	Asnières	»	9	»	8	»	8
Idem	Saint-Denis	Aubervilliers	»	4	»	4	»	8
Idem	Neuilly	Auteuil	»	5	1	5	»	7
SCEAUX	Sceaux	Bagneux	»	1	»	1	»	8
SAINT-DENIS	Pantin	Bagnolet	»	6	1	1	»	7
Idem	Idem	Baubigny	»	4	»	1	1	1
Idem	Idem	Belleville	»	5	»	8	»	4
SCEAUX	Charenton-le-Pont	Bercy	»	5	1	5	»	4
SAINT-DENIS	Pantin	Bondy	»	3	1	1	1	2
SCEAUX	Charenton-le-Pont	Bonneuil	»	9	1	5	1	5
SAINT-DENIS	Neuilly	Boulogne	»	7	1	4	1	1
SCEAUX	Sceaux	Bourg-la-Reine	»	2	»	2	»	9
SAINT-DENIS	Pantin	Bourget (le)	»	7	»	6	1	2
SCEAUX	Charenton-le-Pont	Branche du pont de St-Maur (la)	»	4	1	8	1	»
Idem	Idem	Bry-sur-Marne	»	9	2	2	1	4
Idem	Idem	Champigny	»	8	2	1	»	4
SAINT-DENIS	Saint-Denis	Chapelle (la)	»	4	»	5	»	4
SCEAUX	Charenton-le-Pont	Charenton-le-Pont	»	»	1	5	»	6
Idem	Idem	Charenton-S.-Maurice	»	1	1	6	»	7
SAINT-DENIS	Pantin	Charonne	»	5	1	1	»	5
SCEAUX	Sceaux	Châtenay	»	6	»	6	1	4
Idem	Idem	Châtillon	»	4	»	4	»	8
Idem	Villejuif	Chevilly	»	4	»	5	1	1
Idem	Idem	Choisy-le-Roi	»	6	»	9	1	2
Idem	Sceaux	Clamart	»	6	»	6	1	»
SAINT-DENIS	Neuilly	Clichy	»	5	»	7	1	7
Idem	Nanterre	Colombe	»	6	1	1	1	5
Idem	Idem	Courbevoie	»	6	1	2	»	9
SAINT-DENIS	Saint-Denis	Courneuve (la)	»	2	»	2	1	1
SCEAUX	Charenton-le-Pont	Créteil	»	4	1	4	1	1
SAINT-DENIS	Saint-Denis	Denis (Saint-)	»	»	»	»	1	4
Idem	Idem	Dugny	»	6	»	6	1	4
Idem	Idem	Épinay	»	5	»	5	1	4
SCEAUX	Sceaux	Fontenay-aux-Roses	»	2	»	2	1	»
Idem	Vincennes	Fontenay-sous-Bois	»	5	2	1	1	»
Idem	Villejuif	Fresnes	»	3	»	5	1	5

| NOMS DES CHEFS-LIEUX JUDICIAIRES | | DÉSIGNATION des COMMUNES. | DISTANCE DE CHAQUE COMMUNE Au chef-lieu judiciaire | | | | | |
D'ARRONDISSEMENT.	DE CANTON.		DU CANTON.		DE L'ARRON.		DU DÉPARTEM.	
			Myr.	Kil.	Myr.	Kil.	Myr.	Kil.
SAINT-DENIS..	NANTERRE	Genevilliers	»	9	»	5	1	1
SCEAUX.	VILLEJUIF	Gentilly	»	5	»	7	»	5
SAINT-DENIS..	PANTIN	Grand-Drancy (le)	»	6	»	7	1	2
SCEAUX.	VILLEJUIF	Hay (le)	»	3	»	3	1	3
SAINT-DENIS..	SAINT-DENIS	Isle S.-Denis (l')	»	2	»	2	1	1
SCEAUX.	SCEAUX	Issy	»	8	»	8	»	6
Idem.	VILLEJUIF	Ivry	»	3	1	5	»	6
Idem.	CHARENTON-LE-PONT	Maisons	»	2	1	3	»	9
Idem.	VINCENNES	Maudé (St-)	»	2	1	8	»	6
Idem.	CHARENTON-LE-PONT	Maur (St-)	»	5	1	7	1	4
SAINT-DENIS..	NEUILLY	Montmartre	»	7	»	7	»	4
SCEAUX.	VINCENNES	Montreuil	»	2	2	2	»	8
Idem.	SCEAUX	Montrouge	»	7	»	7	»	6
SAINT-DENIS..	NANTERRE	Nanterre	»	»	1	6	1	8
Idem.	NEUILLY	Neuilly	»	»	1	»	»	9
SCEAUX.	CHARENTON-LE-PONT	Nogent-sur-Marne	»	6	2	1	1	1
SAINT-DENIS..	PANTIN	Noisy-le-Sec	»	4	1	1	1	»
SCEAUX.	VILLEJUIF	Orly	»	8	1	1	1	6
SAINT-DENIS..	SAINT-DENIS	Ouen (St-)	»	4	»	4	»	8
Idem.	PANTIN	Pantin	»	»	7	»	»	7
PARIS.	PARIS	Paris	»	»	»	»	»	»
SAINT-DENIS..	NEUILLY	Passy	»	5	1	2	1	6
Idem.	SAINT-DENIS	Pierrefitte	»	4	»	4	»	5
SCEAUX.	SCEAUX	Plessis-Piquet (le)	»	1	»	1	1	3
SAINT-DENIS,.	PANTIN	Pré-S.-Gervais	»	2	»	8	»	6
SAINT-DENIS..	NANTERRE	Puteaux	»	4	1	2	1	»
Idem.	PANTIN	Romainville	»	5	1	1	»	8
SCEAUX.	VINCENNES	Rosny	»	6	2	4	1	1
Idem.	VILLEJUIF	Rungis	»	6	»	6	1	4
Idem.	SCEAUX	Sceaux	»	»	»	»	1	1
SAINT-DENIS..	SAINT-DENIS	Stains	»	5	»	5	1	4
Idem.	NANTERRE	Suresnes	»	6	1	4	1	2
SCEAUX.	VILLEJUIF	Thiais	»	9	»	8	1	4
Idem.	SCEAUX	Vanves	»	7	»	7	»	7
Idem.	Idem	Vaugirard	»	8	»	8	»	5
Idem.	VILLEJUIF	Villejuif	»	»	»	6	»	8
Idem.	VINCENNES	Villemomble	»	3	2	6	1	5
SAINT-DÉNIS..	SAINT-DENIS	Villetaneuse	»	4	»	4	1	4
Idem.	PANTIN	Villette (la)	»	3	»	6	»	5
SCEAUX.	VINCENNES	Vincennes	»	»	2	»	»	7
Idem.	VILLEJUIF	Vitry	»	5	1	5	»	8

Le présent tableau, rédigé d'après les renseignemens fournis par les ingénieurs ordinaires, et arrêté par l'ingénieur en chef, directeur des ponts et chaussées du département, a été approuvé par M. le Préfet du département de la Seine, le 25 mars 1842, en observant : 1° que les distances ont été mesurées sur la carte de Cassini, entre les clochers des communes et celui de la métropole de Paris, en suivant les contours des chemins tracés sur la carte ; 2° qu'on n'a pas tenu compte des fractions moindres de cinq hectomètres ; 3° que les fractions de plus de cinq hectomètres ont été comptées pour un kilomètre.

DES AVOUÉS

DE PREMIÈRE INSTANCE.

CHAPITRE PREMIER.

Correspondant aux Titres 1, 2, 3, 4, 7, 8, 9, 12 et 24 du Livre II du Code de procédure civile.

MATIÈRES SOMMAIRES.

ARTICLES du TARIF	DÉSIGNATION DES ACTES.	…grés.	ÉMOLUMENS. Paris et villes assimilées. fr. c.	ÉMOLUMENS. Villes d'arrondiss. fr. c.	DÉTAIL.	A PARIS et villes assimilées. fr. c.	VILLES d'arrondiss. fr. c.
21.	1. Citation au bureau de paix.	»	» »	» »	Voir au n° 21 du 1er tableau. . .	3 68	3 37
10.	2. Procès-verbal de non conciliation (Art. 54 C. p. c.).	»	» »	» »	Voir au n° 12 du 1er tableau. . .	3 70	3 50
27.	3. Exploit d'ajournement, compris la copie du procès-verbal de non conciliation. *(Si les copies de pièces sont signées par les avoués, elles leur appartiennent, conformément à l'art. [illegible] du Tarif, à raison de [illegible] à Paris, et [illegible] ailleurs; mais il faudra qu'il ait de vingt-cinq lignes à la page, et de douze syllabes à la ligne, ou au moins [illegible] syllabes.)*	»	» »	» »	Voir au n° 2 du 2me tableau. . . . . Copie, deux rôles. 	5 40 » 50 ———— 5 90	4 68 » 40 ———— 5 08
68.	4. Visa apposé sur les exploits d'ajournement et autres (Art. 69 C. p. c.). . . .	»	» »	» »	Voir au n° 121 du 9me tableau. . . . Idem.	1 » 2 »	» 75 1 50
77.	5. Requête pour assigner à bref délai s'il y a lieu (Art. 72 C. p. c.).	65	3 »	2 25	Papier. . . . . Enregistrement. . . . . Émolumens. 	» 35 3 30 3 » ———— 6 65	» 35 3 30 2 25 ———— 5 90
	6. Exploit d'ajournement.	»	» »	» »	Voir au n° 2 du 2me tableau. .	5 40	4 68
72.	7. Copie de la requête et de l'ordonnance.	»	» 30	» 25	Le rôle à raison de.	» 30	» 25
150.	8. Pouvoir de la partie (le papier).	35	» »	» »			
	9. Acte de constitution d'avoué (Art. 75 C. p. c.). *(Point d'enregistrement en matière sommaire.)*	25	» 30	» 25	Papier. . . . . Enregistrement. . . . . Droit des huissiers. 	» 70 » 55 » 30 ———— 1 55	» 70 » 55 » 25 ———— 1 50
	10. Placet. Rédaction contenant les conclusions de la partie qui fait l'audience. *(L'art. 3 de la loi du 11 ventôse an VII a interdit l'usage des placets et par conséquent les [illegible] ceux qui y sont joints.)* *(Cet usage paraît avoir été rétabli à Paris seulement, par convention tacite entre le tribunal et les avoués; mais les parties ne peuvent être passibles d'un droit que la loi a précisément [illegible] dit. L'article 3 du décret du 16 mars 1848, invoqué par les avoués, est une erreur pour [illegible] été une autorité loi.)*	»	» »	» »			
	11. Conclusions jointes au placet par le défendeur.	»	» »	» »			
	12. Droit de mise au rôle fixé par les lois des 21 ventôse an VII et 6 plurial [illegible] année : En matières sommaires.	65	» »	» »			

ARTICLES du tarif.	DÉSIGNATION DES ACTES.	Déboursés.	ÉMOLUMENS. Paris et villes assimilées.	ÉMOLUMENS. Villes d'arrondissement.	DÉTAIL.	À PARIS et villes assimilées.	VILLES d'arrondissement.
		fr. c.	fr. c.	fr. c.		fr. c.	fr. c.
152.	13. Appel de cause dû à l'huissier-audiencier.	» »	» »	» »		» 30	» 25
	14. Bulletin de distribution, 15 c. (Ce droit de quinzième que le greffier s'attribue n'est autorisé par aucune loi.)						
70.	15. Avenir ou acte d'avoué à avoué, pour suivre l'audience; sans qu'il puisse en passé plus d'un seul pour chaque jugement par défaut, interlocutoire ou contradictoire (Art. 20-82). (Voir le n. 9 du présent tableau). (Même observation qu'au n° 9 du présent tableau.)	25	» 30	» 25	Papier ... » 70 / » 70 Enregistrement ... » 55 / » 55 Droit des huissiers ... » 30 / » 25	1 55	1 50
61.	16. Plaidoirie de l'avoué au jugement par défaut contre partie ou avoué, y compris qualités et la signification à avoué, s'il y a lieu. Jusqu'à 1,000 fr. inclusivement.		7 50	5 63			
	Quand il excèdera 1,000 fr. jusqu'à 5,000.		13 »	11 25			
	Pour l'obtention d'un jugement contradictoire lorsque la demande n'excède pas 1,000 fr.		13	11 25			
	Excédant 1,000 fr. jusqu'à 5,000 fr.		20 »	15 »			
	Excédant 5,000 fr. indéfiniment.		30 »	22 50			
	Nota. Si la valeur de l'objet de la contestation est indéterminée, le juge allouera l'une des sommes ci-dessus indiquées.						
	17. Papier des qualités du jugement.	35	» »	» »			
	18. Coût du jugement.		» »	» »			
	19. Signification du jugement à avoué.	23	» 30	» 25	Voir au n° 9 du présent tableau...	1 55	1 50
	Et pour chaque rôle.	»	» 30	» 25			
	20. Opposition au jugement par défaut.	25	» 30	» 25	Idem.	1 55	1 50
70.	21. Avenir.	25	» 30	» 25	Idem.	1 55	1 50
152.	22. Appel de cause dû à l'huissier.	»	» 30	» 25	Voir au n° 13 du présent tableau.	» 30	» 25
67.	23. S'il y a lieu à enquête ou à visite et estimation d'experts, ordonnée contradictoirement, et s'il est intervenu aussi jugement contradictoire sur l'enquête ou le rapport d'experts, il sera alloué un demi-droit. (Le demi-droit accordé aux avoués l'est dans les proportions établies au n° 16 ci-dessus.)						
	24. Et, en outre, pour copie des procès-verbaux d'enquête et d'expertise, par chaque rôle.	»	» 15	» 11			
	25. S'il y a plus de deux parties en cause, et si elles ont des intérêts contraires, il sera alloué un quart en sus des droits ci-dessus à l'avoué qui aura suivi contre chacune des autres parties.						
	26. S'il y a lieu à un interrogatoire sur faits et articles, il sera passé à l'avoué de la partie à la requête de laquelle il aura été subi, un demi-droit; et, en outre, pour copie du procès-verbal d'interrogatoire, par chaque rôle d'expédition.	»	» 15	» 12			
	27. Il sera passé à l'avoué qui lèvera le jugement rendu contradictoirement pour dresser des qualités et de signification de jugement à avoué, le quart du droit accordé pour l'obtention du jugement contradictoire. (Dans les proportions établies au n° 16 du présent tableau.)	60	1 60	» »			

ARTICLES du TARIF.	DÉSIGNATION DES ACTES.	DÉBOURSÉS.	ÉMOLUMENS. Paris et villes assimilées.	ÉMOLUMENS. Villes d'arrondissem^t.	DÉTAIL.	A PARIS et villes assimilées.	VILLES d'arrondiss^t.
		fr. c.	fr. c.	fr. c.		fr. c.	fr. c.
	28. Si l'avoué est révoqué, ou si les pièces lui sont retirées, il lui sera alloué, sav[...] S'il y a eu constitution d'avoué avant l'obtention d'un jugement par défaut, m[...] du droit accordé pour faire rendre un jugement par défaut. Et s'il a été obtenu un premier jugement par défaut ou un jugement interloc[u]- toire, indépendamment de l'émolument pour ces jugemens, moitié du droit [ac]- cordé pour obtenir un jugement contradictoire. Mais ces droits ne seront acquis et ils ne pourront être exigés que lorsqu'il aura eu constitution d'avoué dans le premier cas, ou qu'il aura été formé oppo[si]- tion au premier jugement par défaut, et que l'avoué qui aura obtenu le prem[ier] jugement aura suivi l'audience sur le débouté d'opposition.						
	28. Coût du jugement.	»	» »	» »			
89.	29. Signification du jugement à avoué.	»	» »	» »	Papier.	» »	» »
					Enregistrement.	» 55	» 55
					Droit des huissiers.	» 30	» 25
					Copie, par rôle.	» 30	» 25
Id.	30. Signification du jugement à domicile.	»	» »	» »	Papier.	» 70	» 70
					Enregistrement.	2 20	2 20
					Original.	2 »	1 50
					Copie.	» 50	» 38
						5 40	4 78
					Copie, par rôle.	» 30	» 25
67.	31. *Il ne sera alloué aucun honoraire aux avocats.*						
	(Dans tous les articles de déboursés, on n'a supposé que l'emploi de deux demi-feuilles de papi[er] deux parties en cause. S'il est employé plus de papier, le déboursé sera augmenté d'autan[t] s'il y a plus de deux parties en cause, il sera alloué un quart en sus des droits ci-dessus à l'a[voué] qui aura suivi contre chacune des autres parties.)						
Id.	32. *Au moyen de la fixation ci-dessus, il ne sera passé aucun autre honora[ire]* *pour aucun acte et sous aucun prétexte, il ne sera alloué en outre que les [dé]-* *boursés.*						

DEMANDES INCIDENTES ET INTERVENTION EN MATIÈRE SOMMAIRE.

ARTICLES du TARIF.	DÉSIGNATION DES ACTES.	DÉBOURSÉS.	ÉMOLUMENS. Paris et villes assimilées.	ÉMOLUMENS. Villes d'arrondissem^t.	DÉTAIL.	A PARIS et villes assimilées.	VILLES d'arrondiss^t.
73.	33. Requête contenant demande incidente, ou intervention signifiée d'avoué à avou[é], et ne contenant que des conclusions motivées.	1 25	1 20	2 70	Papier.	» 70	» 55
					Enregistrement.	» 55	» 55
					Droit des huissiers.	» 30	» 25
					Original.	2 »	1 50
					Copie, le quart.	» 50	» 38
						4 05	3 58

Les frais de port de pièces et de correspondance sont dus comme déboursé[s] en justifiant ; mais il n'est point dû de droit de correspondance comme en matiè[res] ordinaires, et un arrêt de la Cour de Bourges, cité ou invoqué par les avoués [de] Paris, ne peut atténuer la proscription prononcée par le dernier alinéa du chap[itre] premier, matières sommaires.

(Cet article n'a pas été prévu au chapitre des matières sommaires ; mais comme il peut se rencont[rer] une demande incidente ou une intervention, il a paru juste de le comprendre ici.)

ARTICLES du TARIF.	DÉSIGNATION DES ACTES.	accordé.	ÉMOLUMENS.		DÉTAIL.	A PARIS et villes assimilées.	VILLES d'arrondiss¹.
			Paris et villes assimilées.	Villes d'arrondiss¹.			
	CHAPITRE II.						
	Correspondant aux Titres 1, 2, 3, 4, 7 et 9 du Livre II, première partie du Code de procédure						
	MATIÈRES ORDINAIRES.						
68.	34. Droit de consultation. Pour la consultation sur toute demande principale, intervention, tierce-opposition et requête civile, tant en demandant qu'en défendant, sans qu'il puisse être passé plus d'un droit par chaque avoué et par cause, si que l'intervention d'un appelé en garantie puisse y donner lieu ; le droit pourra être exigé qu'autant qu'il aura été obtenu un jugement par défaut contre partie, ou qu'il y aura eu constitution d'avoué, et y compris la procuration signature privée ou par devant notaire, indépendamment des déboursés (Art. 64-75, etc., C. p. c.)	»	10 »	7 50			
69.	35. Il ne sera alloué aucun émolument à l'avoué dans le cas où il paraîtrait au bureau de conciliation pour sa partie.						
	36. Pouvoir ou procuration. *(Les délivrances.)*						
70.	37. Acte de constitution d'avoué (Art. 75 C. p. c.) *(Lorsque les significations d'avoué à avoué seront faites à heure datée, l'émolument de l'huissier sera de 1 franc.)*	1 25	1 55	1 19	Papier . . . . » 70 ; Enregistrement . . . . » 35 ; Droit des huissiers . . . . » 50 **Total 1 55** Original . . . . 1 » ; Copie . . . . » 25 **Total 1 25**	» 70 ; » 35 ; » 25 **1 50** » 75 ; » 19 **» 94**	
	38. Placet contenant les conclusions de la partie qui suit l'audience. *(Voir les numéros 10 et 11 ci-dessus.)*						
	39. Conclusions jointes au placet par le défendeur. *(On ne place ici ces deux articles que pour éviter qu'on ne les passe par inadvertance dans les frais : ils ne sont pas dus.)*						
Id.	40. Sommation de communiquer les pièces signifiées ou employées dans la cause (Art. 188 C. p. c.)	1 25	1 55	1 19			
91.	41. Vacation pour donner et prendre communication des pièces de la cause à l'amiable, sur récépissé ou par la voie du greffe, et le rétablissement entre les mains de l'avoué, ou le retrait du greffe ; *le tout ensemble* (Art. 77 et 180 C. p. c.)	»	3 »	2 25			
	42. Pour l'acte du greffe. *(Ce qu'il coûtera.)*						
78.	43. Requête présentée au tribunal, et qui ne peut être grossoyée, pour contraindre l'avoué à remettre les pièces communiquées (Art. 191 C. p. c.)	3 65	2 »	1 80	Papier . . . . » 35 ; Enregistrement . . . . 3 30 ; Emolument . . . . 2 » **Total 5 65**	» 35 ; 3 30 ; 1 50 **5 15**	

ARTICLES du Tarif	DÉSIGNATION DES ACTES.	CLASSES.	EMOLUMENS. Paris et villes assembliées.	EMOLUMENS. Villes d'arrondissement.	DÉTAIL.	A PARIS et villes greffières.	VILLES d'arrondissement.
			fr. c.	fr. c.		fr. c.	fr. c.
	44. Signification de ladite requête et de l'ordonnance par acte d'avoué à avoué.	25	1 58	1 10			
72.	45. Copie des dites requête et ordonnance.	»	» »	» »	Par rôle, évalué à 600 syllabes.	» 30	» 25
75.	46. Grosse de la requête d'opposition à l'ordonnance, portant contrainte de remettre des pièces, *qui ne pourra excéder deux rôles* (Art. 102 C. p. c.).	60	5 50	4 »	Papier de la grosse et de la minute de la requête.	1 05	1 05
					Enregistrement.	» 55	» 85
					Droit des huissiers.	» 50	» 25
					Original de la requête.	4 »	3 »
					Copie, un quart.	1 »	» 75
						6 50	5 60
Id.	47. Requête en réponse.	60	5 50	4 »			
	48. Droit de mise au rôle.	30	» »	» »			
80.	49. Vacation pour mettre la cause au rôle.	»	1 50	1 15			
182.	50. Appel de cause pour les huissiers.	»	» 30	» 25			
	51. Vacation de l'avoué qui poursuit l'audience à la distribution de la cause. (Il n'est rien dû à l'avoué).						
	52. Bulletin de distribution. (Ce droit n'est établi par aucune loi ; mais le greffier, s'érigeant en législateur, l'a créé à son profit et il se fait payer 25 c. par bulletin de distribution et de remise de cause, par chaque avoué, les juges de Paris l'autorisant en le passant en taxe.)						
70.	53. Avenir. Acte d'avoué à avoué pour poursuivre l'audience, sans qu'il puisse être passé plus d'un seul pour chaque jugement par défaut, interlocutoire ou contradictoire (Art. 79 et 88 C. p. c.) (Les avoués seront tenus de se présenter au jour indiqué par les jugemens préparatoires ou de remise sans qu'il soit besoin d'aucune sommation (Art. 45 C. p. c.)	25	1 55	1 19	Voir le n° 37 ci-dessus.	1 55	1 50
81.	54. Assistance de l'avoué à l'audience, à l'effet de demander acte de sa constitution en cas *d'abréviation des délais* (Art. 76 C. p. c.).	»	1 50	1 »			
90.	55. Vacation pour communiquer les pièces de la cause au ministère public et les rapporter ; le tout ensemble (Art. 83 C. p. c.).	»	1 50	1 15			
82.	56. Assistance et plaidoirie aux jugemens par défaut.	»	3 »	2 45			
	Si le jugement par défaut a été pris par l'avocat.	»	5 »	4 »			
Id.	57. Assistance de l'avoué lorsque le jugement par défaut aura été pris par l'avocat (Art. 149 C. p. c.)	»	1 »	» 75			
87.	58. Qualités du jugement par défaut (Art. 142 C. p. c.).	35	3 75	2 80			
	59. Coût du jugement.	»	» »	» »			
80.	60. Signification du jugement à avoué.				Papier.	» »	» »
					Enregistrement.	» 55	» 55
					Droit des huissiers.	» 50	» 25
					Copie, par rôle d'expédition.	» 50	» 25

ARTICLES du TARIF.	DÉSIGNATION DES ACTES.	DÉBOURSÉS.	ÉMOLUMENS. Paris et villes assimilées.	ÉMOLUMENS. Villes d'arrondissem^t.	DÉTAIL.	A PARIS et villes assimilées.	VILLES d'arrondissem^t.
		fr. c.	fr. c.	fr. c.		fr. c.	fr. c.
75.	61. Requête d'opposition au jugement par défaut, laquelle ne peut contenir qu'un rôle, si les moyens ont été fournis avant le jugement par défaut (Art. 161 C. p. c.)	1 25	2 18	2 13	Papier de la grosse et de la minute. Enregistrement. Droit des huissiers. Original de la requête. Copie, le quart.	» 70 » 55 » 30 1 50 » 38	» 70 » 85 » 25 1 50 » 38
						3 43	3 38
	62. Si l'opposition contient les moyens, indépendamment des déboursés ci-contre, il sera alloué	» »	2 50	1 88			
90.	63. Vacation pour faire mention, sur le registre tenu au greffe, de l'opposition au jugement par défaut (Art. 163-164 et 549 C. p. c.)	»	1 80	1 15			
	DES EXCEPTIONS.						
78.	64. Grosse de la requête, qui ne peut excéder deux rôles, tendant à ce que l'étranger demandeur soit tenu de fournir caution (Art. 166 C. p. c.)	1 60	5 30	4 »	Papier de la grosse. » de la minute. Huissiers et enregistrement. Original. Copie, le quart.	» 70 » 35 » 85 4 » 1 »	» 70 » 35 » 80 3 » » 75
						6 90	5 60
Id.	65. *Idem* de celle en réponse, qui ne peut excéder deux rôles.	1 00	8 »	3 78			
Id.	66. Grosse de la requête pour proposer un déclinatoire, qui ne peut excéder six rôles (Art. 168 C. p. c.)	3 35	15 30	11 50	Papier de la grosse. » de la minute. Huissiers et enregistrement. Original. Copie, le quart.	2 10 » 70 » 85 12 » 3 »	2 10 » 70 » 80 9 » 2 25
						18 65	14 85
Id.	67. *Idem* de celle en réponse, qui ne peut excéder six rôles.	3 38	15 30	11 50			
Id.	68. Grosse de la requête en nullité de la demande ou du jugement, qui ne peut excéder six rôles (Art. 173 C. p. c.)	3 35	15 30	11 50			
Id.	69. *Idem* de la réponse	3 35	15 30	11 50			
Id.	70. Grosse de la requête pour demander délai pour délibérer et faire inventaire, laquelle ne peut excéder six rôles (Art. 174 C. p. c.)	3 35	15 30	11 50			
Id.	71. *Idem* de la réponse	3 35	15 30	11 50			
70.	72. Acte de déclaration au demandeur originaire, de la part du défendeur, qu'il a formé une demande en garantie (Art. 179 C. p. c.)	1 25	1 55	1 19			
Id.	73. Acte de dénonciation au demandeur originaire, de la demande en garantie (Art. 1.. C. p. c.)	1 25	1 55	1 19			

ARTICLES du TARIF.	DÉSIGNATION DES ACTES.	Déboursés.	ÉMOLUMENS. Paris et villes assimilées.	ÉMOLUMENS. Villes d'arrondissem'.	DÉTAIL.	A PARIS et villes assimilées.	VILLES d'arrondissem'.
		fr. c.	fr. c.	fr. c.		fr. c.	fr. c.
72.	74. Copie de la demande : 25 lig. à la page et 12 syllab. à la lig., ou 600 syllab. au rôle	»	» »	» »	Par chaque rôle, évalué 600 syllabes.	» 30	» 24
75.	75. Grosse de la requête pour soutenir qu'il n'y a lieu d'appeler garant, qui ne pourra excéder six rôles (Art. 180 C. p. c.)	35	15 30	11 50	Voir le n° 66 du présent tableau.	» »	» »
id.	76. *Idem* de la réponse	35	15 30	11 50			
79.	77. Acte de notification du décès d'une partie (Art. 344 C. p. c.)	25	1 55	1 19			
72 et 75.	78. Original ou grosse de requête servant de défense au fond et de réponse aux grosses, contenant 25 lignes à la page et 12 syllabes à la ligne, 600 syllabes au rôle (Art. 77 C. p. c.) *(Les avoués pourront évaluer le papier de grosse à raison d'une feuille de grosse par demi-feuille de l'original, et une feuille de ... pour huit côtés de copie. C'est seul pour l'original et pour la copie, il devra compter le papier employé et non le calculer; les débours, &c., ne s'évaluent pas.)*	»	» »	» »	Papier (le compter) . . . . . Enregistrement et droit des huissiers . . . Grosse, par rôle . . . . . . Copie, le quart	» » » 85 2 » » 50	» » » 80 1 50 » 38
72	79. Copies de pièces qui seraient signifiées avec les défenses et toutes celles signiées par les avoués. Toujours 600 syllabes au rôle	»	» »	» »	Par rôle	» 30	» 25
75.	80. Requêtes en instruction par écrit terminées par l'état des pièces (Art. 96 C. p. c.)	25	1 80	1 75			
id.	81. Requêtes servant de réponse à celles en instruction par écrit, avec état des pièces au soutien (Art. 97 C. p. c.)	25	1 80	1 75			
id. 74.	82. Requêtes en production de nouvelles pièces, qui ne pourront excéder six rôles (Art. 103 C. p. c.) *Nota. Dans les instructions par écrit, les grosses et les copies de toutes les requêtes porteront la déclaration du nombre des rôles dont elles sont composées, à peine de rejet de la taxe (Art. 104 C. p. c.)*						
	83. Conclusions signifiées par chaque avoué demandeur et défendeur, 3 jours au moins avant de se présenter à l'audience, soit pour plaider, soit pour poser les qualités. Il n'est point dû d'émolument aux avoués *(L'art. 14 du décret du 30 mars 1808, contenant règlement pour la police et la discipline des tribunaux, porte : « Les avoués seront tenus, dans les affaires sujettes à ces affaires, de signifier les conclusions trois jours au moins avant de se présenter à l'audience, soit pour plaider, soit pour les qualités. » Les avoués n'ont pas fait un droit de ces frais, &c., qu'ils augmentent par les autres dispositions des conclusions. La taxe de procédure et le Tarif ne leur donnent aucun émolument, et le législateur ... a voulu que réglant et rattachant les formes de procédure et établir une police d'ordre que les avoués ne pourraient enfreindre sous peine de ne pouvoir être admis à plaider et procéder.)*	28	» 30	» 35	N° 9 du présent état, actes d'avoué.	1 55	1 50
70.	84. Avenir, conformément au n. 37 du présent état.	25	1 55	1 19			
90.	85. Vacation pour *communiquer* les pièces au ministère public et les *retirer*; le tout ensemble (Art. 85 C. p. c.)	»	1 50	1 15			
152.	86. Appel de cause dû à l'huissier-audiencier, par chaque cause sur le rôle, et lors des jugemens par défaut, interlocutoires et définitifs, sans qu'il soit alloué aucun droit pour les jugemens préparatoires et de simples remises.	»	» 30	» 25			
80.	87. Honoraires de l'avocat qui aura plaidé la cause contradictoirement. *(Si la partie paie son avocat, l'avoué ne porte ce point cette somme dans ses déboursés.)*	»	15 »	10 »			
85.	87 bis. Assistance de l'avoué à tout jugement portant remise de cause ou indication de jour, sans que les jugemens puissent être levés ni qu'il soit signifié de qualités, et donné d'avenir (Art. 87 C. p. c.) *(Combiné ... avec art. 65, 68 et 69 du décret du 30 mars 1808 ... de l'instruction et du jugement ... tribunal de la Seine ...)*	»	7 »	2 25			

ARTICLES du TARIF.	DÉSIGNATION DES ACTES.	[illegible]és.	ÉMOLUMENS. Paris et villes suivantes.	ÉMOLUMENS. Villes d'arrondissement.	DÉTAIL.	A PARIS et villes suivantes.	VILLES D'ARRONDISSEMENT.
		fr. c.	fr. c.	fr. c.		fr. c.	fr. c.
84.	88. Assistance de l'avoué et observations aux jugemens qui ordonneront une instru[ction] par écrit (Art. 93 - 95 C. p. c.)	»	3 »	4 »			
85.	89. Assistance des avoués à chaque journée de plaidoirie qui précède les jugem[ens] interlocutoires et définitifs contradictoires, quand les causes sont plaidées pa[r les] parties elles-mêmes ou par des avocats. Et quand les avoués plaideront eux-mêmes (Art. 116 C. p. c.)	» »	3 » 10 »	2 25 6 »			
87.	90. Original des qualités du jugement contradictoire, ou sur plaidoiries et déli[béré] (Art. 142 C. p. c.) (Plus le papier employé.)	»	7 50	5 60			
88.	91. Pour chaque copie des qualités signifiées dans le cas seulement où le jugemen[t] contradictoire (Art. 142 C. p. c.)	»	1 87	1 37	Papier. Enregistrement et droit d'huissiers.	» » » 85	» » » 70
	92. Le coût du jugement définitif.						
89.	93. Signification du jugement à avoué (Art. 156 - 157 C. p. c.)	»	» »	» »	Papier Enregistrement. Droit des huissiers Copie, par rôle, 30 c.	» » » 55 » 30 » »	» » » 55 » 25 » »
	94. Signification du jugement à domicile. (Art. 156-157 C. p. c.)	»	» »	» »	Papier. Enregistrement. Original. Copie. Copie, par rôle.	» » 2 20 2 » » 50 » 30	» » 2 20 1 50 » 38 » 25
90.	95. Vacation pour former opposition aux qualités Le droit ne sera passé qu'autant que le président aura ordonné une réforma[tion] (Art. 144 C. p. c.) (Les avoués portent toujours, dans les mémoires de frais, des vacations à l'opposition des qua[lités], sommation pour se régler sur ladite opposition, et vacation pour faire régler les qualités du j[uge]ment. Ces droits ne sont dus qu'au cas de réformation.)	»	1 50	1 15			
70.	96. Sommation d'avoué à avoué pour être réglé sur ladite opposition (Art. 15[..] p. c.)	1 25	1 55	1 [illegible]			
	97. Vacation pour faire régler les qualités du jugement (Art. 145 C. p. c.)	»	1 50	1 15			
90. 145.	98. Frais de port de pièces et de correspondance, quand les parties sont domicil[iées] hors de l'arrondissement du tribunal : Par chaque jugement définitif Et par chaque interlocutoire (Les avoués font deux articles de l'art. 145 du Tarif : droit de correspondance et frais de corres[pon]dance; il ne peut se donner.)	 » »	 10 » 8 »	 7 50 3 75			
146.	99. Frais de voyage, séjour et retour, lorsque les parties font un voyage et qu'e[lles] se présentent au greffe, assistées de leur avoué, pour y affirmer que le voyage a [été] fait dans la seule vue de leur procès : Par chaque myriamètre de distance entre leur domicile et le tribunal où [le] procès est pendant	[illegible]	» »	» »			
146.	100. Vacation de l'avoué au greffe à ladite affirmation	»	1 50	1 15			
90.	101. Coût de l'expédition (Ce qu'elle coûte.)						

ARTICLES du tarif	DÉSIGNATION DES ACTES	TEMPS	ÉMOLUMENS — Paris et villes métropolitaines	ÉMOLUMENS — Villes d'arrondissement	DÉTAIL	À PARIS et usage commercial	VILLES d'arrondissement
			fr. c.	fr. c.		fr. c.	fr. c.
90.	102. Vacation pour donner au greffe le certificat contenant la date de la signification au domicile de la partie condamnée, du jugement qui prononce une main-levée, une radiation, un paiement, ou autre chose à faire par un tiers ou contre lui (Art. 548 C. p. c.)		1 50	1 15			
Id.	103. Vacation au greffe pour requérir du greffier le certificat qu'il n'existe ni opposition ni appel porté sur le registre tenu au greffe (Art. 548 C. p. c.)		1 50	1 15			
	104. Certificat du greffier	25	» »	» »			
	CHAPITRE III. Correspondant au Titre 6 du Livre II, première partie. **DÉLIBÉRÉ.**						
Id.	105. Vacation pour produire et retirer les pièces dans les causes où il a été ordonné un délibéré (Art. 94 C. p. c.)		1 50	1 15			
76.	106. Requête afin de faire nommer un autre rapporteur sur délibéré (Art. 110 C. p. c.) *(La vacation et la délivrance de l'ordonnance sont comprises dans la taxe.)*	65	2 »	1 80	Papier. Enregistrement. Émolument. ————— 	» 35 3 30 2 » ———— 5 65	» 38 3 50 1 30 ———— 5 13
70.	107. Acte de signification de l'ordonnance portant nomination d'un autre rapporteur (Art. 110 C. p. c.) *(Les copies de pièces en sus.)*	25	1 35	1 19	Papier. Droit des huissiers. Enregistrement. Original. Copie, le quart. ————— 	» 70 » 30 » 55 1 » » 25 ———— 2 80	» 70 » 25 » 55 » 73 » 19 ———— 2 44
80.	108. Vacation pour produire les pièces entre les mains du nouveau rapporteur et les retirer (Art. 94 C. p. c.) *(Le Tarif n'alloue pas cette vacation, et cependant le Code de procédure a prévu la nomination du nouveau rapporteur (Art. 110).)*	»	1 50	1 18			
Id.	109. Vacation à communiquer les pièces à M. le procureur du roi, lorsque la cause est susceptible de communication (Art. 112 C. p. c.) *(Il ne doit y avoir qu'une communication par chaque cause.)*	»	1 50	1 15			
85.	110. Assistance de l'avoué au jugement sur délibéré, y compris les notes qu'il pourra fournir (Art. 115 C. p. c.)	»	5 »	4 »			
70.	111. Sommation d'avoué à avoué d'être présent au retrait des pièces après jugement sur délibéré, résultat de l'art. 115 C. p. c., indiqué par le Tarif	25	1 35	1 19	Papier. Signification. Enregistrement. Original. Copie. ————— 	» 70 » 50 » 85 1 » » 25 ———— 2 80	» 70 » 25 » 55 » 73 » 19 ———— 2 44

ARTICLES du tarif	DÉSIGNATION DES ACTES.	Déboursés	ÉMOLUMENS. Paris et villes assimilées.	ÉMOLUMENS. Villes d'arrondiss.	DÉTAIL.	À PARIS et villes assimilées.	VILLES d'arrondiss.
			fr. c.	fr. c.		fr. c.	fr. c.
27.	112. Qualités du jugement contradictoire, sur délibéré, y compris la copie. . . . . (S'il y a plusieurs parties, compter le papier, et le quart pour chaque copie.)	1 25	9 67	7 13	Papier. . . . . Droit des huissiers. . . . . Enregistrement. . . . . Original. . . . . Copie, le quart.	» 70 » 50 » 55 7 50 1 87	» 70 » 25 » 55 5 50 1 38
						10 92	8 38
	113. Coût du jugement.						
79.	114. Signification du jugement à avoué.	»	» »	» »	Voir le n° 93 du présent tableau.		
	115. Signification du jugement à domicile.	»	» »	» »	Voir le n° 94 du présent tableau.		

INSTRUCTION PAR ÉCRIT.

ARTICLES du tarif	DÉSIGNATION DES ACTES.	Déboursés	ÉMOLUMENS. Paris et villes assimilées.	ÉMOLUMENS. Villes d'arrondiss.	DÉTAIL.	À PARIS et villes assimilées.	VILLES d'arrondiss.
73.	116. Original ou grosse des requêtes en instruction par écrit, terminées par l'état des pièces (Art. 96 C. p. c.). . . . . (Compter le papier employé pour l'original et pour les copies s'il y en a plusieurs, et le quart de l'original pour chaque copie.)	»	» »	» »	Papier. . . . . Droit des huissiers. . . . . Enregistrement. . . . . Original, par chaque rôle. . . . . Copie, le quart.	» » » 50 » 55 1 50 » 38	» » » 25 » 55 1 50 » 38
73.	117. Acte de déclaration de production par le demandeur en instruction par écrit, contenant le nombre des rôles dont la requête est composée (Art. 98-104 C. p. c.). . . . . (Les grosses et copies, même l'acte de produit, doivent faire mention du nombre des rôles et de la requête, à peine de rejet de la taxe (Art. 104 du C. p. c.).)	1 25	1 55	1 19	Papier. . . . . Droit des huissiers. . . . . Enregistrement. . . . . Original. . . . . Copie.	» 70 » 50 » 55 1 » » 25	» 70 » 25 » 55 » 75 » 19
						2 80	2 44
91.	118. Vacation de l'avoué du demandeur pour produire au greffe (Art. 96 C. p. c.)	»	3 »	2 25			
Id.	119. Vacation de l'avoué du défendeur pour prendre communication au greffe, et rétablissement de cette production; le tout ensemble (Art. 97 C. p. c.).	»	3 »	2 25			
73.	120. Requête en réponse, avec état de pièces au soutien, à raison de 1 fr. 50 c. par rôle, et le quart pour chaque copie (Art. 97 C. p. c.).						
70.	121. Acte de déclaration de production au greffe par le défendeur (Art. 97 C. p. c.)	1 25	1 55	1 19			
91.	122. Vacation de l'avoué du défendeur à mettre la production au greffe (Art. ? C. p. c.).	»	3 »	2 25			
Id.	123. Vacation de l'avoué du demandeur à prendre communication de la production du défendeur.	»	3 »	2 25			

ARTICLES du TARIF.	DÉSIGNATION DES ACTES.	Déboursés.	ÉMOLUMENS. Paris et villes assimilées.	ÉMOLUMENS. Villes d'arrondissement.	DÉTAIL.	A PARIS et villes assimilées.	VILLES d'arrondissement.
71.	124. Acte de production nouvelle, contenant l'état des pièces (Art. 102 C. p. c.). *(Il n'y aura point de copies de pièces, puisqu'elles seront déposées au greffe; il en sera signifié l'état des titres pièces.)*	» »	» »	» »	Papier. Droit des huissiers. Enregistrement. Original. Copie, le quart.	» » » 30 » 55 5 » 1 25	» » » 25 » 55 4 » 1 »
00.	125. Vacation pour produire au greffe les pièces nouvelles (Art. 102 C. p. c.).	» »	1 50	1 15			
Id.	126. Vacation à prendre en communication les pièces nouvelles produites (Art. ? C. p. c.).	» »	1 50	1 15			
73.	127. Requête en réponse aux productions de nouvelles pièces, qui ne pourra excéder six rôles (Art. 105 C. p. c.).	» 38	11 55	11 50	Papier. Droit des huissiers et enregistrement. Six rôles, à 1 fr. 50 c. Copie, le quart. _____ 	2 10 1 55 9 » 2 25 _____ 14 90	2 10 1 50 9 » 2 25 _____ 14 85
00.	128. Certificat du greffier, à l'effet de constater que le défendeur n'a pas produit dans les délais (Art. 107 C. p. c.).						
Id.	129. Vacation à prendre ce certificat (Art. 107 C. p. c.).	» »	1 50	1 15			
	130. Certificat du greffier constatant que l'avoué n'a pas rétabli au greffe les productions par lui prises en communication dans les délais fixés par la loi (Art. 107 C. p. c.). *(Le coût du certificat.)*						
Id.	131. Vacation de l'avoué à requérir ce certificat. Nota. Le surplus de la procédure, qui consiste en un simple avenir à l'audience pour plaider sur la remise des pièces jusqu'au jugement et signification d'iceux comme aux matières ordinaires (Voyez les n°s 49 et suivans du présent état).	» »	1 50	1 15			
76.	132. Requête à fin de faire nommer un autre rapporteur (Art. 110 C. p. c.).	1 05	2 »	1 50	Voir le n° 106 du présent tableau.		
70.	133. Signification de l'ordonnance par acte d'avoué à avoué (Art. 110 C. p. c.).	1 25	1 55	1 49	Voir le n° 107 du présent tableau.		
90.	134. Vacation à requérir le greffier de remettre les pièces au rapport (Art. 108 C. p. c.).	» »	1 50	1 15			
85.	135. Assistance de l'avoué au jugement, y compris les notes qu'il pourra fournir (Art. 113 C. p. c.).	» »	5 »	4 »			
70.	136. Sommation d'être présent au retrait des pièces (Art. 115 C. p. c.).	1 25	1 55	1 49			
91.	137. Vacation au retrait des pièces (Art. 115 C. p. c.).	» »	5 »	2 25			
87.	138. Qualités du jugement définitif (Art. 142 C. p. c.). *(Compter le papier employé, et taxer un quart de l'original pour chaque copie, s'il y en a plusieurs.)*	» »	» »	» »	Papier. Droit des huissiers. Enregistrement. Original. Copie, le quart.	» » » 30 » 55 10 » 2 50	» » » 25 » 55 7 50 1 88

139. Coût du jugement.
Nota. Le surplus de la procédure comme aux matières ordinaires (Voyez nᵒˢ 88 et suivans du présent État).

CHAPITRE IV.

Correspondant au Titre 10 du Livre II, première partie.

DE LA VÉRIFICATION D'ÉCRITURES.

Art. du Tarif	Désignation des actes	Taxe	Émol. Paris et villes assimilées	Émol. Villes d'arrondissement	Détail	À Paris et villes assimilées	Villes d'arrondissement
92	140. Vacation pour déposer au greffe une pièce dont l'écriture est déniée, et assistance au procès-verbal dressé par le greffier de l'état de ladite pièce (Art. 190 C. p. c.)		6 »	4 50			
	141. Procès-verbal de l'état de la pièce dressé par le greffier (Art. idem). (Le coût.)						
Id.	142. Vacation pour prendre communication de ladite pièce, et assistance au procès-verbal dressé par le greffier (Art. 198 C. p. c.)		6 »	4 50			
	143. Procès-verbal de cette communication dressé par le greffier (Art. idem). (Le coût.)						
70	144. Requête pour avoir ordonnance du juge-commissaire en vérification d'écritures à l'effet de sommer la partie adverse pour convenir des pièces de comparaison (Art. 190 C. p. c.)	5 63	2 »	1 50	Émolument. Enregistrement de l'ordonnance. Papier.	2 » 3 30 » 35	1 50 3 30 » 35
						5 65	5 15
	145. Expédition desdites requête et ordonnance.						
70	146. Sommation à la requête de la partie la plus diligente pour se trouver devant le juge-commissaire et convenir des pièces de comparaison		» »	» »	Original. Copie. Signification et enregistrement. Papier.	1 » » 25 » 85 » 70	» 73 » 19 » 80 » 70
						2 80	2 44
29	Par acte d'avoué, s'il y a eu constitution. Et à domicile, si la partie n'a pas constitué d'avoué.	1 25 2 90	1 55 2 30	1 19 1 88	Original. Copie. Enregistrement. Papier.	2 » » 50 2 20 » 70	1 50 » 38 2 90 » 70
						5 40	4 78

Nota. Il ne pourra être fait que l'une ou l'autre de ces sommations, selon qu'il y aura eu ou non constitution d'avoué (Art. 190 C. p. c.).

(Il sera ajouté les copies de pièces, s'il y en a, conformément à l'art. 73 du Tarif. Voir le nᵒ 4 du présent.)

Si le demandeur en vérification ne paraît pas, la pièce sera rejetée ; si c'est le défendeur, le juge pourra tenir la pièce pour reconnue. *Dans les deux cas, le jugement sera rendu à la prochaine audience, sur le rapport du juge-commissaire, sans acte à venir plaider* (Art. 198 C. p. c.).

(Les avoués font tout le contraire : une sommation d'audience, un appel de cause et tous autres actes comme en matières ordinaires. Ce qui contraire à la loi.)

ARTICLES du TARIF.	DÉSIGNATION DES ACTES.	DÉBOURSÉS	ÉMOLUMENS. Paris et villes assimilées.	ÉMOLUMENS. Villes d'arrondissem¹.	DÉTAIL.	A PARIS et villes assimilées.	VILLES d'arrondissem¹.
		fr. c.	fr. c.	fr. c.		fr. c.	fr. c.
92.	147. Vacation pour convenir des pièces de comparaison (Art. 199 C. p. c.)........ *(Chaque vacation sera de trois heures.)*	» »	0 »	4 50			
	148. Procès-verbal dressé par le greffier (Art. *idem*).						
76.	149. Requête au juge pour obtenir ordonnance à l'effet de sommer les experts pour venir prêter serment, et le dépositaire pour représenter les pièces de comparaison (Art. 201 C. p. c.)............	85	2 »	1 50	Émolument. Enregistrement de l'ordonnance. Papier. — 	2 » 3 30 » 35 — 5 65	1 50 3 30 » 35 — 5 15
	150. Expédition des requête et ordonnance.						
99.	151. Sommation aux experts pour prêter serment (Art. 204 C. p. c.). Pour un seul expert *Il ne s'y fera vacation autant de droit de copie et de timbre qu'il y aura d'experts sommés.*	80	2 50	1 88	Original. Copie. Enregistrement. Papier. — 	2 » » 50 2 90 » 70 — 5 40	1 50 » 38 2 90 » 70 — 4 78
Id.	152. Sommation au dépositaire pour représenter les pièces de comparaison.....	80	2 50	1 88	Comme dessus.		
70. 72.	153. Sommation à la partie d'être présente, par acte d'avoué à avoué (Art. 201 C. p. c.) Plus, les copies de pièces, s'il est nécessaire d'en signifier avec la sommation, à raison de 30 c. du rôle de 600 syllabes à Paris, et 25 c. ailleurs. Art. 302 du Code de procédure : Si les pièces de comparaison ne peuvent être déplacées, ou si les détenteurs sont trop éloignés, il est laissé à la prudence du tribunal d'ordonner, sur le rapport du juge-commissaire, et après avoir entendu le procureur du roi, que la vérification se fera dans le lieu de la demeure des dépositaires ou dans le lieu le plus proche, ou que, dans un délai déterminé, les pièces seront envoyées au greffe par les voies que le tribunal indiquera par son jugement.	25	1 55	1 19			

166.	154. Vacation de celui qui doit représenter les pièces de comparaison ;
	Par chaque vacation de trois heures :
	Aux greffiers des Cours ... 12
	A ceux des tribunaux civils ... 10
	Aux notaires de Paris ... 9
	   Idem des départemens ... 6 75
	Aux avoués de Cours d'appel ... 8
	   Idem de première instance ... 6
	Aux huissiers de Paris ... 3
	   Idem des départemens ... 4
	Aux autres fonctionnaires publics ou autres particuliers, s'ils le requièrent. 6
	(Art. 204-205-208-221-225 C. p. c.)						

92.	155. Vacation au serment des experts et à la représentation des pièces de comparaison, par vacation de trois heures (Art. 207-284 C. p. c.)............	» »	0 »	4 70			
70.	156. Sommation au défendeur pour être présent à la confection du corps d'écriture (Art. 206 C. p. c.) Par acte d'avoué....................	25	1 55	1 19			
20.	Par acte à domicile.................	90	2 50	1 88			

ARTICLES du TARIF	DÉSIGNATION DES ACTES		ÉMOLUMENS		DÉTAIL	À PARIS et villes assimilées	VILLES d'arrondissement
			Paris et villes assimilées	Villes d'arrondissement			
		fr. c.	fr. c.	fr. c.		fr. c.	fr. c.
72.	157. Vacation à la confection d'un corps d'écriture, à faire les dires, réquisitions, observations, s'il est ainsi ordonné (Art. 306 C. p. c.)	»	0 »	4 50			
165.	158. Vacation de chaque expert, sans qu'il leur en soit alloué de particulière pour prestation de serment et le dépôt du rapport. Chaque vacation de trois heures. (Indépendamment des frais de transport et de voyage.)	»	8 »	6 »			

CHAPITRE V.

Correspondant au Titre 2 du Livre II, première partie.

FAUX INCIDENT CIVIL.

ARTICLES du TARIF	DÉSIGNATION DES ACTES		ÉMOLUMENS		DÉTAIL	À PARIS et villes assimilées	VILLES d'arrondissement
			Paris et villes assimilées	Villes d'arrondissement			
71.	159. Sommation, par acte d'avoué, de déclarer si l'on entend se servir d'une pièce contre laquelle on veut s'inscrire en faux (Art. 215 C. p. c.)	1 25	6 55	4 95	Original . . . . Copie, le quart . . . . Signification et enregistrement . . . Papier	5 » 1 25 » 85 » 70	3 75 » 94 » 80 » 70
						7 80	6 19
Id.	160. Acte déclaratif, par acte d'avoué, qu'on entend ou non se servir de la pièce (Art. 216 C. p. c.). Plus, copie de la procuration, si l'acte est signé par un mandataire.	1 25	8 85	4 94			
Id.	161. Acte contenant les moyens et conclusions de la demande, à l'effet de faire rejeter la pièce, si le défendeur ne répond pas à la sommation dans le délai, ou s'il déclare ne pas vouloir se servir de la pièce (Art. 217 C. p. c.). *Avenir à l'audience et autres actes, jusqu'à la signification du jugement, comme en matières ordinaires (N° 33 et suivans du présent État).*	1 25	6 55	4 94			
	162. Acte au greffe pour s'inscrire en faux. (Le coût.)						
92.	163. Vacation de l'avoué du demandeur à l'inscription de faux	»	6 »	4 50			
71.	164. Acte contenant les moyens de la demande pour faire admettre l'inscription de faux (Art. 218 C. p. c.). Réponse, idem. *Sur cet acte, avenir à l'audience, autres droits et actes, jusqu'à la signification du jugement, comme en matières ordinaires.*	1 25	6 55	4 94	Original . . . . Copie, le quart . . . . Enregistrement et signification . . . Papier	5 » 1 25 » 85 » 70	3 75 » 94 » 80 » 70
	165. Acte de dépôt au greffe de la pièce arguée de faux. (Le coût.)					7 80	6 19
91.	166. Vacation de l'avoué au dépôt de la pièce (Art. 219 C. p. c.)	»	3 »	2 25			
70.	167. Signification à l'avoué du demandeur de l'acte de mise au greffe de la pièce arguée de faux. (Copies de pièces, conformément à l'art. 72 du Tarif.)	1 25	1 55	1 19			

ARTICLES du TARIF.	DÉSIGNATION DES ACTES.	....riés.	ÉMOLUMENS. Paris et villes assimilées.	Villes d'arrondiss'.	DÉTAIL.	A PARIS et villes assimilées.	VILLES d'arrondiss'.
		fr. c.	fr. c.	fr. c.		fr. c.	fr. c.
71.	168. Acte contenant les moyens et conclusions de la demande incidente pour fa[ire] rejeter la pièce, si elle n'est pas déposée, ou se faire autoriser à poursuivre le d[é]pôt (Art. 220 C. p. c.) . . . . Acte en réponse, *idem.* Sur cet acte, avenir à l'audience, droits et autres actes, jusqu'à la significat[ion] du jugement.	1 25	6 53	4 94	Original. . . . . Copie, le quart. . . . . Enregistrement et signification. . . Papier. 	5 » 1 23 » 53 » 70 7 50	3 75 » 94 » 80 » 70 6 19
76	169. Requête au juge pour obtenir son ordonnance à l'effet de faire apporter au gre[ffe] la minute d'une pièce arguée de faux (Art. 221 C. p. c.)	1 65	2 »	1 50			
	170. Expédition des requête et ordonnance. *(Le rôle.)*						
71.	171. Acte contenant les moyens et conclusions de la demande incidente, pour faire[ ]donner la continuation de la poursuite de faux, sans attendre l'apport de la mi[nute], ou faire statuer sur les autres cas (Art. 222 C. p. c.) . . . . Réponse, *idem.* Sur cet acte, sommation à l'audience, et autres actes, jusqu'à la significat[ion] du jugement, comme en matières ordinaires (Voir le n° 53 et suivans). *(Art. 222 du Code de procédure civile. Il est laissé à la prudence du tribunal d'ordonner, sur le rapport du juge-commissaire, qu'il sera procédé à la continuation de la poursuite du faux, sans attendre l'apport de la minute; sauf ensuite de statuer ce qu'il appartiendra en cas que ladite minute ne pût être rapportée, ou qu'il fut suffisamment justifié qu'elle a été soustraite ou qu'elle a péri.)*	1 25	6 55	4 94			
70.	172. Signification des requête et ordonnance ou du jugement qui a ordonné l'apport de la minute, par acte d'avoué à avoué. . . . . Plus, copie de pièces, à 50 c. du rôle (Art. 72 du Tarif) et papier (Art. 224 C. p. c.)	1 25	1 55	1 19			
29.	173. Dénonciation faite par le défendeur à celui qui doit apporter la minute au gref[fe] de l'ordonnance ou du jugement qui ordonne cet apport, avec sommation d'y satis[faire].	1 90	2 80	1 88	Comme au n° 1 du 2er tableau. .		
79	Plus, copie de pièces; le rôle suivant l'art. 72 du Tarif, ou évalué à 600 s[yl]labes (Art. 223-224 C. p. c.) *(Si c'est le demandeur qui poursuit la remise de la pièce, la dénonciation faite à sa requête lui est taxée de même.)*						
70.	174. Signification de l'acte de remise au greffe de la pièce arguée du faux, ou de la mi[nute], avec sommation d'être présent au procès-verbal de l'état de la pièce, qu[i] doit être dressé dans les trois jours de la remise, par acte d'avoué . . . . . Plus, copies de pièces; par rôle évalué, et le papier (Art. 225 C. p. c.)	1 23	1 53	1 19			
72.	175. Expédition de l'acte de remise au greffe de la minute arguée de faux.						
99.	176. Vacation de l'avoué à cette remise (Art. 225 C. p. c.)		6 »	4 50			
	177. Procès-verbal, dressé par le greffier, de l'état de la pièce ou des minute et ex[pé]dition.						
90.	178. Vacation au procès-verbal; par chaque vacation de trois heures.		6 »	4 50			
92.	179. Vacation du demandeur pour prendre communication de la pièce en tout état de cause (Art. 228 C. p. c.)		6 »	4 50			
160.	180. Vacation du dépositaire de la minute à la remise au greffe (Voyez au titre de la Vérification d'écritures, n° 154)						

ARTICLES DU TARIF	DÉSIGNATION DES ACTES	...cessés.	ÉMOLUMENS. Paris et villes assimilées.	ÉMOLUMENS. Villes d'arrondissem.	DÉTAIL.	A PARIS et villes assimilées.	VILLES D'ARRONDISS.
		fr. c.	fr. c.	fr. c.		fr. c.	fr. c.
75.	181. Requête en moyens de faux suivant le nombre de rôle (Art. 290 C. p. c.).	» »	» »	» »	Papier (le compter). Enregistrement et droit des huissiers Grosse. Copie, le quart.	» » » 85 2 » » 50	» » » 80 1 50 » 38
Id.	182. Réponse, idem (Art. 291 C. p. c.).						
73.	183. Acte contenant les moyens et conclusions de la demande incidente, pour faire rejeter l'inscription de faux ou la pièce, s'il n'a pas été fourni moyens de faux, s'il n'y a pas été répondu.	1 25	0 58	4 94	Original. Copie, le quart. Enregistrement et signification. Papier. ___ Total	5 » 1 25 » 85 » 70 ___ 7 80	3 75 » 94 » 80 » 70 ___ 6 19
Id.	184. Réponse, idem Art. 249=250 C. p. c. *Sur cet acte, sommation d'audience et autres actes jusqu'à la signification du jugement. Après la signification des moyens de faux et de la réponse, sommation d'audience, communication au ministère public, et autres actes jusqu'à la signification du jugement (Art. 251 C. p. c.).* *S'il est ordonné une expertise, et s'il doit être fourni des pièces de comparaison, voyez au titre de la Vérification d'écritures, n°s 150 et suivants.* *S'il est ordonné une Enquête, voyez au titre des enquêtes, n°s 188 et suivants (Art. 252 C. p. c.)* *S'il y a récusation d'experts, voyez le titre Rapport d'experts, n°s 217 et suivants.* *S'il y a récusation du juge-commissaire, voyez le titre Récusation des juges, n°s 255 et suivants (Art. 253 C. p. c.).*	1 27	0 55	4 [illegible]			
Id.	185. Acte de moyens et conclusions pour saisir l'audience sur les rapports d'experts, enquêtes.	1 25	0 55	4 94	Original. Copie. Enregistrement et signification. Papier. ___ Total	5 » 1 25 » 85 » 70 ___ 7 80	3 75 » 94 » 80 » 70 ___ 6 19
79. / 71.	Plus, copie des rapports et enquêtes, par rôle de grosse, ou évalué, et papier. Réponse, idem (Art. 258 C. p. c.). *Sur cet acte, appel de cause, communication au ministère public, et autres droits et actes jusqu'à la signification du jugement définitif (Art. 258 C. p. c.).*	1 25	0 55	4 94			
78.	186. Requête pour avoir permission de se faire délivrer par le greffier dépositaire des pièces de comparaison et lettres, pendant le délai de l'appel, du pourvoi en requête civile ou cassation, des expéditions desdites pièces (Art. 245 C. p. c.). *Sur cette requête, assistance au jugement qui doit intervenir, droits et actes jusqu'à la signification dudit jugement faite au greffier (Art. 245 C. p. c.).* *S'il est ordonné que la partie adverse sera appelée : assignation et autres actes jusqu'à la signification du jugement.*	» 70	7 50	5 50	Emolument. Papier. ___ Total	7 50 » 70 ___ 8 20	5 80 » 70 ___ 6 80

Il fallait que l'appel soit ordonné par le tribunal; le Code n'en portant pas.

ARTICLES du TARIF.	DÉSIGNATION DES ACTES.	[taxés]	ÉMOLUMENS. Paris et villes assimilées.	ÉMOLUMENS. Villes d'arrondiss.¹	DÉTAIL.	A PARIS et villes assimilées.	VILLES d'arrondiss.¹
78.	187. Requête à fin d'homologation d'une transaction sur le faux incident civil (Art. ... C. p. c.)	70	7 50	5 50	Émolument. . . . 7 50 / 5 50 Papier. . . . » 70 / » 70 **8 20 / 6 20**	7 50 » 70 **8 20**	5 50 » 70 **6 20**
71.	188. Acte d'articulation de faits succinctement, sans écriture ni requête (Art. ... C. p. c.)	28	6 55	4 94	Original. . . . 5 » / 3 75 Copie, le quart. . . . 1 25 / » 94 Signification et enregistrement. . . » 85 / » 80 Papier. . . . » 70 / » 70 **7 80 / 6 10**	5 » 1 25 » 85 » 70 **7 80**	3 75 » 94 » 80 » 70 **6 10**
Id.	189. Acte de dénégation ou reconnaissance, *idem*. *Sur ces actes, sommation d'audience, droits et autres actes, jusqu'à la signification du jugement qui statue sur l'enquête.*	26	6 55	4 94			
78.	190. Requête au juge-commissaire pour faire assigner les témoins	65	2 »	1 50	Émolument. . . . 2 » / 1 50 Enregistrement de l'ordonnance. . . 3 30 / 3 30 Papier. . . . » 35 / » 35 **5 65 / 5 15**	2 » 3 30 » 35 **5 65**	1 50 3 30 » 35 **5 15**
91.	191. Vacation pour obtenir l'ordonnance du juge et signer l'ouverture du procès-verbal d'enquête (Art. 259 C. p. c.)		3 »	2 25			
	192. Ordonnance du juge pour faire assigner les témoins et la partie.						
70.	193. Sommation à la partie adverse d'être présente au procès-verbal d'enquête. Par acte au domicile de l'avoué, si la partie en a constitué un, et au domicile de la partie, si elle n'a pas d'avoué (Art. 261 C. p. c.) (Il faudra ajouter, pour chaque partie, un quart de l'original et le papier employé, plus les copies de l'ordonnance.)	50	2 50	1 88	Original. . . . 2 » / 1 50 Copie, le quart. . . . » 50 / » 58 Papier. . . . » 70 / » 70 Enregistrement. . . . 2 20 / 2 20 **5 40 / 4 78**	2 » » 50 » 70 2 20 **5 40**	1 50 » 58 » 70 2 20 **4 78**
89. 79.	194. Sommations aux témoins pour faire leurs dépositions, pour un seul témoin. Plus, copie de pièces par rôle de 600 syllabes, ou évalué, et le papier (Art. ... C. p. c.). (Il faudra ajouter autant de droits de copie, timbre et enregistrement qu'il y aura de témoins assignés.)	90	2 50	1 88	Original. . . . 2 » / 1 50 Copie, le quart. . . . » 50 / » 58 Enregistrement. . . . 2 20 / 2 20 Papier. . . . » 70 / » 70 **5 40 / 4 78**	2 » » 50 2 20 » 70 **5 40**	1 50 » 58 2 20 » 70 **4 78**
92.	195. Vacation de chaque avoué à l'audition des témoins : Par chaque vacation de trois heures (Art. 262 C. p. c.) (La présence de l'avoué n'est pas rigoureusement nécessaire, puisque l'art. ... du Code de procédure ... dit que les reproches seront proposés par la partie ou son avoué.)		6 »	4 80			

CHAPITRE VI.

Correspondant au Titre 12 du Livre II, première partie.

DES ENQUÊTES.

ARTICLES du Tarif	DÉSIGNATION DES ACTES	droits	ÉMOLUMENS Paris et villes assimilées	ÉMOLUMENS Villes d'arrondissement	DÉTAIL	À PARIS et villes assimilées	VILLES d'arrondissement
			fr. c.	fr. c.		fr. c.	fr. c.
	196. Réassigné des témoins défaillans.		2 50	1 88			
	Plus copies de pièces, sur les bases de l'art. 72 du Tarif (Art. 265 C. p. c.) *S'il est demandé une prorogation d'enquête, elle le sera sur le procès-verbal du juge-commissaire et ordonnée sur le référé qu'il en fera à l'audience au jour indiqué par son procès-verbal, sans sommation ni avenir, si les parties ou les avoués ont été présents (Art. 278-280 C. p. c.).*						
	(Les frais sont à la charge des témoins réassignés.)						
71.	197. Acte contenant offre de justifier par témoins les reproches proposés avant la déposition, s'ils ne sont justifiés par écrit, et désignation des témoins à entendre (Art. 289 C. p. c.).		6 55	4 94	Original.	5 »	3 75
Id.	Acte en réponse (même article).				Copie, le quart.	1 25	» 94
	Sur ces actes, sommation d'audience, droits et autres actes, jusqu'à la signification du jugement qui statue sur les reproches dans la forme réglée pour les enquêtes communes (Art. 290 C. p. c.).				Signification et enregistrement . .	» 85	» 80
					Papier.	» 70	» 70
						7 10	6 10
Id.	198. Acte contenant la justification des reproches par écrit.		6 55	4 94	Voir au n° 197 du présent tableau. .	7 80	6 19
Id.	Acte en réponse (Art. 282 C. p. c.).		6 55	4 94	Idem.	7 80	6 19
70 et 73.	199. Signification par acte d'enquête		1 55	1 19	Voir au n° 37 du présent tableau. .	2 80	2 44
	Plus, copies de pièces, conformément à l'art. 72 du Tarif, et le papier (Art. 286 C. p. c.). *Ensuite, poursuite de l'audience sur un simple acte (Art. 286 C. p. c.). Il sera statué sommairement sur les reproches (Art. 287 C. p. c.)*						

CHAPITRE VII.

Correspondant au Titre 13 du Livre II, première partie.

DESCENTE SUR LES LIEUX.

ARTICLES du Tarif	DÉSIGNATION DES ACTES	droits	Paris et villes assimilées	Villes d'arrondissement	DÉTAIL	À PARIS et villes assimilées	VILLES d'arrondissement
16.	200. Requête au juge-commissaire pour avoir son ordonnance, qui fixe les jour, lieu et heure de la descente (Art. 297 C. p. c.).		2 »	1 »	Émolument.	2 »	1 »
					Enregistrement.	3 30	3 30
	201. Expédition des requête et ordonnance. *(Les délégués.)*				Papier.	» 35	» 35
						5 65	4 65
70. 72.	202. Signification desdites requête et ordonnance.		1 55	1 19	Original.	1 »	» 75
	Plus, copies de pièces, à 30 c. ou 25 par rôle de grosse, ou évalué, et papier.				Copie, le quart.	» 25	» 19
					Droit des huissiers et enregistrement.	» 85	» 80
					Papier.	» 70	» 70
						2 80	2 44
92.	203. Vacation de chaque avoué au procès-verbal du juge-commissaire. Par chaque vacation de trois heures.		6 »	4 50			
	Frais de transport et nourriture par chaque journée de campagne, à raison de cinq myriamètres pour un jour, lorsque leur présence sera autorisée par la loi ou requise par leurs parties.		30 »	22 50			

ARTICLES du TARIF.	DÉSIGNATION DES ACTES.	DÉBOURSÉS.	ÉMOLUMENS. Paris et villes assimilées.	ÉMOLUMENS. Villes d'arrondissement.	DÉTAIL.	A PARIS et villes assimilées.	VILLES d'arrondissement.
		fr. c.	fr. c.	fr. c.		fr. c.	fr. c.
70. 72.	204. Signification du procès-verbal de descente, par acte d'avoué (Art. 299 C. p. c.) Plus, copie de pièces, à 30 c. ou 25 c. le rôle de grosse, ou évalué, et le papier.	1 25	1 55	1 10	Original. Copie, le quart. Droit des huissiers et enregistrement. Papier.	1 » » 25 » 88 » 70	» 75 » 19 » 80 » 70
						2 80	2 44
	205. Acte de consignation des frais de transport du juge et du greffier (Art. 301 C. p. c.) (Décret impérial du 16 juillet 1806.)						
70.	206. Acte pour suivre l'audience, trois jours après la signification à avoué de l'expédition du procès-verbal de descente (Art. 299 C. p. c.) (La poursuite de l'audience se fait par un simple acte d'avoué à avoué.) Le surplus de la procédure, droits et actes, jusqu'à la signification du jugement comme en matière ordinaire. S'il y a récusation du juge-commissaire, voir Récusation de juges, n°s 255 et suiv.	1 25	1 55	1 10	Original. Copie, le quart. Droit des huissiers et enregistrement. Papier.	1 » » 25 » 85 » 70	» 75 » 19 » 80 » 70
						2 80	2 44

CHAPITRE VIII.

Correspondant au Titre 14 du Livre II, première partie.

RAPPORT D'EXPERTS.

ARTICLES du TARIF.	DÉSIGNATION DES ACTES.	DÉBOURSÉS.	ÉMOLUMENS. Paris et villes assimilées.	ÉMOLUMENS. Villes d'arrondissement.	DÉTAIL.	A PARIS et villes assimilées.	VILLES d'arrondissement.
91.	207. Vacation de chaque avoué au greffe pour faire la déclaration des experts convenus (Art. 305 C. p. c.).	»	3 »	2 25			
	208. Acte de déclaration. (Déboursé au greffe.)						
76.	209. Requête au juge-commissaire pour avoir son ordonnance, à fin de prestation de serment des experts (Art. 307 C. p. c.).	» 65	2 »	1 50			
	210. Expédition des requête et ordonnance.						
22.	211. Sommation aux trois experts pour prêter serment. Plus, copie par extrait contenant le dispositif du jugement et de l'ordonnance, suivant l'art. 72 du Tarif, et le papier (Art. 307 C. p. c.).	60	3 50	2 63	Original. Trois copies. Enregistrement. Papier.	2 » 1 50 2 20 1 40	1 80 1 15 2 20 1 40
						7 10	6 25
Id.	Nota. Il peut n'y avoir qu'un expert, si les parties, toutes majeures, y consentent, ou si, y ayant des mineurs, les majeurs s'en rapportent à l'expert nommé d'office pour les mineurs; et, dans ce cas, il n'y a qu'une sommation à faire (Art. 303 C. p. c.). (Arrêt de la Cour de cassation, du 25 octobre 1808.)	30	2 50	1 88	Original. Copie, le quart. Enregistrement. Papier.	2 » » 50 2 20 » 70	1 50 » 58 2 20 » 70
						5 40	4 78
	212. Acte de prestation de serment. (Droit de greffe.)						

ARTICLES du TARIF.	DÉSIGNATION DES ACTES.	arbitrés.	ÉMOLUMENS. Paris et villes assimilées.	ÉMOLUMENS. Villes d'arrondissement.	DÉTAIL.	À PARIS et villes assimilées.	VILLES d'arrondiss¹
		c.	fr. c.	fr. c.		fr. c.	fr. c.
91.	213. Vacation à la prestation de serment.	»	3 »	2 25			
71.	214. Acte de récusation d'un ou plusieurs experts dans les trois jours de leur nomination (Art. 390 C. p.). . . .	25	6 55	4 04	Original. . . . . Copie. . . . . Signification et enregistrement. . . Papier.	5 » 1 25 » 85 » 70 _______ 7 80	3 75 » 94 » 80 » 70 _______ 6 19
	Acte en réponse. . . . . Si la récusation est contestée, sommation d'audience, communication au ministère public, droits et acte de procédure, etc., comme en matières sommaires (Art. 311 C. p. c.). S'il est ordonné une enquête, elle sera suivie comme en matières sommaires (Voyez *Matières sommaires.*). La suite de l'instance sera faite d'après les mêmes principes; c'est la conséquence...	25	6 55	4 04			
76.	215. Requête au juge pour avoir son ordonnance, afin de prestation de serment l'expert convenu ou nommé à la place de celui dont la récusation est admise (Art. 315-387 C. p. c.).	65	2 »	1 50	Émolument. . . . . Enregistrement. . . . . Papier.	2 » 3 50 » 35 _______ 5 85	1 50 3 50 » 35 _______ 5 35
91.	216. Vacation à la prestation de serment.	»	3 »	2 25			
	217. Procès-verbal de prestation de serment. *(Droit de greffe.)*						
70.	218. Sommation à la partie, par acte d'avoué, pour être présent à l'expertise. . . . . Plus, copie du procès-verbal de prestation de serment dans les termes de l'article 72 du Tarif, et le papier (Art. 315 C. p. c.). Si l'un des experts ne se présente pas, soit au serment, soit à l'expertise, les parties s'accorderont sur-le-champ pour en nommer un autre à sa place; autrement la nomination pourra être faite d'office par le tribunal; avenir à l'audience, pour en faire nommer un d'office, autres actes, etc. (Art. 316 C. p. c.).	25	1 55	1 19	Original. . . . . Copie. . . . . Signification et enregistrement. . . Papier.	1 » » 25 » 85 » 70 _______ 2 80	» 75 » 19 » 80 » 70 _______ 2 44
99.	219. Vacation de chaque avoué aux opérations des experts; par chaque vacation de trois heures (Art. 317 C. p. c.). . . . . *(Pour que les vacations soient dues aux avoués, il faut qu'ils aient été expressément requis par les parties, pour ne se réserver que contre elles, et sans qu'elles puissent entrer en taxe. (Voy. Tarif des dépens.))*	»	6 »	4 50			
159.	220. Vacation de chaque expert, non compris frais de transport jusqu'à deux myriamètres; par vacation de trois heures: Aux architectes.	»	8 »	6 »			
160.	Aux laboureurs et artisans. . . . . Si les experts se transportent au-delà de deux myriamètres, il sera alloué pour chaque myriamètre, pour frais de voyage et nourriture: À chaque architecte et autres artistes, soit pour aller, soit pour revenir.	»	4 » 6 »	3 » » »			
161.	Il leur sera alloué pendant leur séjour, à la charge de faire quatre vacations par jour. . . . . Nota. *La taxe sera réduite dans le cas où le nombre de quatre vacations n'aurait pas été employé.* S'il y a lieu à transport d'un laboureur au-delà de deux myriamètres, il sera alloué 3 fr. par myriamètre pour aller, et autant pour le retour, sans néanmoins qu'il puisse rien être alloué au-delà de cinq myriamètres.	»	32 »	24 »			

ARTICLES du Tarif.	DÉSIGNATION DES ACTES.	Déboursés.	ÉMOLUMENS. Paris et villes principales.	ÉMOLUMENS. Villes d'arrondissem.t	DÉTAIL.	A PARIS et villes principales.	VILLES d'arrondissem.t
			fr. c.	fr. c.		fr. c.	fr. c.
152.	221. Il sera alloué aux experts deux vacations, l'une pour leur prestation de serment, l'autre pour le dépôt de leur rapport :						
	Aux architectes et artistes.	»	16 »	12 »			
	Aux laboureurs.	»	8 »	6 »			
	Si les experts retardent ou refusent de déposer leur rapport, ils pourront être assignés à trois jours pour être statué *sommairement et sans instruction* (Art. [?] C. p. c.).—(Voir aux *Matières sommaires*.)						
70.	222. Expédition du rapport. (Droit de greffe.)						
	222 bis. Signification du rapport par acte d'avoué.	25	1 55	1 10	Original.	1 »	» 75
	Plus, copie du rapport, dans les termes de l'art. 72 du Tarif des dépens (Art. [?] C. p. c.)				Copie, le quart.	» 25	» 19
					Signification et enregistrement.	» 85	» 80
					Papier.	» 70	» 70
						2 80	2 41
71.	223. Acte pour suivre l'audience, contenant les moyens, mais par un simple acte (Art. 321 C. p. c.).	28	6 55	4 94	Original.	5 »	3 75
					Copie, le quart.	1 25	» 94
					Enregistrement et signification.	» 85	» 80
					Papier.	» 70	» 70
						7 80	6 19
Id.	Acte servant de réponse.	27	6 55	4 94			
	Appel de cause, droits et actes de procédure, jusqu'à la signification du jugement définitif, suivant la nature de l'affaire, si elle est sommaire ou ordinaire.						

CHAPITRE IX.

Correspondant au Titre 15 du Livre II, première partie.

INTERROGATOIRE SUR FAITS ET ARTICLES.

ARTICLES du Tarif.	DÉSIGNATION DES ACTES.	Déboursés.	ÉMOLUMENS. Paris et villes principales.	ÉMOLUMENS. Villes d'arrondissem.t	DÉTAIL.	A PARIS et villes principales.	VILLES d'arrondissem.t
79.	224. Requête pour faire interroger sur faits et articles, contenant les faits (Art. 324-325 C. p. c.).	70	15 »	12 »	Émolument.	15 »	12 »
					Papier.	» 70	» 70
						15 70	12 70
86.	225. Assistance au jugement qui intervient ;						
	Si c'est la partie qui plaide elle-même ou un avocat.	»	5 »	2 25			
	Si l'avoué plaide lui-même (Art. 116 C. p. c.).	»	10 »	6 »			
91.	226. Vacation à requérir du juge-commissaire l'ordonnance indicative des jour et heure de l'interrogatoire (Art. 327 C. p. c.).	»	5 »	2 25			
	227. Enregistrement de l'ordonnance.						

ARTICLES du TARIF.	DÉSIGNATION DES ACTES.	DÉBOURSÉS.	ÉMOLUMENS. Paris et villes assimilées.	ÉMOLUMENS. Villes d'arrondissem't.	DÉTAIL.	A PARIS et villes assimilées.	VILLES D'ARRONDISS.
		fr. c.	fr. c.	fr. c.		fr. c.	fr. c.
29. 72 et 89.	228. Signification des requête, jugement et ordonnance, avec assignation, par huissier, à la partie qui doit être interrogée. . . . . Plus, copie des pièces, dans les proportions de l'art. 72 du Tarif (Art. 529 C. p. c.)	2 90	2 50	1 88	Original. . . . . Copie, le quart. . . . . Enregistrement. . . . . Papier.	2 » » 50 2 20 » 70	1 80 » 38 2 20 » 70
						5 40	4 78
	229. Procès-verbal d'interrogatoire ou par défaut, si la partie ne comparaît (Art. 338 C. p. c.).						
70.	230. Signification du procès-verbal, par acte d'avoué . . . . Nota. Cette signification n'aura lieu que dans le cas où la partie voudrait en faire usage. Plus, copie de pièces, d'après l'art. 72 du Tarif.	1 25	1 55	1 19	Original. . . . . Copie, le quart. . . . . Signification et enregistrement. . . Papier.	1 » » 25 » 85 » 70	» 75 » 15 » 80 » 70
						2 80	2 44
Id.	231. Acte pour suivre l'audience contenant avenir. . . . . S'il y avait récusation du juge-commissaire (voyez Récusation de juge nᵒˢ 25 et suivans). S'il y avait opposition au jugement qui ordonne l'interrogatoire, en suivre et voir la procédure comme en matière d'opposition.	1 25	1 55	1 19	Original. . . . . Copie, le quart. . . . . Signification et enregistrement. . . Papier.	1 » » 25 » 85 » 70	» 75 » 15 » 80 » 70
						2 80	2 44

CHAPITRE X.

Correspondant au Titre 16 du Livre II, première partie.

DES INCIDENS.

§ 1ᵉʳ. — Des demandes incidentes.

ARTICLES du TARIF.	DÉSIGNATION DES ACTES.	DÉBOURSÉS.	ÉMOLUMENS. Paris et villes assimilées.	ÉMOLUMENS. Villes d'arrondissem't.	DÉTAIL.	A PARIS et villes assimilées.	VILLES D'ARRONDISS.
74.	232. Les demandes incidentes seront formées par un simple acte contenant les moyens et les conclusions, avec offre de communiquer les pièces justificatives sur récépissé ou par dépôt au greffe (Art. 337 C. p. c.).	1 25	6 55	4 94	Original. . . . . Copie, le quart. . . . . Signification et enregistrement. . . Papier.	5 » 1 25 » 85 » 70	3 75 » 94 » 80 » 70
						7 80	6 19
	Acte en réponse.	1 25	6 55	4 94			
91.	233. Vacation de l'avoué à la communication des pièces, si elles ont été déposées au greffe. . . . . Acte de dépôt au greffe, s'il est fait. (Droit de greffe.) Avenir à l'audience, droits et actes de procédure pour faire statuer sur l'incident, jusqu'à la signification du jugement (voyez Matières sommaires ou ordinaires, suivant que la demande principale sera l'une ou l'autre (Art. 338 C. p. c.)	»	3 »	2 25			

ARTICLES DU TARIF	DÉSIGNATION DES ACTES	..tréa.	EMOLUMENS Paris et villes assimilées	EMOLUMENS Villes d'arrondissem¹	DÉTAIL.	A PARIS et villes assimilées	VILLES d'arrondissem¹
			fr. c.	fr. c.		fr. c.	fr. c.
	§ II.—Intervention.						
75.	231. Requête d'intervention avec copie de pièces justificatives, contenant les moyens et conclusions, par chaque rôle de grosse, comme les requêtes, suivant le nombre des rôles, à raison du rôle	»	2 »	1 30			
Id.	Plus, copie de pièces, suivant l'art. 72 du Tarif (Art. 339 C. p. c.). Réponse, *idem*	»	2 »	1 50			
	Avenir à l'audience, droits et actes de procédure comme en matières sommaires ou ordinaires, suivant que la demande principale est sommaire ou ordinaire (Art. 340-341 C. p. c.).						

CHAPITRE XI.

Correspondant au Titre 17 du Livre II, première partie.

REPRISE D'INSTANCE ET CONSTITUTION DE NOUVEL AVOUÉ.

ARTICLES DU TARIF	DÉSIGNATION DES ACTES	..tréa.	EMOLUMENS Paris	EMOLUMENS Villes	DÉTAIL.	A PARIS	VILLES
76.	235. Notification du décès de l'une des parties, par acte d'avoué	1 28	1 55	1 40	Voir le n° 231 du présent tableau.	2 80	2 44
	Plus, copie de pièces, suivant l'art. 72 du Tarif, et le papier (Art. 346 C. p. c.)						
29.	236. Assignation du défendeur qui n'aurait pas constitué avoué avant le changement d'état ou le décès du demandeur	1 90	2 30	1 78	Voir le n° 228 du présent tableau.	3 40	4 78
	Plus, copie de pièces, suivant l'art. 28 du Tarif, et le papier (Art. 340 C. p. c.)						
71.	237. Acte de reprise d'instance par acte d'avoué (Art. 347 C. p. c.)	2 95	6 58	4 91	Original . . . 5 » / 3 75 ; Copie, le quart . . . 1 25 / » 84 ; Signification et enregistrement . . . » 85 / » 80 ; Papier . . . » 70 / » 70 — **7 80 / 6 12**	7 80	6 12
70.	238. Acte de constitution du nouvel avoué	1 55	1 25	» 94	Original . . . 1 » / » 75 ; Copie, le quart . . . » 25 / » 15 ; Signification et enregistrement . . . » 85 / » 80 ; Papier . . . » 70 / » 70 — **2 80 / 2 44**	2 80	2 44
75.	239. Requête de contestation sur la reprise d'instance, qui ne pourra excéder six rôles. Par chaque rôle de grosse comme au n° 60 du présent État (Art. 348 C. p. c.) (*Voir l'observation du n° 18 du présent.*)	3 35	18 30	11 50	Papier de la grosse et de la minute . . . 2 10 / 2 10 ; » de la minute . . . » 70 / » 70 ; Huissiers et enregistrement . . . » 85 / » 80 ; Original (six rôles) . . . 12 » / 9 » ; Copie, le quart . . . 3 » / 2 25 — **18 65 / 14 85**	18 65	14 85
Id.	Réponse, *idem*	1 38	15 30	11 50			
	Si la partie assignée en reprise d'instance et constitution de nouvel avoué ne comparaît pas, droits et actes de procédure suivant la nature de l'affaire (Art. 349, 350 et 351 C. p. c.).						

ARTICLES du tarif	DÉSIGNATION DES ACTES.	Droits.	ÉMOLUMENS.		DÉTAIL.	A PARIS et villes assimilées.	VILLES d'arrondissement.
			Paris et villes centrales.	Villes d'arrondissement.			
			fr. c.	fr. c.		fr. c.	fr. c.

CHAPITRE XIX.

Correspondant au Titre 2 du Livre IV, première partie.

REQUÊTE CIVILE.

275. Pour le pouvoir, qui peut être donné sous seing privé.

140. — 276. Consultation de trois avocats, qui doit précéder la requête civile . . . . 72 » — » 72
     Plus, le papier (Art. 495 C. p. c.).

277. Amende . . . .

278. Quittance de consignation.

90. — 279. Vacation à la consignation.
     Si c'est l'avoué qui l'a faite (Art. 493-494 C. p. c.) . . . . 1 50 — 1 15

75.
72. — 280. Requête civile incidente, par acte d'avoué, suivant le nombre de rôles, comme n° 78 du présent État.
     Copie de la consultation et de la quittance d'amende, par rôle de grosse, ou réglé à raison de 600 syllabes, dans les termes de l'art. 72 du Tarif.
     Et le papier et déboursés (Art. 93-95 C. p. c.).
     Sommation d'audience, consultation, communications au ministère public, droits et actes de procédure, jusqu'à la signification du jugement qui intervient (Voy. *Matières ordinaires*, n° 53 et suivans de cet État.) (Art. 500 et 801 C. p. c.)
     Si la requête civile est formée par voie principale : assignation, copie de pièces, consultation, communication au ministère public, droits et actes de procédure, comme en matières ordinaires, n° 53 et suivans (Art. 483 et suivans, 500 et 5.. C. p. c.).

90. — 281. Vacation à retirer la consignation . . . . 1 20 — 1 15

CHAPITRE XX.

Correspondant au Titre 1er du Livre V, première partie.

RÉCEPTION DE CAUTION.

282. Acte de dépôt fait au greffe des titres qui constatent la solvabilité de la caution
     (Droit de greffe.)

91. — 283. Vacation de l'avoué au dépôt desdites pièces, s'il a été constitué . . . . 5 » — 2 25

id. — 284. Vacation de l'avoué du défendeur (s'il y a constitution) pour prendre communication au greffe de solvabilité . . . . 5 » — 2 25

285. Acte de présentation de la caution, par exploit signifié à la partie, si elle n'a pas d'avoué, avec sommation à jour et heure fixes de se présenter au greffe pour prendre communication des titres de la caution (Art. 518 C. p. c.).

ARTICLES du TARIF	DÉSIGNATION DES ACTES.	taxés.	ÉMOLUMENS. Paris et villes assimilées.	Villes d'arrondissem.	DÉTAIL.	À PARIS et villes assimilées.	VILLES d'arrondissem.
		c.	fr. c.	fr. c.		fr. c.	fr. c.
71.	286. Si c'est par acte d'avoué à avoué.	23	6 55	4 94	Original.	5 »	3 75
					Copie , le quart.	1 25	» 94
					Droit des huissiers et enregistrement.	» 70	» 70
					Papier.	» 85	» 80
						7 80	6 19
99. 28.	287. Si c'est par exploit signifié à la partie, quand elle n'a point d'avoué. . . . . . Copie de l'acte de dépôt, dont le droit appartient à l'huissier, si la partie n'a encore d'avoué (Art. 518 C. p. c.).	90	2 50	1 78	Original.	2 »	1 50
					Papier.	» 70	» 38
					Enregistrement.	2 20	» 70
					Copie , le quart.	» 50	2 20
						5 40	4 78
71.	288. Acte, au greffe, de déclaration d'acceptation de caution :						
	Si c'est par acte d'avoué à avoué.	25	6 55	4 94	Comme au n° 286 ci-dessus. . . .	7 80	6 19
	Si c'est par acte à domicile, comme au n° 287.	90	2 50	1 88	Comme au n° 287 ci-dessus. . . .	5 40	4 78
	(Toutes les fois que l'avoué ne sera point employé, il n'aura droit à aucun émolument.)						
	289. Acte de soumission de la caution au greffe (Art. 519 C. p. c.) *(Droit de greffe)*						
91.	290. Vacation de l'avoué à l'acte de soumission de caution, toujours dans l'hypothèse où il y aurait constitution.	»	3 »	2 25			
	La partie pourra prendre au greffe communication des titres ; si elle accepte la caution, elle le déclarera par un simple acte; dans ce cas, ou si la partie ne conteste pas dans le délai, la caution fera au greffe sa soumission, qui sera exécutée sous jugement, même pour la contrainte par corps, s'il y a contrainte; telles sont les dispositions de l'art. 519 du C. de p. c.						
	Si les conditions de cet article sont remplies, il n'y a plus d'actes à faire et à signifier; mais si la partie conteste la caution dans le délai fixé par le jugement, l'audience sera poursuivie sur un simple acte.						
71.	291. Acte de contestation de la caution offerte, contenant constitution d'avoué (Art. 519 C. p. c.).	25	6 55	4 94	Original.	5 »	3 75
					Copie , le quart.	1 25	» 94
					Papier.	» 70	» 70
					Droit des huissiers et enregistrement.	» 85	» 80
						7 80	6 19
	Nota. Les réceptions de cautions seront jugées sommairement, sans requête ni écritures ; le jugement sera exécutoire nonobstant appel (Art. 521 C. p. c.) *(Voir aux Matières sommaires pour la procédure, n° 9 et suivans du présent État.)*						

CHAPITRE XXI.

Correspondant au Titre II du Livre V, première partie.

LIQUIDATION DES DOMMAGES ET INTÉRÊTS.

ARTICLES du TARIF	DÉSIGNATION DES ACTES	DÉBOURSÉS	ÉMOLUMENS — Paris et villes assimilées	ÉMOLUMENS — Villes d'arrondisst	DÉTAIL	A PARIS et villes assimilées	VILLES d'arrondisst
		fr. c.	fr. c.	fr. c.		fr. c.	fr. c.
141.	292. Acte de déclaration de dommages-intérêts, lorsque l'arrêt ou le jugement ne les aura pas fixés. La déclaration en sera signifiée à l'avoué du défendeur, s'il en est constitué un, et les pièces seront communiquées sur récépissé de l'avoué ou par voie du greffe (Art. 523 C. p. c.).		» »	» »	Papier. . . . . Droit, par chaque article. . . . . Copie idem.	» » » 60 » 15	» 80 » 80 » 12
70.	293. Acte de signification de cette déclaration d'avoué à avoué.		1 28	» 94	Papier. . . . . Droit des huissiers et enregistrement. Original. . . . . Copie, le quart.	» » » 85 1 » » 28	» » » 85 » 75 » 19
91.	294. Vacation de l'avoué du demandeur pour communiquer les pièces à l'appui de ladite déclaration sur récépissé, ou par la voie du greffe.		5 »	2 25			
	295. Idem, de l'avoué du défendeur pour prendre ladite communication.		3 »	2 25			
142.	296. Par chaque apostille de l'avoué défendeur sur la déclaration des dommages-intérêts (Argument de l'art. 524 du C. p. c.).		» »	» »	Papier. . . . . Par apostille.	» » » 60	» » » 45
	297. Acte contenant les offres du défendeur de la somme qu'il avisera pour les dommages et intérêts (Art. 524 C. p. c.).		6 35	4 60	Papier. . . . . Droit des huissiers et enregistrement. Original. . . . . Copie, le quart.	» 85 » 85 5 » 1 25	» 80 » 80 3 75 » 94
70.	298. Simple acte pour en venir à l'audience si les offres sont contestées. Procédure comme en matières sommaires (Voir au chap. 1er de cet État).	1 25	1 85	1 19	Original. . . . . Copie, le quart. . . . . Droit des huissiers et enregistrement. Papier.	1 » » 25 » 85 » 70	» 75 » 18 » 80 » 70
						2 80	2 44

CHAPITRE XXII.

Correspondant aux Titres 3 et 4 du Livre V, première partie.

DE LA LIQUIDATION DES FRUITS ET DES REDDITIONS DE COMPTE.

ARTICLES du TARIF	N°	DÉSIGNATION DES ACTES.	DÉBOURSÉS	ÉMOLUMENS. Paris et villes assimilées.	ÉMOLUMENS. Villes d'arrondissement.	DÉTAIL.	A PARIS et villes assimilées.	VILLES d'arrondissement.
75.	299.	Grosse du compte dont le préambule, la mention de l'acte ou du jugement qui aura commis le rendant, et du jugement qui aura ordonné le compte, ne peut excéder six rôles (Art. 531 C. p. c.)	2 65	15 30	11 50	Papier, 3 feuilles. Droit des huissiers et enregistrement. Grosse, six rôles. Copie, le quart. —— 	2 10 » 85 12 » 3 » —— 17 95	2 10 » 80 9 » 2 95 —— 14 15
76.	300.	Requête au juge commis pour présenter et affirmer le compte en personne ou par procureur spécial, à l'effet d'obtenir son ordonnance, fixant le jour et l'heure de la présentation et affirmation du compte	1 65	2 »	1 50	Papier. Enregistrement. Émolument. —— 	» 35 3 30 2 » —— 5 65	» 35 3 30 1 50 —— 5 15
70. 72.	301.	Signification desdites requête et ordonnance, avec sommation de se trouver devant le juge commissaire aux jour et heure indiqués pour être présent à la présentation et affirmation (Art. 534 C. p. c.). Copie des requête et ordonnance, comme à l'art. 72 du Tarif (Voir le n° 45 du présent État).	1 25	1 35	1 10	Papier. Droit des huissiers et enregistrement. Original. Copie, le quart. —— 	» 70 » 85 1 » » 25 —— 2 80	» 70 » 80 » 75 » 19 —— 2 44
92.	302.	Vacation de l'avoué du rendant compte pour mettre en ordre les pièces du compte, les coter et parapher (Art. 532 C. p. c.). (Une vacation par 50 pièces, deux pour une, et ainsi de suite.)		6 »	4 50			
Id.	303.	Vacation de même à la présentation et affirmation du compte (Art. 534 C. p. c.)		6 »	4 50			
70.	304.	Acte de signification du compte à l'avoué de l'oyant-compte (Art. 536 C. p. c.) Copie du compte, suivant l'art. 72 du Tarif (Voir le n° 45 du présent État).		» »	» »	Papier. Droit des huissiers et enregistrement. Original. Copie, le quart.	» » » 85 1 » » 25	» » » 80 » 75 » 19
92.	305.	Vacation de l'avoué de l'oyant-compte à la présentation et affirmation du compte (Art. 534 C. p. c.).		6 »	4 50			
	306.	Vacation du même pour requérir du juge-commissaire l'exécutoire de l'excédent de la recette sur la dépense dans les comptes présentés (Art. 535 C. p. c.)		» »	4 50			
	307.	Expédition de l'exécutoire. (Droit de greffe.)						
70. 72.	308.	Signification dudit exécutoire à avoué. Copie de l'exécutoire, par rôle de 600 syllabes, ou évalué.	1 25	1 35	1 10	Voir le n° 301 du présent tableau.	80	2 44
29.	309.	Signification d'icelui à domicile	1 80	2 80	1 88	Voir le n° 307 du présent tableau.	40	4 78

ARTICLES du tarif.	DÉSIGNATION DES ACTES.	Avoués.	ÉMOLUMENS. Paris et villes assimilées	ÉMOLUMENS. Villes d'arrondissement	DÉTAIL.	A PARIS et villes assimilées.	VILLES d'arrondissement.
			fr. c.	fr. c.		fr. c.	fr. c.
92.	310. Vacation de l'avoué de l'oyant-compte pour prendre en communication les pièces justificatives du compte et les rétablir (Art. 536 C. p. c.)	» »	6 »	4 50			
Id.	311. Vacation pour requérir sur le procès-verbal du juge-commissaire son ordonnance indicative de jour et heure pour se présenter devant lui pour fournir débats, soutènemens et réponses (Art. 538 C. p. c.)	» »	6 »	4 50			
70. 72.	312. Sommation pour comparaître devant le juge-commissaire à cet effet. Copie de l'ordonnance, 600 syllabes par rôle, ou évalué.	1 25	1 55	1 10	Voir le n° 310 du présent tableau.	2 80	2 44
92.	313. Vacation de l'avoué de l'oyant pour fournir débats sur le procès-verbal (Art. ... C. p. c.) Par chaque vacation de trois heures, dont le nombre sera fixé par le juge.	» »	6 »	4 50			
Id.	314. Vacation de l'avoué du rendant pour fournir soutènement et réponse, dans même proportion qu'à l'article précédent.	» »	6 »	4 50			
140.	315. Voyage du rendant-compte, s'il s'est déplacé pour venir affirmer son compte devant le juge-commissaire; frais de séjour et retour. (Trois francs par chaque myriamètre de distance entre son domicile et le lieu où siège le tribunal.)						
71.	316. Acte de sommation de se trouver à l'audience pour être présent au rapport, en tenant les conclusions. La loi dit sur un simple acte (Art. 538 C. p. c.). Procédure jusqu'à la signification du jugement à intervenir, comme en matières sommaires, car la reddition d'un compte est une action toute personnelle (Voir aux Matières sommaires).	1 25	1 55	1 10	Voir le n° 310 du présent tableau.	2 80	2 44

CHAPITRE XXIII.

Correspondant au Titre 5 du Livre V, première partie.

LIQUIDATION DES DÉPENS EN MATIÈRES ORDINAIRES.

ARTICLES du tarif.	DÉSIGNATION DES ACTES.	Avoués.	ÉMOLUMENS. Paris et villes assimilées	ÉMOLUMENS. Villes d'arrondissement	DÉTAIL.	A PARIS et villes assimilées.	VILLES d'arrondissement.
317.	Pour chaque article entrant en taxe des dépens adjugés en matière ordinaire. Au moyen de cette taxe, il ne sera alloué à l'avoué aucune vacation à l'effet de remettre et retirer les pièces justificatives. (Voir le décret concernant la liquidation des dépens et frais, du 16 février 1807.) (Il ne peut être fait qu'un article pour chaque procédure de la procédure, tant pour l'avoir dressée que pour l'original, copie et signification, et tous les droits qui en résultent.)	» »	» 10	» 10			
70.	318. Sommation à l'avoué de la partie qui a obtenu la condamnation de dépens de ... le jugement. L'exécutoire de dépens ou le jugement au chef de la liquidation seront susceptibles d'opposition. L'opposition sera formée dans les trois jours de la signification à avoué avec citation; il y sera statué sommairement, et il ne pourra être interjeté appel de ce jugement que lorsqu'il y aura appel de quelques dispositions sur le fond (Art. 5 du décret du 16 février 1807, sur la liquidation des dépens en matière sommaire). (Les dispositions de l'art. 5 du décret du 16 février allégué, sur la liquidation des dépens en matières sommaires, sont applicables à l'exécutoire des dépens en matières ordinaires, lorsque ces dépens n'auront pas été liquidés par le jugement. Le jugement même au chef des dépens sera susceptible d'opposition.)	1 25	1 55	1 10	Original. . . . . . . 1 » / » 75 Droit des huissiers et enregistrement. » 85 / » 80 Copie, le quart. » 70 / » 70 Papier. » 25 / » 19 — — — 2 80 / 2 44	2 80	2 44

ARTICLES du Tarif.	N°	DÉSIGNATION DES ACTES.	accordés.	ÉMOLUMENS. Paris et villes assimilées.	Villes d'arrondissem.t	DÉTAIL.	A PARIS et villes assimilées.	VILLES d'arrondissem.t
				fr. c.	fr. c.		fr. c.	fr. c.
70.	319.	Original de l'acte contenant opposition, soit à un exécutoire de dépens, soit au chef du jugement qui les a liquidés, avec sommation de comparaître à la chambre du conseil, pour être statué sur ladite opposition . . . . *(Voir l'introduction, observations sur les formalités pour faire taxer, et mode d'opposition à la taxe, pages 34 et 35, n°° v).*	25	1 55	1 19	Original. . . . . Droit des huissiers et enregistrement. Papier. . . . . Copie, le quart.	1 » » 25 » 70 » 85	» 75 » 19 » 70 » 80
							2 80	2 44
	320.	Assistance et plaidoirie à la chambre du conseil.	»	7 70	5 63			
	321.	Qualités et signification à avoué du jugement intervenu, s'il n'y a qu'une partie.	25	5 30	4 25			
		S'il y a plusieurs avoués, pour chacune des autres copies tant des qualités que du jugement . . . . Il ne sera passé aucun autre droit pour la taxe des frais.	»	1 »	» 75			

DÉPENS EN MATIÈRES SOMMAIRES.

321 *bis.* La liquidation des dépens en matière sommaire sera faite par les arrêts et jugemens qui les auront adjugés; à cet effet, l'avoué qui aura obtenu la condamnation remettra dans le jour, au greffier tenant la plume à l'audience, l'état des dépens adjugés; et la liquidation en sera insérée dans le dispositif de l'arrêt ou jugement (Art. 1er du décret du 16 février 1807, sur la liquidation des dépens).

Il ne sera rien alloué aux avoués pour l'état des dépens adjugés en matière sommaire, qu'ils doivent remettre aux greffiers, à l'effet d'en faire insérer la liquidation dans l'arrêt ou le jugement (Tarif des frais de taxe annexé au décret précité).

CHAPITRE XXIV.

Correspondant au Titre 7 du Livre V, première partie.

SAISIES-ARRÊTS OU OPPOSITIONS.

ARTICLES du Tarif.	N°	DÉSIGNATION DES ACTES.	accordés.	Paris et villes assimilées.	Villes d'arrondissem.t	DÉTAIL.	A PARIS et villes assimilées.	VILLES d'arrondissem.t
77.	322.	Requête au juge, pour avoir permission de former opposition lorsqu'il n'y a point de titre, ou dans le cas prévu par l'art. 582 du Code de procédure civile (Art. 584, 589 C. p. c.) . . . . *(Tout ce qui a rapport aux saisies-arrêts ou oppositions étant des actions purement personnelles et qui requièrent célérité, doit, à ce double titre, être considéré, suivi et jugé comme en matière sommaire; ainsi le veut l'art. 14 du Code de procédure civile.)*	65	3 »	2 25	Papier. . . . . Enregistrement. . . . . Emolument.	» 35 3 30 3 »	» 35 3 30 2 25
							6 65	5 90
20.	323.	Exploit d'opposition (Art. 589 C. p. c.).	90	2 50	1 85	Original. . . . . Papier. . . . . Enregistrement. . . . . Copie, le quart.	2 » » 50 » 70 2 20	1 80 » 35 » 70 2 20
							5 40	4 75
		Copie de pièces dans les termes de l'art. 28 du Tarif. Par chaque rôle, à raison de .	»	» 25	» 20			
68.	324.	Visa de l'exploit, si l'opposition est formée entre les mains de receveurs, dépositaires ou administrateurs de caisses ou deniers publics; Par chaque visa.	»	1 »	» 75			

ARTICLES du TARIF	DÉSIGNATION DES ACTES		ÉMOLUMENS. Paris et villes assimilées	Villes d'arrondissem'.	DÉTAIL.	À PARIS et villes assimilées	VILLES d'arrondissem'.
			fr. c.	fr. c.		fr. c.	fr. c.
	325. Citation au bureau de paix, si la demande en validité d'opposition contient en même temps demande en condamnation, le procès-verbal de non conciliation, la mention du défaut de comparution (Voyez les n°° 1°° et suivans au chapitre *Matières sommaires*).						
20.	326. Exploit de dénonciation à la partie, de l'opposition, avec assignation en validité (Art. 563 C. p. c.)	90	3 »	2 28	Original	2 »	1 50
					Copie, le quart	» 50	» 38
					Enregistrement	2 20	2 20
					Papier	» 70	» 70
					Copie de l'opposition, éval. à 2 rôles	» 50	» 40
						5 90	5 18
Id.	327. Exploit de dénonciation au tiers saisi de la demande en validité formée contre la partie saisie (Art. 564 C. p. c.). Pour la procédure sur l'assignation en validité, comme en matière sommaire (Voyez les n°° 9 et suivans du présent État) (Art. 404 C. p. c.).	90	3 »	2 28	*Idem.*	5 90	5 18
Id.	328. Assignation en déclaration affirmative contre le tiers saisi, s'il y a titre authentique ou jugement, etc. (Art. 568–570 C. p. c.)	90	2 50	1 88	Original	2 »	1 50
					Copie, le quart	» 50	» 38
					Enregistrement	2 20	2 20
					Papier	» 70	» 70
						5 40	4 78
91.	329. Vacation pour requérir des fonctionnaires publics leur certificat constatant s'il est dû à la partie saisie, et énonçant la somme due (Art. 569 C. p. c.)	»	3 »	2 25			
70.	330. Acte de constitution d'avoué, comme en matière sommaire	25	» 30	» 25	Papier	» 70	» 70
					Droit des huissiers et enregistrement	» 85	» 80
						1 55	1 50
	331. Acte de déclaration affirmative au greffe par le tiers saisi ou devant le juge de paix de son domicile (Art. 574 C. p. c.).						
92.	332. Vacation, au greffe, de l'avoué du tiers saisi pour faire faire l'acte de déclaration affirmative, ou pour déposer celle faite devant le juge de paix (Art. 574 C. p. c.)	»	6 »	4 50			
70. 72.	333. Signification de la déclaration affirmative et du dépôt de pièces (Art. 574 C. p. c.). Copie de la déclaration, à raison de 600 syllabes au rôle, et par rôle	»	» 30	» 25	Papier	» »	» »
					Droit des huissiers et enregistrement	» 85	» 80
70.	334. Acte d'avoué à avoué contenant dénonciation, par le tiers saisi, à l'avoué du premier saisissant des nouvelles saisies-arrêts ou oppositions survenues entre ses mains (Art. 575 C. p. c.). Si la déclaration n'est pas contestée, il ne sera fait aucune autre procédure, de la part du tiers saisi, ni contre lui (Art. 575 C. p. c.). En cas de contestation de la déclaration, la procédure n'étant pas indiquée au titre de la saisie-arrêt ou opposition, elle sera soumise à l'arbitraire du juge.	»	» »	» »	Papier	» »	» »
					Enregistrement	» 55	» 55
					Droit des huissiers	» 30	» 25

ARTICLES du TARIF	DÉSIGNATION DES ACTES.	DÉBOURSÉS	ÉMOLUMENS.		DÉTAIL.	À PARIS et villes assimilées	VILLES d'arrondissement
		s. c.	Paris et villes assimilées. fr. c.	Villes d'arrondissement. fr. c.		fr. c.	fr. c.
	CHAPITRE XXV. Correspondant au Titre 8 du Livre V, première partie. SAISIE-EXÉCUTION.						
30	535. Commandement contenant notification du titre, s'il n'a déjà été notifié (Art. 583-584 C. p. c.).	1 00	2 50	1 88	Original. Copie, le quart. Papier. Enregistrement. 	2 » » 50 » 70 2 20 5 40	1 50 » 38 » 70 2 20 4 78
26	Copie du titre, à raison de 400 syllabes au rôle, et chaque rôle à . . . Plus, le supplément de papier.	»	» 25	» 20			
31	536. Procès-verbal de saisie-exécution qui durera trois heures, y compris le temps nécessaire pour requérir, soit le juge de paix, soit le commissaire de police ou le maire et adjoints, en cas de refus d'ouverture de portes, et y compris les témoins et les copies pour le saisi et le gardien.	3 50	8 »	6 »	Papier. Enregistrement. Procès-verbal. 	2 10 4 40 8 » 14 50	2 10 4 40 6 » 12 50
60	Si la saisie dure plus de trois heures, par chacune des vacations subséquentes aussi de trois heures (Art. 583-584 C. p. c.).	»	5 »	3 75			
	Transport de l'huissier au-delà d'un demi-myriamètre, pour aller et retour, jusqu'à un myriamètre.	»	4 »	4 »			
	Au-delà d'un myriamètre, il sera alloué, par chaque demi-myriamètre, sans distinction.	»	2 »	2 »			
6 et 32	537. Vacation des juge de paix, commissaire de police, maire ou adjoint requis pour être présent à l'ouverture des portes (Art. 587 C. p. c.). (Il a 5 fr. 50 c. dans les cantons ruraux.)	»	5 »	3 75			
29	538. Notification du procès-verbal de saisie, quand il est fait hors du domicile du saisi ou en son absence (Art. 602 C. p. c.).	»	» »	» »	Papier. Enregistrement. Original. Copie.	» » » » 2 » » 50	» » » 50 1 50 » 38
28	Copie du procès-verbal, à 400 syllabes par rôle, et par chaque.	»	25 »	20 »	Copie du procès-verbal.	» »	» »
33	539. Vacation de l'huissier pour déposer les deniers comptant trouvés lors de la saisie au lieu établi pour les consignations, ou entre les mains du dépositaire qui sera convenu (Art. 390 C. p. c.).	»	2 »	1 50			

ARTICLES du Tarif.	DÉSIGNATION DES ACTES.	Déboursés.	ÉMOLUMENS. Paris et villes assimilées. fr. c.	ÉMOLUMENS. Villes d'arrondissement. fr. c.	DÉTAIL.	A PARIS et villes assimilées. fr. c.	VILLES d'arrondissement. fr. c.
31.	540. Les frais de garde établi aux objets saisis, par chaque jour, pendant les deux premiers jours . . . . *(30 à fr. 50 c. dans les faubourgs à Paris.)* Ensuite seulement, pour chaque jour, à raison de (Art. 597 C. p. c.) . . . . . *(13 à c. dans les cantons ruraux.)*	» »	2 50 1 »	2 » » 40			
29.	541. Assignation en référé donnée par le gardien au saisissant et à la partie saisie pour obtenir sa décharge (Art. 605-606 C. p. c.)	43	3 »	2 25	Papier . . . . Enregistrement . . . . Original . . . . Copie, le quart; pour deux . . . . **TOTAL**	1 05 4 40 2 » 1 » 8 45	1 05 4 40 1 50 » 75 7 70
93.	542. Vacation en référé; S'il est par défaut . . . . S'il est contradictoire	» »	3 » 5 »	3 75 2 25			
	543. Papier minute de l'ordonnance	35	» »	» »			
	544. Le coût de l'ordonnance. *(Droit de greffe.)*						
29. 89.	545. Signification de l'ordonnance au saisissant et au saisi . . . . Copie de l'ordonnance, suivant le nombre des rôles (n° 79 du présent État), sur le papier.	»	» »	» »	Papier . . . . Enregistrement . . . . Original . . . . Les deux copies	» » » » 2 » 1 »	» » » » 1 50 » 75
35.	546. Procès-verbal de récolement quand le gardien a obtenu sa décharge, sans assistance de témoins (Art. 606 C. p. c.)	»	» »	» »	Papier . . . . Enregistrement . . . . Procès-verbal . . . . Copie au gardien	» » » » 3 » » 75	» » » » 2 25 » 56
29.	547. Sommation à la partie saisie pour être présent au récolement	90	2 50	1 88	Voir le n° 335 du présent tableau.	3 40	4 18
	548. Procès-verbal de récolement à la requête d'un créancier, dans le cas d'une saisie antérieure et d'établissement de gardien, témoins compris, et deux copies (Art. 611 C. p. c.)	»	6 »	1 50	Papier . . . . Procès-verbal . . . . Enregistrement	» » 6 » » »	» » 1 50 » »
37.	549. Procès-verbal de récolement avant la vente, y compris les témoins, et dont il ne sera point donné de copie (Art. 616 C. p. c.)	»	6 »	4 50	Papier . . . . Enregistrement . . . . Procès-verbal	» » » » 6 »	» » » » 4 50

ARTICLES du TARIF.	DÉSIGNATION DES ACTES.	DÉBOURSÉS.	ÉMOLUMENS. Paris et villes assimilées.	ÉMOLUMENS. Villes d'arrondissem.t	DÉTAIL.	A PARIS et villes assimilées.	VILLES d'arrondissem.t
		fr. c.	fr. c.	fr. c.		fr. c.	fr. c.
29.	350. Sommation à la partie saisie pour être présente à la vente, lorsqu'elle n'est pas faite au jour indiqué par la dénonciation du procès-verbal de saisie à la partie saisie (Art. 614 C. p. c.)	90	2 30	1 88	Voir le n° 355 du présent tableau . .	5 40	4 78
38.	351. Transport des effets saisis sur la place où ils doivent être vendus (Art. 615 C. p. c.) (Ce qui sera justifié avoir été payé par la représentation de la quittance, ou ce que le poursuivant soutiendra en avoir été payé.)						
58 et 76.	352. Requête présentée à l'effet d'être autorisé à vendre dans un lieu plus avantageux (Art. 617 C. p. c.)	85	2 »	1 50	Papier. . . . . Enregistrement. . . . . Emolument.	» 35 2 20 2 » —— 4 55	» 55 2 20 1 30 —— 4 05
	353. Coût du jugement qui intervient sur ladite requête.						
29.	354. Signification du jugement ou de l'ordonnance à la partie saisie . . . . . . Copie du jugement dans les termes de l'art. 28 ou de l'art. 89 du Tarif, suivant les lieux où la signification est faite.	90	2 50	1 88	Voir le n° 355 du présent tableau .	5 40	4 78
38.	355. Rédaction de l'original du placard qui doit être affiché (Art. 617 C. p. c.) . . . (Dû à l'huissier.)	»	1 »	1 »			
Id.	356. Pour chacun des placards, s'ils sont manuscrits . . . . S'ils sont imprimés, l'huissier en sera remboursé sur les quittances de l'imprimeur et de l'afficheur. (Le nombre des placards ne peut être moindre de 4, mais il ne peut être excessif. Ce sera au taxateur à le limiter (argument de l'art. 619 C. p. c.)	»	» 50	» 50			
39.	357. Original de l'exploit constatant l'apposition des placards, dont il n'est point donné de copie (Art. 619 C. p. c.)	85	3 »	2 25	Papier. . . . . Enregistrement. . . . . Original.	» 55 2 20 3 » —— 5 55	» 55 2 20 2 25 —— 4 80
Id.	358. Insertion de l'annonce de la vente dans le journal (Art. 619-620 C. p. c.).						
Id.	359. Vacation de trois heures à la vente, procès-verbal compris, dans les lieux où les huissiers sont autorisés à la faire . . . . (Et 3 fr. dont les raisons venant.) A Paris, où les ventes sont faites par des commissaires-priseurs, la vacation de l'huissier est de	» »	8 » 2 »	5 » 2 »			
41.	360. Publication sur les lieux où se trouvent les barques, chaloupes et autres bâtimens et exposition de vaisselle d'argent, bagues et joyaux (Art. 620-621 C. p. c.). (La troisième publication ou exposition est comprise dans la vacation de vente (Art. 34 du Tarif). Pour chacune des deux premières publications ou expositions. . . . . (Et 3 fr. pour les raisons venant.)	»	6 »	4 »			
	361. Estimation faite par gens de l'art des bagues et joyaux (Art. 621 C. p. c.) (Ce qui sera justifié leur avoir été payé.)						

ARTICLES de tarif	DÉSIGNATION DES ACTES	Déboursés	ÉMOLUMENS — Paris et villes assimilées	ÉMOLUMENS — Villes d'arrondissement	DÉTAIL	A PARIS et villes assimilées	VILLES d'arrondissement
		fr. c.	fr. c.	fr. c.		fr. c.	fr. c.
41.	362. Expédition du procès-verbal de vente, si elle est requise par l'une des parties, pour chaque rôle d'expédition, de 25 lignes à la page et de 10 à 12 syllabes à la ligne. . . . . (15 c. dans les cantons ruraux.) Nota. Lorsque la vente aura été faite par un commissaire-priseur, la première expédition ne sera payée que pour les déboursés seulement (Art. 7 de la loi du 27 ventôse an ix, sur l'établissement des commissaires-priseurs à Paris).	»	1 »	» 50			
42.	363. Vacation de l'huissier ou de tout autre officier qui aura procédé à la vente, pour faire taxer ses frais par le juge sur la minute de son procès-verbal. . . . . (Et 1 fr. 50 c. pour les cantons ruraux.)	»	3 »	2 »			
Id.	364. Vacation de l'officier qui a procédé à la vente pour consigner les deniers en provenant. . . . . (Et 1 fr. 50 c. pour les cantons ruraux.)	»	3 »	2 »			
29.	365. Opposition à la vente entre les mains du gardien, à la requête de celui qui se prétend propriétaire des objets saisis. (Art. 608 C. p. c.).	2 50	2 50	1 88			
Id.	366. Dénonciation de cette opposition au saisissant et au saisi, avec assignation libellée (Art. 608 C. p. c.). . . . . Copie des pièces, suivant la classe de l'huissier, 25 c. ou 20 c. par rôle de 400 syllabes. (Art. 28 du Tarif.)	»	» »	» »	Papier. Enregistrement. Deux copies. Original.	» » 2 20 1 » 2 »	» » 2 90 » 75 1 80
	367. Assistance de l'avoué à l'audience sur ladite assignation, qualités du jugement et toute la procédure qui s'ensuit, comme en matières sommaires.						
Id.	368. Opposition sur le prix de la vente, contenant les causes d'icelle, signifiée au saisissant et à l'huissier qui a procédé à la vente (Art. 609 C. p. c.).	3 45	3 »	2 25	Papier. Enregistrement. Original. Deux copies.	1 05 4 40 2 » 1 »	1 05 4 40 1 50 » 75
						8 45	7 70

CHAPITRE XXVI.

Correspondant au Titre 9 du Livre V, première partie.

SAISIE-BRANDON.

ARTICLES de tarif	DÉSIGNATION DES ACTES	Déboursés	ÉMOLUMENS — Paris et villes assimilées	ÉMOLUMENS — Villes d'arrondissement	DÉTAIL	A PARIS et villes assimilées	VILLES d'arrondissement
Id.	369. Commandement qui doit précéder la saisie-brandon, avec un jour d'intervalle (Art. 626 C. p. c.).	90	» »	» »	Voir le n° 335 du présent tableau.	5 40	4 78
43 et 44.	370. Procès-verbal de saisie-brandon, supposé de trois heures, copie au saisi, copie au sommaire, papier, enregistrement et vacation au visa. (Art. 627-628 C. p. c.)	40	10 »	8 25	Papier. Enregistrement. Procès-verbal. Copie. Visa.	4 90 2 90 6 » 3 » 1 »	4 20 2 20 5 » 2 50 » 75
	(Et pour les cantons ruraux, 11 fr. 15 c.) (Ajouter le papier, et s'il a été employé plus de trois heures, ajouter, par chaque autre vacation, 5 fr. 4 fr. ou 3 fr., selon la classe de l'huissier.) (Ajouter le transport, s'il a lieu, comme à l'art. 6 du Tarif.)					16 40	14 05

ARTICLES du Tarif	DÉSIGNATION DES ACTES	DÉBOURSÉS fr. c.	ÉMOLUMENS Paris et villes assimilées fr. c.	ÉMOLUMENS Villes d'arrondissem.t fr. c.	DÉTAIL	A PARIS et villes assimilées fr. c.	VILLES d'arrondissem.t fr. c.
29.	371. Signification du procès-verbal de saisie-brandon au garde champêtre établi gardien, s'il n'est pas présent à la saisie (Art. 627-628 C. p. c.). Plus, copie du procès-verbal, dans les termes de l'article 28 du Tarif. *(Si la saisie-brandon n'est pas faite en vertu d'un titre exécutoire, si elle l'est à la requête du propriétaire ou du principal fermier, alors elle ne peut être faite qu'en vertu d'une ordonnance du juge: il faut la faire déclarer valable avant la vente.)*	3 60	7 50	1 88	Papier. Enregistrement. Original. Copie.	1 60 2 20 2 » » 50 **6 10**	1 40 2 20 1 50 » 38 **5 48**
45.	372. Frais de garde, soit au garde champêtre, soit à tout autre gardien, par chaque jour, savoir: Au garde champêtre. Et à tout autre que le garde champêtre. Pour le surplus de la procédure, jusqu'à la vente inclusivement, comme au titre des saisies-exécution.		» 75 1 25	» 75 1 25			
77.	373. Requête présentée au juge pour être autorisé à saisir-brandonner. Demande en validité de la saisie-brandon, et toute la procédure jusqu'au jugement définitif, comme en matières sommaires.	3 65	3 »	2 25	Papier. Enregistrement. Émolument.	» 35 3 30 3 » **6 65**	» 35 3 30 2 25 **5 90**

CHAPITRE XXVII.

Correspondant au Titre 10 du Livre V, première partie.

DE LA SAISIE DES RENTES CONSTITUÉES DES PARTICULIERS.

ARTICLES du Tarif	DÉSIGNATION DES ACTES	DÉBOURSÉS fr. c.	ÉMOLUMENS Paris et villes assimilées fr. c.	ÉMOLUMENS Villes d'arrondissem.t fr. c.	DÉTAIL	A PARIS et villes assimilées fr. c.	VILLES d'arrondissem.t fr. c.
20.	374. Commandement au débiteur, avec notification du titre, si elle n'a déjà été faite (Art. 636 C. p. c.). Plus, copie du titre, par évaluation, s'il y a lieu.	1 25	2 25	1 88	Original. Copie, le quart. Enregistrement. Papier.	2 » » 50 2 20 1 03 **5 73**	1 50 » 38 2 20 1 03 **5 13**
46.	375. Exploit de saisie du fonds de la rente constituée, contenant assignation au tiers saisi en déclaration affirmative (Art. 637 C. p. c.).	1 60	5 »	3 75	Original. Copie, le quart. Enregistrement. Papier.	4 » 1 » 2 20 1 40 **8 60**	3 » » 75 2 20 1 40 **7 35**
	376. Exploit de dénonciation de la saisie à la partie saisie, avec notification du jour de la première publication (Art. 641 C. p. c.). Pour tout ce qui concerne la déclaration du tiers saisi, le dépôt et communication des pièces justificatives, la discussion s'il y a lieu, et enfin la procédure à défaut de déclaration, voyez Titre 7, n.os 551 et suivans.	3 28	5 50	2 68	Original. Copie, le quart. Enregistrement. Papier. Copie de la saisie.	2 » » 50 2 20 1 03 1 » **6 73**	1 50 » 38 2 20 1 03 » 80 **5 93**

ARTICLES du TARIF.	DÉSIGNATION DES ACTES.	Déboursés.	ÉMOLUMENS. Paris et villes assimilées.	ÉMOLUMENS. Villes d'arrondissem'.	DÉTAIL.	A PARIS et villes assimilées.	VILLES D'ARRONDISS'.
		fr. c.	fr. c.	fr. c.		fr. c.	fr. c.
109.	377. Cahier des charges, suivant le nombre des rôles, contenant 28 lignes à la page, 12 syllabes à la ligne, à raison, sans copie, de (Art. 843 C. p. c.). . . . . . . (Il ne sera signifié de copie ni à la partie saisie, ni aux créanciers inscrits (Art. 847 du Tarif.)	»	2 »	1 50	Papier. . . . . Enregistrement. . . . . Emolument.	» » » » » »	» » » » » »
	378. Vacation au dépôt du cahier des charges. . . . . (Il ne sera fait qu'une seule grosse, et il n'en sera point remis à l'huissier audiencier pour la taxation : l'huissier public se sert de la note qui lui sera remise par le greffier (Art. 570 du Tarif.)	»	3 »	2 48			
104.	379. Extrait du cahier des charges, remis au greffier pour être inséré au tableau (Art. 844 C. p. c.).	70	6 »	4 50			
	380. Droit de greffe pour le dépôt.						
90.	381. Vacation au dépôt de l'extrait.	»	1 30	1 18			
106.	382. Pareil extrait pour être imprimé, et placard pour servir d'original (Art. 845 C. p. c.). . . . Il ne sera passé qu'un seul droit à l'avoué (Art. 570 du Tarif.)	50	6 »	4 50	Papier. . . . . Enregistrement. . . . . Emolument.	1 40 1 10 6 » 8 50	1 40 1 10 4 50 7 00
105.	383. Autre extrait pour être inséré dans le journal et pour chaque insertion.	»	2 »	1 80			
	384. Coût de l'insertion aux journaux.						
	385. Vacation à la légalisation de la signature de l'imprimeur, s'il y a lieu (Art. 846 C.). L'art. 847 du Code de procédure renvoie, relativement aux placards et annonces au titre de la saisie immobilière (Voyez au titre 12, n°° 415 et suivans). La seule différence est que la deuxième publication est faite huitaine après la première, et qu'il peut être procédé à l'adjudication préparatoire à cette seconde publication, sauf le délai qui dans cette matière est fixé par le tribunal. (Il ne peut être alloué qu'une simple impression de placards; les additions, lors des appositions subséquentes, doivent être manuscrites (Art. 570 du Tarif).	»	2 »	1 80			

CHAPITRE XXVIII.

Correspondant au Titre II du Livre V, première partie.

POURSUITE DE CONTRIBUTION.

ARTICLES du TARIF.	DÉSIGNATION DES ACTES.	Déboursés.	ÉMOLUMENS. Paris et villes assimilées.	ÉMOLUMENS. Villes d'arrondissem'.	DÉTAIL.	A PARIS et villes assimilées.	VILLES D'ARRONDISS'.
	386. Extrait des opposans délivré soit par le greffier de la justice de paix, lorsqu'il s'agit d'oppositions aux scellés, soit par le commissaire-priseur, lorsqu'il s'agit d'oppositions aux deniers provenant d'une vente, soit par tous autres dépositaires publics des deniers saisis entre leurs mains. (Coût des extraits.)						
91.	387. Vacation pour requérir des fonctionnaires publics tiers saisis le certificat du montant de ce qui est dû à la partie saisie. (Art. 589 C. p. c.)	»	3 »	2 28			

ARTICLES du TARIF.	DÉSIGNATION DES ACTES.	DÉBOURSÉS.	ÉMOLUMENS. Paris et villes assimilées.	ÉMOLUMENS. Villes d'arrondissem^t.	DÉTAIL.	A PARIS et villes assimilées.	VILLES d'arrond^s.
		fr. c.	fr. c.	fr. c.		fr. c.	fr. c.
95.	388. Vacation pour requérir sur le registre tenu au greffe la nomination d'un juge-commissaire pour procéder à la contribution. (Art. 658 C. p. c.).	» »	5 »	3 75			
	389. Procès-verbal de contribution ouverte par-devant le juge-commissaire (Art. 659 C. p. c.). (Coût au greffe.)						
	390. Requête présentée au juge-commissaire pour obtenir son ordonnance à fin de sommer les créanciers de produire, et la partie saisie de prendre communication des pièces produites (Art. 659 C. p. c.).	1 »	3 »	2 25	Papier. . . . . Enregistrement. . . . . Émolument	» 70 3 30 3 »	» 70 3 30 2 25
						7 »	6 25
	391. Expédition délivrée par le greffier desdites requête et ordonnance. (Coût au greffe.)						
29.	392. Sommation faite auxdits opposans et à la partie saisie (Art. 659 C. p. c.). . . Copie des requête et ordonnance à toutes les parties. (Comptez le papier et le nombre des copies, évaluer les rôles des copies de pièces, et ajouter le transport, s'il y a lieu.)	» »	» »	» »	Papier. . . . . Enregistrement. . . . . Original. . . . . Un quart pour chaque copie. . . . Copie de pièces.	» » » » 2 » » » » »	» » » » 1 50 » » » »
97.	393. Acte de production des titres, contenant demande en collocation et constitution d'avoué, y compris la vacation pour produire (Art. 660 C. p. c.). . . . . . . Déboursés du papier de l'acte. (Cet acte ne sera point signifié ; la constitution d'avoué et la vacation pour produire ne font qu'un seul émolument.)	» »	10 »	7 30			
98 et 156.	394. Sommation, à la requête du propriétaire, à l'avoué de la partie saisie et à l'avoué plus ancien, de comparaître en référé devant le juge-commissaire pour faire statuer sur son privilège pour loyers à lui dus (Art. 661 C. p. c.).	1 60	1 80	1 38	Original. . . . . Deux copies. . . . . Papier. . . . . Droit des huissiers. . . . . Enregistrement.	1 » » 50 1 05 » » » 85	» 75 » 38 1 05 » » » 85
						3 40	3 05
99.	Si cette sommation est faite par acte extrajudiciaire.	1 45	3 »	2 25	Papier. . . . . Enregistrement. . . . . Original. . . . . Deux copies.	1 05 4 40 2 » 1 »	1 05 4 40 1 50 » 75
						8 45	7 70
98.	395. Vacation de l'avoué en référé devant le juge-commissaire. S'il est par défaut . . . . S'il est contradictoire	» » » »	3 » 5 »	2 25 3 75			

ARTICLES du TARIF.	DÉSIGNATION DES ACTES.		ÉMOLUMENS. Paris et villes assimilées.	ÉMOLUMENS. Villes d'arrondissement.	DÉTAIL.	A PARIS et villes assimilées.	VILLES d'arrondissement.
		fr. c.	fr. c.	fr. c.		fr. c.	fr. c.
25-99 et 110.	396. Acte de dénonciation de la clôture du procès-verbal de production aux avoués des créanciers produisant et de la partie saisie, avec sommation d'en prendre communication et de contredire sur le procès-verbal dans la quinzaine (Art. 5. C. p. c.).	»	» »	» »	Papier. Enregistrement. Droit des huissiers audienciers. Original. Pour chaque copie, le quart.	» » » » » » 1 » » »	» » » » » » » 75 » »
	397. Enregistrement du procès-verbal de contribution.						
100.	398. Vacation pour prendre communication de l'état de contribution et contredire le procès-verbal (Art. 664 C. p. c.). (Il ne pourra être passé plus d'une vacation (Art. 100 du Tarif).	»	5 »	5 73			
Id.	399. Vacation de l'avoué du poursuivant pour prendre communication de l'état de contribution et contredire. Il lui sera dû autant de demi-droits de vacation qu'il y aura de créanciers produisant. (Pour chaque demi-droit.)	»	2 80	1 88			
101.	400. Vacation pour requérir la délivrance du mandement au créancier utilement colloqué, et être présent à l'affirmation de la créance devant le greffier (Art. 6. C. p. c.). (L'avoué signera le procès-verbal.)	»	2 »	1 50			
	401. Coût du mandement, s'il n'a pas été compris dans les frais généraux de poursuite. (Droit du greffe.)						
	CONTESTATION SUR LA CONTRIBUTION.						
70.	402. Acte d'avoué pour poursuivre l'audience au jour indiqué par le juge-commissaire. L'audience sera poursuivie par la partie la plus diligente, sur un *simple acte* d'avoué à avoué, sans autre procédure (Art. 666-667 C. p. c.).	25	1 55	1 49	Papier. Droit des huissiers et enregistrement. Original. Copie, le quart ; par chaque.	» 70 » 85 1 » » 25	» 70 » 80 » 75 » 10
						2 80	2 44
90.	403. Vacation pour communiquer au ministère public (Art. 608 C. p. c.). L'art. 660 du Code de procédure civile interdit toute espèce de procédure, sauf qu'un simple acte d'avoué à avoué et une communication au ministère public (Art. 668 du même Code).	»	1 80	1 15			

CHAPITRE XXIX.

Correspondant au Titre 12 du Livre V, première partie.

DE LA SAISIE IMMOBILIÈRE.

ARTICLES du Tarif	DÉSIGNATION DES ACTES		ÉMOLUMENS Paris et villes assimilées	ÉMOLUMENS Villes d'arrondissem.	DÉTAIL	A PARIS et villes assimilées	VILLES d'arrondiss.
			fr. c.	fr. c.		fr. c.	fr. c.
49 et 66	404. Commandement tendant à saisie immobilière, copie à la partie, seconde copie au maire, copie du titre exécutoire et visa (Art. 673 C. p. c.)	»	» »	» »			
					Original.	2 »	1 50
					Deux copies.	1 »	» 75
					Enregistrement.	2 20	2 20
					Papier.	» »	» »
					Visa.	1 »	» 75
					Copie du titre.	» »	» »
53	405. Extrait du rôle de la contribution foncière (Art. 675 C. p. c.)	33	» »	» »			
	Il n'est point dû de vacation pour requérir ce certificat, par la raison que le bien exproprié peut être situé dans une commune fort éloignée de la résidence de l'avoué, et qu'il faudrait alors y ajouter un transport que la loi n'a pas prescrit.						
47 et 48	406. Procès-verbal de saisie immobilière, supposé une vacation de trois heures, copie au maire, et deux visa, ou plus s'il y a lieu (Art. 675-676 C. p. c.)	»	» »	» »			
	Si le procès-verbal a duré plus de trois heures, ajouter à... en 4 fr. par chaque vacation de trois heures en sus. Vérifier s'il y a transport.						
					Original.	6 »	3 »
					Trois copies.	4 50	3 75
					Papier.	» »	» »
					Enregistrement.	2 20	2 20
					Deux visa.	1 50	2 »
102	407. Vacation de l'avoué à l'enregistrement de la saisie au bureau des hypothèques (Art. 677 C. p. c.)	»	6 »	4 50			
	408. Salaire du conservateur.						
Id.	409. Vacation de l'avoué à l'enregistrement, ou greffe du tribunal où doit se faire la vente (Art. 680 C. p. c.)	»	6 »	4 50			
49	410. Dénonciation du procès-verbal au saisi, avec copie des enregistremens (Art. 68. C. p. c.)	»	» »	» »			
	Vérifier s'il y a transport.						
					Original.	2 50	2 »
					Copie.	» 65	» 50
					Enregistrement.	2 20	2 20
					Papier.	» »	» »
					Visa.	1 »	» 75
					Copies de pièces.	» »	» »
105	411. Vacation à l'enregistrement de l'original de dénonciation au bureau des hypothèques	»	6 »	4 50			
104	412. Pour l'extrait de la saisie immobilière qui doit être inséré dans un tableau placé à cet effet dans l'auditoire (Art. 682 C. p. c.)	»	6 »	4 50			
108	413. Extrait de la saisie pour être inséré dans le journal; pour chaque insertion prescrite par le Code (Art. 683-703-704 C. p. c.)	»	2 »	1 20			

ARTICLES du TARIF.	DÉSIGNATION DES ACTES.	DÉBOURSÉS. fr. c.	ÉMOLUMENS. Paris et villes assimilées. fr. c.	Villes d'arrondissem¹. fr. c.	DÉTAIL.	A PARIS et villes assimilées. fr. c.	VILLES D'ARROND. fr.
	414. Vacation pour faire légaliser la signature de l'imprimeur par le maire, *s'il y a lieu*	» »	2 »	1 50			
105.	415. Vacation à l'insertion de chacun desdits extraits dans le journal.	» »	2 »	1 50			
	416. A l'imprimeur du journal, sur quittance.						
106.	417. Extrait qui doit être imprimé et placardé, et qui doit servir d'original (Art. 08 C. p. c.). (Voir l'observation au n. 385 du présent État.)	»	6 »	4 50			
	418. Impression des placards.						
	419. Papier timbré desdits placards, pour les trois appositions, et suivant le nombre prescrit (Art. 684 C. p. c.).						
50.	420. Procès-verbal d'apposition des placards (Art. 685-686 C. p. c.).	2 55	5 »	3 75	Original. Papier Enregistrement. Visa.	4 » » 35 2 20 1 » 7 55	3 » » .. 2 .. » .. 6 ..
	421. Afficheur. (Le Tarif ne taxe point l'afficheur, laissé à l'arbitraire du juge.)						
29.	422. Notification de l'acte d'apposition de placards au saisi, avec copie du placard (Art. 687 C. p. c.).	»	» »	» »	Original. Copie. Enregistrement. Papier. Copie du placard.	2 » » 50 2 20 » » » »	1 .. » .. 2 .. » » » »
Id.	423. Saisie-arrêt entre les mains des fermiers et locataires, pour saisir les fermages et loyers immobilisés ... Cette saisie-arrêt donnera lieu aux poursuites et procédure des saisies-arrêts (Voyez au chapitre XXIV).	»	» »	» »	Original. Copie, chaque. Enregistrement. Papier.	2 » » 50 » » » »	1 .. » .. » » » ..
107.	424. Vacation à la délivrance de l'état des inscriptions, pour la notification à faire aux créanciers.	»	6 »	4 50			
	425. Coût de l'état. (Au conservateur.)						
29.	426. Notification du placard aux créanciers inscrits (Art. 695 C. p. c.). (Les copies de cette notification sont des placards imprimés. Il faut vérifier, pour le calcul du papier, la dimension du placard annexé au procès-verbal d'opposition.) (Il faudra aussi s'assurer si ces placards n'ont pas été déjà compris dans le coût de l'impression, afin d'éviter des doubles emplois.	»	» »	» »	Original. Copie. Enregistrement. Papier.	2 » » » » » » »	1 50 » » » » » ..

ARTICLES du TARIF.	DÉSIGNATION DES ACTES.	DÉBOURSÉS.	ÉMOLUMENS. Paris et villes assimilées.	ÉMOLUMENS. Villes d'arrondissem.t	DÉTAIL.	À PARIS et villes assimilées.	VILLES d'arrondissem.t
		fr. c.	fr. c.	fr. c.		fr. c.	fr. c.
108.	427. Vacation à l'enregistrement dudit acte, au bureau des hypothèques, en marge de la saisie (Art. 694 C. p. c.)	»	6 »	4 50			
	428. Salaire du conservateur.						
109.	429. Grosse du cahier des charges, contenant 25 lignes à la page et 12 syllabes à la ligne, à raison, par chaque rôle, de . . . . . Il ne sera point signifié de copie de cette grosse (Art. 697 C. p. c.)	»	2 »	1 80	Papier. . . . . . Enregistrement. . . . . Émolument.	» »	» »
110.	430. Vacation au greffe pour déposer le cahier des charges	»	3 »	2 45			
	431. Droits de greffe pour l'acte de dépôt. (Au greffier.)						
111.	432. Vacation à chaque publication des charges, avec les dires qui pourront avoir lieu	»	3 »	2 45			
155.	433. Droit de l'huissier audiencier pour chaque publication. Enregistrement de chaque publication. Nota. Huit jours au moins avant l'adjudication préparatoire, nouvelle apposition des mêmes placards, et nouvelle insertion au journal, contenant de plus la mise à prix et l'indication du jour de l'adjudication préparatoire (Art. 704 C. p. c.). (Voyez les n°s 120 et suivans.)	1 30	1 » » »	» 75 » »			
112.	434. Vacation de l'avoué à l'adjudication préparatoire	»	6 »	4 50			
154.	435. Droit de l'huissier audiencier sur l'adjudication préparatoire. Enregistrement de cette adjudication. Coût du jugement d'adjudication (expédition).	1 30	3 » » »	2 25 » »			
	436. Signification du jugement à avoué et à domicile, à la partie saisie et aux créanciers présens (Voyez les n°s 88 et suivans du présent État).						
113.	437. Vacation de l'avoué à l'adjudication définitive	»	15 »	12 »			
Id.	438. Les émolumens dus aux avoués, sur le prix des biens dont l'adjudition est faite au-dessus de 2,000 fr., sont : De 2,001 à 10,000, 1 p. 0/0, De 10,001 à 50,000, 1/2 p. 0/0, De 50,001 à 100,000, 1/4 p. 0/0, à Paris et villes assimilées. Sur l'excédant, 1/8 p. 0/0, Partout ailleurs, les 3/4 de ces proportions. (En cas d'adjudication par lots de biens compris dans la même poursuite, en l'état où elle se trouvera lors de s adjudications, la totalité des prix des lots sera réunie pour fixer le montant de la mise (Art. 111 du Tarif.)						
155.	439. Droit des huissiers à l'adjudication définitive	»	5 »	3 75			

SURENCHÈRE DANS LA HUITAINE.

ARTICLES du TARIF.	DÉSIGNATION DES ACTES.	DÉBOURSÉS.	ÉMOLUMENS. Paris et villes assimilées.	ÉMOLUMENS. Villes d'arrondissem.t
115.	440. Vacation de l'avoué pour faire, au greffe, la surenchère (Art. 710 C. p. c.). (La partie peut elle-même se présenter au greffe, si c'est au terme de prescription spéciale pour la surenchère.)	»	15 »	11 25

ARTICLES du TARIF.	DÉSIGNATION DES ACTES.	DÉBOURSÉS.	ÉMOLUMENS. Paris et villes assimilées.	ÉMOLUMENS. Villes d'arrondissement.	DÉTAIL.	A PARIS et villes assimilées.	VILLES d'arrondissement.
		fr. c.	fr. c.	fr. c.		fr. c.	fr. c.
110.	441. Acte de dénonciation de la surenchère aux avoués de l'adjudicataire, du poursuivant et de la partie saisie, si elle en a constitué, contenant avenir à la prochaine audience (Art. 711 C. p. c.). Cet incident se juge sans procédure.	»	» »	» »	Trois droits d'huissier. . . . . Enregistrement. . . . . . . Papier. . . . . Original. . . . . . . Trois copies.	» 90 1 65 » » 1 » » 75	» 75 1 65 » » » 75 » 57
114.	442. Vacation pour enchérir.	»	7 50	5 63			
Id.	443. Vacation pour enchérir et se rendre adjudicataire.	»	15 »	11 25			
Id.	444. Vacation pour faire la déclaration de command au greffe . . . . . Signification du jugement d'adjudication (Art. 749 C. p. c.).	»	6 »	4 50			

CHAPITRE XXX.

Correspondant au Titre 13 du Livre V, première partie.

DES INCIDENS SUR LA POURSUITE DE SAISIE IMMOBILIÈRE.

§ 1er.

Toute contestation incidente à une poursuite de saisie immobilière sera jugée sommairement dans les Cours et dans les tribunaux ; les demandes ne seront pas précédées de citation au bureau de conciliation (Art. 718 C. p. c.).

(Arrêt de la Cour de cassation du 8 août 1809.)

ARTICLES du TARIF.	DÉSIGNATION DES ACTES.	DÉBOURSÉS.	ÉMOLUMENS. Paris et villes assimilées.	ÉMOLUMENS. Villes d'arrondissement.	DÉTAIL.	A PARIS et villes assimilées.	VILLES d'arrondissement.
117.	445. Requête d'avoué à avoué, tendant à la réunion de deux poursuites de saisies immobilières de lieux différens contre le même débiteur, faites devant le même tribunal (Art. 719 C. p. c.) . . . . (Comme les requêtes ordinaires, à Paris, 2 fr. par chaque rôle; ailleurs, 1 fr. 50 c., et le quart pour la copie.) Requête en défense, idem. L'obtention d'un jugement sur cette demande donne lieu à une procédure qui sera suivie comme en matière sommaire ; ainsi le veut l'art. 718 du Code de procédure civile ci-dessus cité.	» »	» »	» »	Rôles. . . . . Copie. . . . . Enregistrement. . . . . Droit des huissiers . . . . Papier.	» » » » » » » » » »	» » » » » » » » » »
118.	446. Acte de dénonciation de la plus ample saisie par le saisissant au premier saisissant, avec copie de la deuxième saisie et de l'enregistrement au bureau des hypothèques (Art. 720 C. p. c.). . . . . . . Les copies de la saisie et de l'enregistrement seront évaluées d'après l'art. 72 du Tarif (600 syllabes). Nota. Si la seconde saisie n'est pas au même état que la première, le poursuivant doit suivre sur la deuxième, jusqu'à ce qu'elle soit au même degré ; alors il y a lieu aux droits attachés à la poursuite, en commençant par l'article qui suit celui où le deuxième poursuivant s'est arrêté.	» »	» »	» »	Papier. . . . . Enregistrement et droit des huissiers. Original. . . . . Copie , le quart. . . . . Copie de la saisie et de l'enregistrem.	» » » 85 5 » » 75 » »	» » » 80 2 25 » 56 » »

ARTICLES du TARIF	DÉSIGNATION DES ACTES	Déboursés	ÉMOLUMENS — Paris et villes assimilées	ÉMOLUMENS — Villes d'arrondissem¹	DÉTAIL	A PARIS et villes assimilées	VILLES d'arrondissem¹
		fr. c.	fr. c.	fr. c.		fr. c.	fr. c.
78.	447. Requête en jonction des première et seconde saisies en une seule poursuite (Art. 720 C. p. c.)............ *(Par analogie de l'art. 46 du Tarif.)* Pour les autres droits relatifs à l'obtention du jugement comme en matière sommaire.	» »	» »	2 »	Droit des huissiers............ Enregistrement............ Papier............ Rôles............ Copie............	» » / » » / » » / » » / » »	» » / » » / » » / » » / » »
119.	448. Acte d'avoué à la requête du second saisissant pour requérir la subrogation, lorsque le premier saisissant n'a pas poursuivi sur la seconde saisie (Art. 721 C. p. c.)............ Et pour les droits d'audience, comme en affaire sommaire (Art. 718 C. p. c.).	1 55	6 25	4 89	Papier............ Signification et enregistrement............ Original............ Copie............	» 70 / » 55 / 5 » / 1 95	» 70 / » 80 / 5 15 / » 94
						7 80	6 19
120.	449. Vacation de l'avoué pour faire viser par le greffier l'exploit d'intimation d'appel du jugement en vertu duquel il a été procédé à la saisie............	» »	2 »	1 50			
	§ II. — Demande afin de distraction.						
121.	450. Vacation pour déposer au greffe les titres justificatifs de la demande en distraction de tout ou partie de l'immeuble saisi (Art. 728 C. p. c.)............	» »	3 »	2 15			
	451. Requête d'avoué à avoué, contenant demande à fin de distraire, avec copie de l'acte de dépôt (Art. 727-728 C. p. c.)............ Si quelques-unes des parties n'ont point constitué d'avoué, cette demande doit être formée à leur égard par exploit d'ajournement, taxé comme tous exploits ordinaires. Et pour les autres droits, comme en matière sommaire.	» »	» »	» »	Papier............ Droit des huissiers et enregistrement, rôles............ Copie............	» » / » 85 / » »	» » / » 80 / » »
125.	452. Requête d'avoué à avoué, contenant demande en décharge de l'adjudication préparatoire, en cas de demande, à fin de distraire (Art. 729 C. p. c.)............ *(Ces requêtes ne pourront excéder trois rôles.)* Pour le jugement et les actes qui ont précédé, comme en matière sommaire (Art. 718 C. p. c.)	» 65	7 50	5 65	Papier............ Droit des huissiers et enregistrement............ Trois rôles............ Copie, le quart............	2 80 / » 85 / 6 » / 1 50	2 80 / » 80 / 4 80 / 1 13
						11 13	9 25
	§ III.						
124-125.	453. Demandes en nullité de la part du saisi............ Ces demandes sont formées par requête d'avoué à avoué, et taxées d'après le nombre de rôles, à raison de 3 fr. par rôle à Paris, et de 1 fr. 50 c. ailleurs, et le quart pour la copie (Art. 733-735 C. p. c.). La procédure comme en matière sommaire.	» »	» »	» »	Papier............ Droit des huissiers et enregistrement, rôles............ Copie, le quart............	» » / » 85 / » »	» » / » 80 / » »

ARTICLES du tarif.	DÉSIGNATION DES ACTES.	NUMÉROS	ÉMOLUMENS. Paris et villes assimilées.	ÉMOLUMENS. Villes d'arrondissem'.	DÉTAIL.	A PARIS et villes assimilées.	VILLES d'arrondiss'.
			fr. c.	fr. c.		fr. c.	fr. c.
	§ IV. — Folle-enchère.						
126.	454. Vacation pour requérir le certificat du greffier, constatant que l'adjudicataire n'a point justifié de l'acquit des conditions exigibles de l'adjudication (Art. 738 C. p. c.)		5 »	2 25			
	Coût dudit certificat.						
	Sur ce certificat et sans autre procédure, il sera apposé nouveaux placards et lettres antérieu- rement dans la forme prescrite, etc. (Art. 739 C. p. c.)						
	Placards, insertions et adjudication, comme en saisie immobilière (Art. 739-740- 741 C. p. c.)						
	§ V. — Demande en conversion.						
127.	455. Requête non grossoyée et non signifiée sur le consentement de toutes les parties intéressées, pour demander, après saisie immobilière, que l'immeuble soit vendu aux enchères, par devant notaire ou en justice (Art. 747 C. p. c.)		6 »	4 50			
	Cette action qui peut être introduite, soit par exploit, soit par requête d'avoué à avoué, donne lieu à la procédure comme en matière sommaire. C'est un inci- dent qui est réglé par l'art. 718 du Code de procédure civile.						

CHAPITRE XXXI.

Correspondant au Titre 14 du Livre V, première partie.

POURSUITE D'ORDRE.

ARTICLES du tarif.	DÉSIGNATION DES ACTES.	NUMÉROS	ÉMOLUMENS. Paris et villes assimilées.	ÉMOLUMENS. Villes d'arrondissem'.	DÉTAIL.	A PARIS et villes assimilées.	VILLES d'arrondiss'.
	455 bis. Extrait des inscriptions, délivré par le conservateur des hypothèques (Art. 12 C. p. c.).						
131.	456. Vacation de l'avoué pour se faire délivrer l'extrait		6 »	4 50			
150.	457. Vacation pour requérir, sur le registre tenu au greffe, la nomination d'un juge-commissaire pour procéder à l'ordre, et droits du greffe (Art. 751 C. p. c.)	75	6 »	4 50			
	458. Procès-verbal d'ouverture d'ordre devant le juge-commissaire.						
151.	459. Requête au juge-commissaire, à l'effet d'obtenir son ordonnance portant que les créanciers inscrits seront tenus de produire, et vacation pour se faire délivrer l'ordonnance; le tout ensemble (Art. 752-753 C. p. c.)	55	3 »	2 25	Papier. . . . . — Émolument	» 35 3 » 3 35	» 35 2 25 2 60
152.	460. Sommation d'avoué à avoué aux créanciers inscrits qui en ont constitué, de pro- duire dans le mois (Art. 753 C. p. c.)	»	» »	» »	Papier. . . . . — Enregistrement . . . . — Droit des huissiers audienciers, à rai- son de 35 cent. par chaque avoué . — Original. . . . . — Un quart pour chaque copie . . .	» » » » » » 1 » » »	» » » » » » » 75 » »

ARTICLES du tarif	DÉSIGNATION DES ACTES.		ÉMOLUMENS Procès et villes assimilées fr. c.	ÉMOLUMENS Villes d'arrondissem¹. fr. c.	DÉTAIL.	À PARIS et villes assimilées fr. c.	VILLES d'arrondiss¹. fr. c.
49.	Si la sommation est faite par acte aux domiciles élus (Art. 783 C. p. c.). Copie des requête et ordonnance, d'après l'art. 72 du Tarif si c'est l'avoué qui les signe, et d'après l'art. 28 si c'est l'huissier.	»	» »	» »	Papier.	» »	» »
					Enregistrement.	» »	» »
					Original.	2 »	1 50
					Un quart pour chaque copie.	» »	» »
					Copie de pieces.	» »	» »
133.	461. Acte de production de titres, contenant demande en collocation et constitution d'avoué, y compris la vacation pour produire (Art. 754 C. p. c.). *(Cet acte ne sera point signifié; le commissaire fera mention de la remise sur son procès-verbal (Art. 754 C. p. c.).)*	»	20 »	15 »			
134.	462. Dénonciation par acte d'avoué à avoué, aux créanciers produisans et à la partie saisie, de la confection de l'état de collocation, avec sommation d'en prendre communication, et de contredire, s'il y échet, sur le procès-verbal du commissaire, dans le délai d'un mois; le procès-verbal ne sera ni levé ni signifié, et il ne sera enregistré que lors de la délivrance des mandemens (Art. 755 C. p. c.).	»	» »	» »	Papier.	» »	» »
					Enregistrement.	» »	» »
					Droit des huissiers audienciers.	» »	» »
					Original.	3 »	2 25
					Un quart par copie.	» »	» »
135.	463. Vacation de chaque avoué des créanciers produisans, pour prendre communication des productions, et contredire sur le procès-verbal du commissaire, sans qu'il puisse être passé plus d'une vacation dans le même ordre, sous quelque prétexte que ce soit (Art. 756 C. p. c.).	»	10 »	7 50			
14.	464. Il sera passé à l'avoué poursuivant une demi-vacation pour chaque production, pour en prendre communication, et contredire s'il y a lieu.	»	5 »	3 75			
136.	465. Acte de dénonciation aux créanciers inscrits et à la partie saisie, des productions faites après les délais dans les ordres, et sommation d'en prendre communication et de contredire s'il y a lieu.	»	» »	» »	Papier.	» »	» »
					Enregistrement.	» »	» »
					Droit des huissiers.	» »	» »
					Original.	3 »	2 25
					Un quart par chaque copie.	» »	» »
137.	466. Vacation pour requérir et se faire délivrer le mandement ou bordereau de collocation.	»	5 »	3 75			
	467. Coût du mandement. *(Au greffier.)*						
49.	468. Acte de signification d'scellé à l'acquéreur, s'il y a lieu. Copie du mandement, d'après l'art. 72 ou l'art. 28 du Tarif, selon qu'elle sera signée par l'avoué ou l'huissier.	»	» »	» »	Papier.	» »	» »
					Enregistrement.	» »	» »
					Original.	2 »	1 50
					Copie.	» 50	» 38
					Copie du mandement.	» »	» »

ARTICLES du Tarif	DÉSIGNATION DES ACTES.	Déboursés.	ÉMOLUMENS.		DÉTAIL.	A PARIS et villes assimilées.	VILLES d'arrondissement.
			Paris et villes assimilées.	Villes d'arrondissement.			
		fr. c.	fr. c.	fr. c.		fr. c.	fr. c.
	DEMANDE EN SUBROGATION A LA POURSUITE D'ORDRE.						
138.	469. En cas de retard ou de négligence dans la poursuite d'ordre, la subrogation pourra être demandée par requête insérée au procès-verbal d'ordre, communiquée au poursuivant par acte d'avoué, jugée sommairement en la chambre du conseil, sur le rapport du juge-commissaire (Art. 779 C. p. c.)	1 »	3 »	2 25	Papier	» 30	» 70
					Enregistrement	3 30	3 30
					Emolument	3 »	2 25
						7 »	6 25
139.	470. Vacation pour faire insérer la requête au procès-verbal du juge commissaire . .	»	1 50	1 15			
id. 72.	471. Signification de ladite requête au poursuivant l'ordre, par acte d'avoué.	»	» »	» »	Papier	» »	» »
	Copie de la requête				Enregistrement	» »	» »
					Droit des huissiers	» »	» »
					Original	1 »	» 75
					Un quart pour la copie	» 25	» 10
					Copie de la requête	» »	» »
	472. Coût du jugement.						
70.	473. Signification du jugement de subrogation aux avoués des créanciers produisant et de la partie saisie	»	» »	» »	Papier	» »	» »
					Enregistrement	» »	» »
					Droit des huissiers	» »	» »
					Copie du jugement	» »	» »

CONTESTATION SUR LA POURSUITE D'ORDRE.

Pour cette procédure, voyez les n°° 402 et 403, sur les contestations en matière de poursuite de contribution.

CHAPITRE XXXII.

Correspondant au Titre 15 du Livre V, première partie.

DE L'EMPRISONNEMENT.

76.	474. Requête au président du tribunal civil pour faire commettre un huissier à l'effet de signifier le jugement prononçant la contrainte par corps (Art. 780 C. p. c.) . .	65	2 »	1 50	Papier	» 35	» 35
					Enregistrement	3 30	3 30
					Emolument	2 »	1 50
						5 65	5 15
51.	475. Signification du jugement et desdites requête et ordonnance avec commandement (Art. 780 C. p. c.)	»	» »	» »	Original	3 »	2 »
	(Si la signification est faite par un huissier d'une ville ou d'un canton rural, l'original n'est que de 1 fr. 15 c. au lieu de 3 fr. » c.)				Copie	» 75	» 50
	Nota. Si les copies de pièces sont signées par l'avoué, elles seront évaluées d'après l'art. 72 du Tarif, et si elles sont signées par l'huissier, d'après l'art. 28 du même Tarif.				Copie de pièces	» »	» »
					Papier	» »	» »
					Enregistrement	4 90	2 90

18.

ARTICLES du Tarif.	DÉSIGNATION DES ACTES.	(fr. c.)	ÉMOLUMENS. Paris et villes assimilées. (fr. c.)	ÉMOLUMENS. Villes d'arrondissem¹. (fr. c.)	DÉTAIL.	A PARIS et villes assimilées. (fr. c.)	VILLES d'arrondissem¹. (fr. c.)
	476. Dépôt des titres et pièces entre les mains du vérificateur au bureau des gardes du commerce (Art. 9 et 21 du décret du 14 mars 1808, concernant les gardes du commerce). (Plus, le timbre du certificat.)	» »	5 »	» »			
	477. Visa apposé sur chaque pièce produite ou signifiée par le créancier (Art. 11 du même décret).	» »	» 25	» »			
	478. Certificat du vérificateur qu'il n'est survenu aucun empêchement à l'exécution de la contrainte (Art. 11 du même décret). (Outre les droits d'enregistrement, et le papier.)	» »	2 »	» »			
53.	479. Vacation pour obtenir l'ordonnance du juge de paix, à l'effet par lui de se transporter avec le garde du commerce dans la maison où se trouve le débiteur (Art. 781 C. p. c.).	» »	2 50	2 »			
	480. Enregistrement de l'ordonnance du juge de paix.						
6.	481. Vacation du juge de paix à l'arrestation du débiteur (Art. 781 C. p. c.). (Dans les cantons ruraux, 5 fr.)	» »	10 »	7 50			
55.	482. Pour le procès-verbal d'emprisonnement, y compris l'assistance de deux recors et l'écrou (Art. 20 du décret du 14 mars 1808 et 785 du C. p. c.). Plus, les déboursés. (Dans les cantons ruraux, 3 fr.)	» »	60 »	40 »			
	483. Procès-verbal dans le cas où l'arrestation n'a pu s'effectuer, à Paris seulement et dans les villes où il y a des gardes du commerce (Art. 20 du décret du 14 mars 1808). (Plus, les déboursés.)						
58.	484. Copie du procès-verbal d'emprisonnement et de l'écrou au débiteur (Art. 789 C. p. c.). (Et les déboursés.)	» »	5 »	2 25			
54.	485. Vacation du garde du commerce ou de l'huissier en référé, si le débiteur le requiert (Art. 876 C. p. c. et 17 du décret du 14 mars 1808).	» »	8 »	6 »			
95.	486. Vacation des avoués audit référé, s'ils y sont appelés.	» »	5 »	3 75			
	487. Enregistrement de l'ordonnance qui intervient sur le référé, et consignée au procès-verbal d'arrestation (Art. 787 C. p. c.).						
50.	488. Transcription faite par le geôlier, sur son registre, du jugement qui autorise l'arrestation (Art. 790 C. p. c.).	» »	» »	» »	Par rôle d'expédition.	» 25	» 20
57.	489. Recommandation du débiteur emprisonné, sans l'assistance de recors (Art. 792-793 C. p. c., et 19-20 du décret du 14 mars 1808). Plus, copie des titres.	» »	» »	» »	Original. Le quart pour chaque copie au débiteur et au geôlier. Papier. Enregistrement.	6 » 1 » » » 2 20	3 » » 75 » » 2 20

ARTICLES du tarif.	DÉSIGNATION DES ACTES.	Déboursés.	ÉMOLUMENS. Paris et villes assimilées.	ÉMOLUMENS. Villes d'arrondissement.	DÉTAIL.	A PARIS et villes assimilées.	VILLES d'arrondissement.
		fr. c.	fr. c.	fr. c.		fr. c.	fr. c.
77.	490. Requête pour avoir permission d'assigner, si le débiteur demande ou la nullité de son emprisonnement, ou sa liberté, dans tous les cas prévus par l'art. 800 du Code de procédure civile (Art. 794-795-800 C. p. c.).	» 65	3 »	2 25	Papier.	» 55	» 55
					Enregistrement.	3 30	3 30
					Émolument.	3 »	2 25
						6 65	5 90
Id	491. Requête pour assigner le geôlier qui refuse de recevoir la consignation de la dette (Art. 802 C. p. c.).	» 65	3 »	2 25	Papier.	» 55	» 55
					Enregistrement.	3 30	3 30
					Émolument.	3 »	2 90
						6 65	5 90
29.	492. Assignation à bref délai, avec copie des requête et ordonnance, par l'huissier commis (Art. 795 C. p. c.).	»	» »	» »	Papier.		
					Enregistrement.	2 20	2 20
					Original.	2 »	1 50
					Copie.	» 50	» »
					Rôles évalués.	» »	» »
90.	493. Vacation de l'avoué pour communiquer au ministère public (Art. 795 C. p. c.). Cette action sera jugée *sommairement*. (Voyez le chapitre des *Matières sommaires* et l'art. 795 du Code de procédure civile).	»	1 50	1 15			
92.	494. Signification du jugement qui déclare l'emprisonnement nul et ordonne la mise en liberté du débiteur.	»	» »	» »	Papier.	» »	» »
					Enregistrement.	» »	» »
					Original.	4 »	5 »
					Copies au créancier et au geôlier.	2 »	1 80
					Copie du jugement.	» »	» »

CHAPITRE XXXIII.

Correspondant au Titre 10 du Livre V, première partie.

RÉFÉRÉ.

ARTICLES du tarif.	DÉSIGNATION DES ACTES.	Déboursés.	ÉMOLUMENS. Paris et villes assimilées.	ÉMOLUMENS. Villes d'arrondissement.	DÉTAIL.	A PARIS et villes assimilées.	VILLES d'arrondissement.
76.	495. Requête à fin d'assigner extraordinairement un référé, si le cas requiert célérité (Art. 808 C. p. c.).	» 65	2 »	1 50	Papier.	» 55	» 55
					Enregistrement.	3 30	3 30
					Émolument.	2 »	1 50
						5 65	5 15
29.	496. Assignation, avec copie desdites requête et ordonnance, par un huissier commis.	»	» »	» »	Papier.		
					Enregistrement.	2 20	2 20
					Original.	2 »	1 80
					Copie.	» 50	» 38
					Copie de pièces.	» 50	» 38

ARTICLES du Tarif.	DÉSIGNATION DES ACTES.	DÉBOURSÉS.	ÉMOLUMENS. Paris et villes assimilées.	ÉMOLUMENS. Villes d'arrondissem'.	DÉTAIL.	A PARIS et villes assimilées.	VILLES d'arrondissem'.
		fr. c.	fr. c.	fr. c.		fr. c.	fr. c.
29.	497. Exploit d'assignation en référé, non précédé de requête et ordonnance de juge (Art. 807 C. p. c.)	1 50	2 50	1 88	Papier. Enregistrement. Original. Copie.	» 70 2 20 2 » » 50	» 70 2 20 1 80 » 58
						5 40	4 78
95.	498. Vacation en référé:						
	S'il est par défaut	»	3 »	2 25			
	S'il est contradictoire	»	6 »	5 75			
	499. Coût de l'ordonnance.						
29.	500. Signification de l'ordonnance à domicile	»	» »	» »	Papier. Enregistrement. Original. Copie. Copie de l'ordonnance.	» 2 20 2 » » 50 » »	» 2 20 1 50 » 58 » »

CHAPITRE XXXIV.

Correspondant au Titre 1er du Livre 1er, première partie.

OFFRES DE PAIEMENT ET CONSIGNATION.

ARTICLES du Tarif.	DÉSIGNATION DES ACTES.	DÉBOURSÉS.	ÉMOLUMENS. Paris et villes assimilées.	ÉMOLUMENS. Villes d'arrondissem'.	DÉTAIL.	A PARIS et villes assimilées.	VILLES d'arrondissem'.
59.	501. Pour l'original d'un procès-verbal d'offres, contenant le refus ou l'acceptation du créancier (Art. 815 C. p. c.)	»	» »	» »	Original. Copie. Papier. Enregistrement.	5 » » 75 » » » »	2 95 » 37 » » » »
99.	502. Sommation d'être présent à la consignation de la somme offerte (Art. 1259 C. c.)	1 90	2 80	1 88	Original. Copie, le quart. Papier. Enregistrement.	2 » » 50 » 70 2 90	1 80 » 38 » 70 2 20
						5 40	4 78
60.	503. Procès-verbal de consignation de la somme offerte, copie au dépositaire et copie au créancier (Si le créancier n'est pas présent à la consignation, il n'y aura qu'une copie; mais dans ce cas il faudra lui signifier le procès-verbal.)	4 30	7 80	6 »	Original. Deux copies. Enregistrement. Papier.	5 » 2 50 2 90 2 10	4 » 2 » 2 20 2 10
						11 80	10 30
99.	504. Sommation aux créanciers d'enlever le corps certain qui doit être livré au lieu où il se trouve Art. 1264 C. civ.). Requête au juge, à l'effet d'être autorisé à déposer le corps certain dans un autre lieu que celui où il est placé, assignation en référé, vacation, ordonnance, signification d'icelle (Art. 1264 C. civ. — (Voyez au chapitre des *Référés*).	»	» »	» »	Original. Copie. Papier. Enregistrement.	2 » » » » » 2 20	1 50 » » » » 2 20

ARTICLES du TARIF.	DÉSIGNATION DES ACTES.	Déboursés.	ÉMOLUMENS. Paris et villes assimilées.	ÉMOLUMENS. Villes d'arrondissem'.	DÉTAIL.	A PARIS et villes assimilées.	VILLES d'arrondiss'.
29.	505. Exploit de demande en validité d'offres. Pour le reste de la procédure, jusques y compris le jugement définitif, comme en matière sommaire.	» 90	2 80	1 88	Original. Copie. Papier. Enregistrement.	2 » » 30 » 70 2 20 ——— 5 40	1 50 » 38 » 70 2 20 ——— 4 78
15.	506. Requête sur la demande incidente en validité ou nullité d'offres réelles (Art. 8? C. p. c.).	»	» »	» »	Papier. Droit des huissiers et enregistrement.	» » » 85	» » » 80
Id.	507. Requête en réponse, comme à l'art. 506 ci-dessus. Le reste de la procédure, jusques et compris le jugement et signification, comme en matière sommaire.				Original, 2 fr. par rôle. Copie, le quart.	» » » »	» » » »

CHAPITRE XXXV.

Correspondant au Titre 2 du Livre 1er, deuxième partie.

DE LA SAISIE-GAGERIE ET DE LA SAISIE-ARRÊT SUR DÉBITEURS FORAINS.

ARTICLES du TARIF.	DÉSIGNATION DES ACTES.	Déboursés.	ÉMOLUMENS. Paris et villes assimilées.	ÉMOLUMENS. Villes d'arrondissem'.	DÉTAIL.	A PARIS et villes assimilées.	VILLES d'arrondiss'.
29.	508. Commandement qui doit précéder la saisie-gagerie (Art. 819 C. p. c.).	» 90	2 50	1 88	Original. Copie. Papier. Enregistrement.	2 » » 50 » 70 2 20 ——— 5 40	1 50 » 38 » 70 2 20 ——— 4 78
01.	509. Les procès-verbaux de saisie gagerie sur locataires ou fermiers, et ceux de saisie des effets des débiteurs forains, seront taxés comme ceux de saisie-exécution (Voyez le n° 336 du présent État).						
20.	510. Assignation en validité de saisie-gagerie ou des effets du débiteur forain (Art. 8? C. p. c.). Le reste de la procédure, jusques et compris le jugement définitif et poursuites ultérieures, comme en matières sommaires et de saisie-exécution (Voyez à ... chapitres).	» 80	2 80	1 88	Original. Copie. Enregistrement. Papier.	2 » » 50 2 20 » 70 ——— 5 40	1 50 » 38 2 20 » 70 ——— 4 78

CHAPITRE XXXVI.

Correspondant au Titre 3 du Livre 1er, deuxième partie.

SAISIE-REVENDICATION.

ARTICLES du TARIF.	DÉSIGNATION DES ACTES.	Déboursés.	ÉMOLUMENS. Paris et villes assimilées.	ÉMOLUMENS. Villes d'arrondissem'.	DÉTAIL.	A PARIS et villes assimilées.	VILLES d'arrondiss'.
77.	511. Requête à fin de saisir-revendiquer, contenant la désignation des effets (Art. 8?, 827 C. p. c.).	»	3 »	2 25	Papier. Enregistrement. Émolument.	» 70 3 30 3 » ——— 7 »	» 70 3 30 2 25 ——— 6 25

ARTICLES du TARIF.	DÉSIGNATION DES ACTES.	DÉBOURSÉS.	ÉMOLUMENS. Paris et villes assimilées.	ÉMOLUMENS. Villes d'arrondissem¹.	DÉTAIL.	A PARIS et villes assimilées.	VILLES d'arrondissem¹.
162 et 29.	512. Procès-verbal tendant à saisie-revendication, contenant assignation en référé, s'il y a refus de portes ou opposition, compris les témoins (Art. 829 C. p. c.) . . . Vacation et ordonnance sur référé (Voyez nᵒˢ 498 et suivans, chapitre des *Référés*).	» »	» »	» »	Original. . . . . Copie. . . . . Papier. . . . . Enregistrement.	5 » 1 25 » » 2 20	4 » 1 » » » 2 20
6e.	513. Procès-verbal de saisie-revendication, comme celui de saisie-exécution, nº 52... (Art. 850 C. p. c.).						
29.	514. Exploit de demande en validité de la saisie-revendication (Art. 851 C. p. c.) . . . Le surplus de la procédure, jusques et compris le jugement définitif et sa signification, comme en matières sommaires (Voyez ce chapitre).	2 90	2 50	1 88	Original. . . . . Copie, le quart. . . . . . Papier. . . . . Enregistrement.	2 » » 50 » 70 2 20 5 40	1 50 » 38 » 70 2 20 4 78
	CHAPITRE XXXVII. Correspondant au Titre 4 du Livre Iᵉʳ, deuxième partie. DE LA SURENCHÈRE SUR ALIÉNATION VOLONTAIRE.						
16.	515. Requête à fin de commettre un huissier à l'effet de notifier la réquisition de surenchère (Art. 832 C. p. c.).	3 65	2 »	1 50	Papier. . . . . Enregistrement. . . . . Émolument.	» 35 3 30 2 » 5 65	» 35 3 30 1 50 5 15
65.	516. Acte de surenchère (Art. 832 C. p. c.) . . . . La procédure résultant de la surenchère sur aliénation volontaire sera faite sommairement (Art. 832 C. p. c., et argument de l'art. 711 du même Code) (Voyez le chapitre des *Matières sommaires*). Pour parvenir à la revente sur enchères, en vertu de l'art. 2187 du C. civ., le poursuivant fera apposer des placards indicatifs de la première publication, laquelle sera faite quinzaine après cette apposition (Art. 836 C. p. c.). Le reste de la procédure pour les placards, leur insertion, leur publication et apposition, jusqu'à la vente inclusivement, comme en saisie immobilière (Voyez ce chapitre).	» »	» »	» »	Original. . . . . Copie, le quart. . . . . . Enregistrement. . . . . . . Papier. . . . . Copie des requête et ordonnance. .	5 » 1 25 2 20 » » » »	4 » 1 » 2 20 » » » »
	CHAPITRE XXXVIII. Correspondant au Titre 5 du Livre Iᵉʳ, deuxième partie. DES VOIES A PRENDRE POUR AVOIR EXPÉDITION OU COPIE D'UN ACTE, OU POUR LE FAIRE DÉFORMER. § I.						
25.	517. Sommation au notaire de délivrer expédition d'un acte aux parties intéressées (Art. 839 C. p. c.).	2 90	2 50	1 88	Voir le nº 5 du deuxième tableau.	5 40	4 78

ARTICLES du TARIF.	DÉSIGNATION DES ACTES.	DÉBOURSÉS.	ÉMOLUMENS. Paris et villes assimilées.	ÉMOLUMENS. Villes d'arrondissem^t.	DÉTAIL.	A PARIS et villes assimilées.	VILLES d'arrondissem^t.
		fr. c.	fr. c.	fr. c.		fr. c.	fr. c.
78.	**518.** Requête à fin de permission d'assigner le notaire à bref délai (Art. 839 C. p. c.). Nota. Cette procédure se fait sans préliminaire de conciliation ; l'affaire se juge sommairement, et le jugement est exécuté nonobstant opposition et appel (Art. 839-840 C. p. c.).	1 »	7 50	5 50	Papier. . . . . Enregistrement. . . . . Émolument. . . . . — — — — 	» 70 5 30 7 30 ——— 11 50	» 70 5 30 5 50 ——— 9 50
	§ II.						
Id.	**519.** Requête à fin d'obtenir permission de se faire délivrer copie d'un acte non enregistré ou resté imparfait (Art. 851 C. p. c.)	4 »	7 50	5 50	Comme au n° 518 ci-dessus.	11 50	9 50
20.	**520.** Signification de l'ordonnance au notaire, avec sommation de délivrer cette copie et assignation en référé en cas de refus (Art. 842 C. p. c.) . . . . Mise au rôle, vacation et ordonnance sur référé (Art. 843 C. p. c.).	» »	» »	» »	Papier. . . . . Enregistrement. . . . . Original. . . . . Copie, le quart. . . . . Copie de pièces, évalué par rôle.	» » 2 20 2 » » 50 » »	» » 2 20 1 50 » 38 » »
	§ III.						
78.	**521.** Requête à fin d'être autorisé à se faire délivrer une seconde grosse d'obligation, contrats ou jugemens (Art. 844 C. p. c.)	4 »	7 50	5 50	Voir au n° 518 ci-dessus.	11 50	9 50
29.	**522.** Signification de l'ordonnance au notaire ou autre dépositaire, avec sommation de faire la délivrance de la seconde grosse, et aux parties intéressées d'y être présentes (Art. 844-854 C. p. c.)	» »	» »	» »	Voir au n° 520 ci-dessus. . . .	» »	» »
Id.	**523.** Assignation en référé, en cas de refus de délivrance de l'acte, ou en cas de contestation (Art. 845 C. p. c.) . . . . Mise au rôle, vacation des avoués et ordonnance de référé.	3 90	2 50	1 78	Voir le n° 5 du deuxième tableau.	5 40	4 78
	§ IV. — Compulsoire.						
75.	**524.** Requête d'avoué à avoué à fin de compulsoire, laquelle ne pourra excéder [deux] rôles. . . . . . (L'émolument de l'avoué est de 2 fr. par chaque rôle à Paris, et de 1 fr. 50 c. dans les arrondissemens.) La réponse, idem. La demande sera portée à l'audience par un simple acte, et jugée sommairement, sans aucune procédure (Art. 847 C. p. c.).	» »	» »	» »	Papier. . . . . Droit des huissiers et enregistrement. Émolument. . . . . Copie, le quart.	» » » 85 » » » »	» » » 80 » » » »
29.	**525.** Signification du jugement au notaire et aux parties, avec indication du jour pour être présentes au compulsoire (Art. 849 C. p. c.)	» »	» »	» »	Papier. . . . . Enregistrement. . . . . Original. . . . . Copie, le quart. . . . . Copie du jugement en évaluant les rôles.	» » 2 20 2 » » 50 » »	» » 2 20 1 50 » 38 » »
168.	**526.** Vacation du notaire au compulsoire et dires au procès-verbal ; par chaque vacation de trois heures (Art. 840 C. p. c.). . . . . (Et quatre dans les cantons.) Nota. Le ministère des avoués n'est pas prescrit par la loi ; si les parties le requièrent, les vacations seront dues.	» » » »	9 » 6 »	6 » 4 50			

ARTICLES du Tarif	DÉSIGNATION DES ACTES.	DÉPENSES (fr. c.)	ÉMOLUMENS. Paris et villes assimilées (fr. c.)	ÉMOLUMENS. Villes d'arrondissem¹. (fr. c.)	DÉTAIL.	À PARIS et villes assimilées (fr. c.)	VILLES d'arrondiss¹. (fr. c.)
95.	527. Vacation en référé dans le cas où il s'élève des difficultés lors de la collation de l'acte sur la minute (Art. 852 C. p. c.):						
	S'il est par défaut	» »	3 »	2 25			
	S'il est contradictoire	» »	5 »	3 75			
108.	528. Procès-verbal de compulsoire et les frais de transport du dépositaire, s'il y a lieu. *(Les frais seront avancés par le requérant.)*						
	§ V.						
78.	529. Requête au juge, à fin de réformation d'un acte de l'état civil (Art. 855 C. p. c.).	1 »	7 50	5 50			
90.	530. Vacation pour communiquer les pièces au ministère public (Art. 856 C. p. c.).	» »	1 50	1 15	Papier	» 10	» 10
	531. Jugement.				Enregistrement	5 30	5 30
	Nota. Il ne sera point fait de signification du jugement à l'officier de l'état civil, c'est l'expédition qui doit lui être remise (Art. 857 C. p. c.) pour que la rectification ou le changement soit opéré.				Émolument	7 80	5 80
	S'il est ordonné que les parties intéressées seront appelées, la demande sera formée par exploit, sans préliminaire de conciliation.					11 50	9 80
	Si les parties sont en instance, la demande se forme par acte d'avoué à avoué (Art. 858 C. p. c.).	1 25	» 50	» 25	Papier	» 70	» 70
					Enregistrement	» 55	» 55
					Droit des huissiers	» 30	» 25
						1 55	1 50
71.	532. Acte contenant demande en rectification d'un acte de l'état civil	» »	6 25	4 69			
	Acte en réponse	» »	6 25	4 69			
	Le reste de la procédure conformément à la loi.						

CHAPITRE XXXIX.

Correspondant au Titre 6 du Livre Ier, deuxième partie.

DE L'ENVOI EN POSSESSION DES BIENS D'UN ABSENT, ET D'UNE SUCCESSION IRRÉGULIÈRE.

§ I.

ARTICLES du Tarif	DÉSIGNATION DES ACTES.	DÉPENSES (fr. c.)	ÉMOLUMENS. Paris et villes assimilées (fr. c.)	ÉMOLUMENS. Villes d'arrondissem¹. (fr. c.)	DÉTAIL.	À PARIS et villes assimilées (fr. c.)	VILLES d'arrondiss¹. (fr. c.)
78.	533. Requête à l'effet de faire pourvoir à l'administration des biens d'une personne présumée absente (Art. 859 C. p. c. et 112 C. civ.)	» 70	7 50	5 50	Papier	» 70	» 70
	Les procédures indiquées dans ce chapitre s'instruisent et se jugent comme en matières sommaires.				Émolument	7 50	5 50
						8 20	6 20

ARTICLES du TARIF	DÉSIGNATION DES ACTES.	acquités.	ÉMOLUMENS. Paris et villes assimilées.	Villes d'arrondissem.	DÉTAIL.	A PARIS et villes assimilées.	VILLES d'arrondissem.
		fr. c.	fr. c.	fr. c.		fr. c.	fr. c.
	§ II.						
77.	834. Requête pour faire commettre un notaire pour représenter les héritiers absens (Art. 113 C. civ.)	4 »	3 »	2 25	Papier.	» 70	» 70
					Enregistrement.	5 30	3 30
					Émolument.	3 »	2 25
						7 »	6 25
	§ III.						
78.	835. Requête à fin de permission de faire enquête pour constater l'absence (Art. 117 C. civ.)	4 »	7 50	3 50	Comme au n° 829 ci-dessus. . .	11 50	9 50
	536. Jugement.						
	§ IV.						
Id.	537. Requête à fin d'envoi en possession provisoire des biens d'un absent (Art. 860 C. p. c. et 120 C. civ.)	70	7 50	5 50	Papier.	» 70	» 70
					Émolument.	7 50	5 50
	538. Jugement.					8 20	6 20
29.	539. Requête au juge commis par le jugement, à l'effet d'indiquer jour et heure pour recevoir la caution.	5 65	2 »	1 50	Papier.	» 35	» 35
					Enregistrement.	3 30	3 30
					Émolument.	2 »	1 50
						5 65	5 15
78.	540. Signification à M. le procureur du roi de l'ordonnance du juge-commissaire, avec notification que les pièces justificatives de la solvabilité de la caution sont déposées au greffe.	» »	» »	» »	Papier.	» »	» »
					Enregistrement.	2 20	2 20
					Original.	2 »	1 50
					Copie, le quart.	» 50	» 38
					Visa.	1 »	» 78
					Copie des pièces.	» »	» »
90.	541. Vacation de l'avoué au dépôt des pièces.	» »	1 50	1 15			
	542. Procès-verbal de réception de caution.						

ARTICLES du TARIF.	DÉSIGNATION DES ACTES.	DÉBOURSÉS.	ÉMOLUMENS. Paris et villes assimilées.	Villes d'arrondissem.	DÉTAIL.	A PARIS et villes assimilées.	VILLES d'arrondissem.
		fr. c.	fr. c.	fr. c.		fr. c.	fr. c.
	CHAPITRE XL. Correspondant au Titre 7 du Livre 1er, deuxième partie. **AUTORISATION DE LA FEMME MARIÉE.** § I.						
29.	543. Sommation à la requête de la femme à son mari de l'autoriser (Art. 861 C. p. c.).	2 90	2 50	1 88	Papier. . . . . Enregistrement. . . . . Original. . . . . Copie, le quart.	» 70 2 20 2 » » 50	» 70 3 90 1 50 » 38
						5 40	4 78
	544. Requête à l'effet de citer le mari pour déduire les causes de son refus (Art. 861 C. p. c.).	2 68	7 50	7 50	Papier. . . . . Enregistrement. . . . . Émolument.	» 35 3 30 7 50	» 35 3 30 5 50
						11 15	9 15
Id.	545. Citation au mari en la chambre du conseil, pour déduire les causes de son refus (Art. 861 C. p. c.).	»	» »	» »	Papier. . . . . Original. . . . . Copie, le quart. . . . . Enregistrement. . . . . Copie de pièces.	» » 2 » » 50 2 20 » »	» » 1 50 » 38 2 20 » »
90.	546. Vacation à communiquer les pièces au ministère public (Art. 862 C. p. c.). . . .	»	1 50	1 15			
67.	547. Assistance de l'avoué au jugement : S'il est par défaut. . . . . S'il est contradictoire.	» »	7 50 15 »	5 62 11 25			
Id.	548. Jugement, qualité et signification d'icelui, comme en matières sommaires.						
	§ II. Si le mari est présumé absent.						
549.	549. Acte de notoriété pour constater l'absence (Art. 863 C. p. c.).						
18.	550. Requête au tribunal pour faire autoriser la femme. Si l'absence du mari est déclarée, ou s'il est interdit, il suffit de produire, au lieu d'acte de notoriété, le jugement d'absence ou d'interdiction. Le reste de la procédure, comme en matières sommaires (Voyez au chapitre 1er du 3e État).	»	7 50	5 50	Papier. . . . . Enregistrement. . . . . Émolument.	» 70 3 30 7 50	» 70 3 30 5 50
						11 50	9 50

CHAPITRE XLI.

Correspondant au Titre 7 du Livre 1er, deuxième partie.

SÉPARATION DE BIENS.

Articles du Tarif	Désignation des actes	Journées	Émolumens. Paris et villes assimilées	Émolumens. Villes d'arrondissem.t	Détail	A Paris et villes assimilées	Villes d'arrondissem.t
		fr. c.	fr. c.	fr. c.		fr. c.	fr. c.
78.	551. Requête de la femme à fin d'autorisation pour se pourvoir en séparation de biens (Art. 865 C. p. c.)	1 »	7 50	5 50	Papier.	» 70	» 70
					Enregistrement.	3 30	3 30
					Emolument.	7 50	5 50
						11 50	9 50
29.	552. Exploit de demande en séparation de biens (Art. 866 C. p. c.)	» »	» »	» »	Original.	2 »	1 50
					Copie, le quart.	» 60	» 38
					Enregistrement.	2 20	2 90
					Papier.	» »	» »
					Copie de pièces.	» »	» »
92.	553. Vacation de l'avoué pour faire et remettre l'extrait de la demande en séparation de biens, qui doit être inséré dans les tableaux de l'auditoire du tribunal où se poursuit la séparation et du tribunal de commerce, des chambres des avoués de première instance et des notaires, et le faire insérer dans un journal; le tout ensemble (Art. 866–867–868 C. p. c.). (L'art. 92 du Tarif, qui sert de base à la perception des droits et émoluments des avoués, ne peut être divisé.)	» »	6 »	4 50			
	554. Certificat de ladite insertion.						
	555. *Idem* du greffier du tribunal de commerce.						
	556. *Idem* de la chambre des avoués.						
	557. *Idem* de la chambre des notaires.						
	558. Coût de l'insertion dans le journal (Suivant quittance.) *Pour la condamnation en séparation de biens, l'instruction, le jugement qui ordonne une enquête s'il y a lieu, jusqu'au jugement définitif, voyez au titre des Matières ordinaires.*						
	559. Sommation à la requête des créanciers du mari à l'avoué de la femme poursuivant sa séparation de biens, de leur communiquer la demande et les pièces justificatives (Art. 871 C. p. c.)	1 25	1 55	1 10	Papier.	» 70	» 70
					Droit des huissiers et enregistrement.	» 85	» 80
					Original.	1 »	» 75
					Copie, le quart.	» 25	» 19
						2 80	2 44
70 et 75	560. Requête d'intervention des créanciers sur la demande en séparation de biens, et procédure y relative (Art. 68 C. de comm.).						
91.	561. Vacation de l'avoué à la renonciation de la femme à la communauté (Art. 874 C. p. c.).	» »	3 »	2 25			
	562. Renonciation à la communauté de biens (Art. 874 C. p. c.).						

ARTICLES du tarif.	DÉSIGNATION DES ACTES.	DÉBOURSÉS.	ÉMOLUMENS. Paris et villes assimilées. fr. c.	ÉMOLUMENS. Villes d'arrondissement. fr. c.	DÉTAIL.	À PARIS, villes assimilées. fr. c.	VILLES d'arrondissement. fr. c.
92	563. Vacation de l'avoué à faire insérer le jugement de séparation de biens dans les tableaux placés à cet effet dans l'auditoire des tribunaux de première instance et de commerce du domicile du mari, dans les chambres des avoués et des notaires, dans un journal; *le tout ensemble.*	»	6 »	4 50			
	564. Certificat du greffier du tribunal civil de première instance.						
	565. *Idem* du greffier du tribunal de commerce.						
	566. *Idem* de la chambre des avoués.						
	567. *Idem* de la chambre des notaires.						
	568. Coût de l'insertion dans un journal. (sur quittance.)						

CHAPITRE XLII.

Correspondant au Titre 9 du Livre 1er, deuxième partie.

§ 1.

DE LA SÉPARATION DE CORPS.

ARTICLES du tarif.	DÉSIGNATION DES ACTES.	DÉBOURSÉS.	ÉMOLUMENS. Paris et villes assimilées. fr. c.	ÉMOLUMENS. Villes d'arrondissement. fr. c.	DÉTAIL.	À PARIS, villes assimilées. fr. c.	VILLES d'arrondissement. fr. c.
79	569. Requête de l'époux qui se pourvoit en séparation de corps, contenant sommairement les faits (Art. 875 C. p. c.).	»	15 »	12 »	Papier. Enregistrement. Émolument.	» 70 3 50 15 » — 19 »	» 70 5 50 12 » — 16 »
80	570. Exploit de signification de ladite requête et de l'ordonnance à l'époux défendeur, avec sommation de comparaître devant M. le président (Art. 876 C. p. c.).	»	» »	» »	Copie des requête et ordonnance. Original. Copie, le quart. Papier employé. Enregistrement.	» » 2 » » 50 » » 2 20	» » 1 50 » 38 » » 2 20
	571. Enregistrement de la seconde ordonnance qui intervient *après la comparution des parties en personne, sans pouvoir se faire assister d'avoués ni de conseils* (Art. 877 et 878 C. p. c.).	2 50					
Id.	572. Exploit de demande ou séparation de corps (Art. 878 C. p. c.). Le reste de la procédure, le jugement qui ordonne l'enquête, s'il y a lieu, jusques et compris le jugement définitif, comme en matières ordinaires.	»	» »	» »	Papier. Enregistrement. Original. Copie, le quart. Copie de l'ordonnance.	» » 2 20 2 » » 50 » »	» » 2 20 1 50 » 38 » »
92	573. Vacation de l'avoué pour faire insérer et publier le jugement de séparation de corps, conformément à l'art. 872 du C. de proc. civ. et aux art. 806, 807 et 808 du même Code; *le tout ensemble.*	»	6 »	4 50			

ARTICLES du TARIF.	DÉSIGNATION DES ACTES.	DÉBOURSÉS.	ÉMOLUMENS. Paris et villes assimilées.	ÉMOLUMENS. Villes d'arrondissement.	DÉTAIL.	À PARIS et villes assimilées.	VILLES d'arrondissement.
		fr. c.	fr. c.	fr. c.		fr. c.	fr. c.
	574. Certificat du greffier du tribunal civil.						
	575. *Idem* du greffier du tribunal de commerce.						
	576. *Idem* de la chambre des avoués.						
	577. *Idem* de la chambre des notaires.						
	578. Coût de l'insertion dans un journal (Art. 880 C. p. c.). [Sur quittance.]						
	§ II.						
	DU DIVORCE.						
79.	579. Requête en divorce pour cause déterminée (Art. 236 C. civ.) . . . . (Le divorce a été aboli par la loi du 8 mai 1816; la séparation de corps a seule été conservée.) (On a néanmoins établi la procédure sur le divorce, parce que plusieurs fois, depuis la loi du 8 mai, on a remis en question les principes et les conséquences du divorce, et qu'il est présumable qu'ils seront adoptés pour tarif.)	»	15 »	12 »	Papier employé. . . . . Enregistrement. . . . . Émolument.	» 70 3 30 15 » 19 »	» 70 3 30 12 » 16 »
	580. Expédition de l'ordonnance portant que copie d'icelle sera adressée à l'époux défendeur par l'huissier commis à cet effet.						
20.	581. Notification d'icelle (Art. 238 C. civ.).	»	» »	» »	Papier. . . . . Enregistrement. . . . . Original. . . . . Copie, le quart. . . . . Copie de pièces.	» » 2 20 2 » » 50 » »	» » 2 20 1 50 » 38 » »
	582. Jugement qui accordera la permission de citer l'époux défendeur (Art. 240 C. civ.).						
21.	583. Vacation du l'avoué à retirer le jugement qui permet de citer l'époux défendeur (Art. 240 C. civ.)	»	3 »	2 15			
22	584. Exploit de demande en divorce pour cause déterminée (Art. 241 C. civ.)	»	» »	» »	Papier employé . . . . Enregistrement. . . . . Original. . . . . Copie, le quart . . . . Copie de pièces.	» » 2 20 2 » » 50 » »	» » 2 20 1 50 » 38 » »
22.	585. Vacation à assister à huis clos les époux, par chaque trois heures (Art. 244 C. civ.)	»	6 »	4 30			
	586. Expédition du procès-verbal de comparution, dires et observations des parties (Art. 244 C. civ.).						
	587. Ordonnance du tribunal, portant renvoi des parties à l'audience publique, avec indication de jour et heure (Art. 245 C. civ.).						

ARTICLES du TARIF	DÉSIGNATION DES ACTES	DÉBOURSÉS (fr. c.)	ÉMOLUMENS — Paris et villes assimilées (fr. c.)	ÉMOLUMENS — Villes d'arrondissem.t (fr. c.)	DÉTAIL	A PARIS et villes assimilées (fr. c.)	VILLES d'arrondissem.t (fr. c.)
29.	588. Exploit de signification dudit procès-verbal et de l'ordonnance, avec citation à l'époux défendeur au jour indiqué (Art. 245 C. civ.).	» »	» »	» »	Papier employé.	» »	» »
					Enregistrement.	2 20	2 20
					Original.	2 »	1 80
					Copie, le quart.	» 30	» 38
					Copie de pièces.	» »	» »
90.	589. Vacation à communiquer les pièces au procureur du roi (Art. 243 C. civ.).	» »	1 80	1 15			
97.	590. Obtention du jugement sur l'admission ou le rejet de la demande en divorce.						
	S'il est par défaut.	» »	7 30	5 65			
	S'il est contradictoire.	» »	15 »	14 15			
Id.	591. Qualités du jugement rendu contradictoirement pour dressé et signification du jugement à avoué.	» »	3 75	2 79			
	Plus, les déboursés.						
	592. Jugement.						
29.	593. Signification à domicile.	» »	» »	» »	Papier employé.	» »	» »
	Si le jugement, en admettant la demande en divorce, a ordonné l'enquête.				Enregistrement.	2 20	2 20
					Original.	2 »	1 80
					Copie, le quart.	» 30	» 38
					Copie du jugement.	» »	» »
	594. Exploit de citation aux témoins indiqués à l'effet de déposer (Art. 247 C. civ.).	» »	» »	» »	Papier employé.	» »	» »
					Enregistrement.	» »	» »
					Original.	2 »	1 80
					Copie, le quart, par chaque.	» »	» »
					Copie de pièces.	» »	» »
29.	595. Exploit de citation à l'époux défendeur pour être présent à l'enquête.	2 50	2 50	1 88	Comme au n° 5 du deuxième tableau.	8 40	4 78
94.	596. Vacation au procès-verbal d'enquête, par chaque trois heures.	» »	6 »	4 50			
Id.	597. *Idem* pour l'avoué du défendeur (Art. 254 C. civ.).						
	598. Procès-verbal d'enquête et ordonnance de renvoi des parties à l'audience publique, contenant indication des jour et heure (Art. 258 C. civ.).						
29.	599. Exploit de signification du procès-verbal d'enquête et de ladite ordonnance à l'époux défendeur, avec citation au jour indiqué (Art. 258 C. civ.).	» »	» »	» »	Papier employé.	» »	» »
					Enregistrement.	2 20	2 20
					Original.	2 »	1 80
					Copie, le quart.	» 30	» 38
					Copie de l'enquête.	» »	» »

ARTICLES du Tarif	DÉSIGNATION DES ACTES.	DÉBOURSÉS	EMOLUMENS. Paris et villes assimilées.	EMOLUMENS. Villes d'arrondissement.	DÉTAIL.	A PARIS et villes assimilées.	VILLES d'arrondissement.
90.	600. Vacation à communiquer les pièces au procureur du roi (Art. 836 C. civ.)	» »	1 50	1 15			
67.	601. Obtention du jugement définitif contradictoire	» »	15 »	11 15			
	Idem pour le défendeur	» »	15 »	11 15			
Id.	602. Qualités et signification du jugement à avoué	» »	5 75	2 70			
	603. Plus, les déboursés du coût du jugement et autres.						
29	604. Signification du jugement à domicile. Dans le cas où les juges surseoiraient à admettre le divorce jusqu'à l'expiration d'une année d'épreuve.	» »	» »	» »	Papier employé Enregistrement Original Copie, le quart Copie du jugement	» » 2 20 2 » » 80 » »	2 90 1 70 » 38 » »
Id.	605. Exploit de citation à l'époux défendeur, pour entendre prononcer le jugement définitif (Art. 259-260 C. civ.). Le reste de la procédure, comme la loi le prescrit aux matières ordinaires.	2 90	2 50	1 88	Comme au n° 5 du deuxième tableau.	3 40	1 78
79	606. Requête afin d'être autorisé à faire prononcer le divorce, dans le cas où l'un des époux serait condamné à une peine infamante (Art. 261 C. civ.)	4 »	15 »	12 »	Papier Enregistrement Émolument	» 70 5 30 13 » 19 »	» 70 5 30 13 » 10 »
80.	607. Vacation à communiquer les pièces au procureur du roi. (La communication au procureur du roi est comprise dans l'émolument.)						
67.	608. Obtention du jugement qui admettra le divorce. S'il est par défaut. S'il est contradictoire.	» »	7 50 15 »	5 63 11 55			
67	609. Qualités et signification à avoué dudit jugement, s'il est contradictoire. Plus, déboursés du coût du jugement et autres.	» »	3 75	2 70			
29	610. Signification du jugement à domicile. Nota. Les seules formalités à remplir pour un jugement de l'espèce seront de présenter, au tribunal de première instance, une expédition en bonne forme du jugement de condamnation, avec un certificat de la Cour de justice criminelle, portant que ce même jugement n'est plus susceptible d'être réformé par aucune voie légale (Art. 261 C. civ.).	» »	» »	» »	Papier employé Enregistrement Original Copie, le quart Copie du jugement	» » 2 20 2 » » 50 » »	2 90 1 50 » 34 » »
92.	611. Vacation à faire insérer le jugement qui prononce le divorce dans les tableaux placés à cet effet dans l'auditoire des tribunaux de première instance et de commerce du domicile de l'époux condamné, dans les chambres d'avoués et de notaires, et l'insertion dans un journal; *le tout ensemble*	» »	6 »	4 50			
	612. Coût du certificat du greffier civil.						
52	613. *Idem* du certificat du greffier de commerce.						
57	614. *Idem* du certificat de la chambre des avoués.						

ARTICLES du TARIF.	DÉSIGNATION DES ACTES.	HONORAIRES.	ÉMOLUMENS. Paris et villes assimilées.	ÉMOLUMENS. Villes d'arrondissem'.	DÉTAIL.	A PARIS et villes assimilées.	VILLES d'arrond'.
		fr. c.	fr. c.	fr. c.		fr. c.	fr. c.
	615. Coût du certificat de la chambre des notaires.						
	616. *Idem* de l'insertion dans un journal. (Sur quittance.)						

CHAPITRE XLIII.

Correspondant au Titre 10 du Livre I", deuxième partie.

DES AVIS DE PARENS.

ARTICLES du TARIF.	DÉSIGNATION DES ACTES.	HONORAIRES.	ÉMOLUMENS. Paris et villes assimilées.	ÉMOLUMENS. Villes d'arrondissem'.	DÉTAIL.	A PARIS et villes assimilées.	VILLES d'arrond'.
	617. Cédule du juge de paix, à l'effet de citer les parens ou amis du mineur pour composer le conseil de famille (Art. 406 C. civ.).						
21.	618. Exploit de citation aux parens ou amis (Art. 411-412 C. civ.)	»	» »	» »	Papier employé.	» »	» »
					Enregistrement.	» »	» »
					Original.	1 50	1 25
					Chaque copie, le quart.	» »	» »
					Copie de pièces.	» »	» »
	619. Procès-verbal du conseil de famille (Art. 415 C. civ.)						
Id.	620. Notification du procès-verbal du conseil de famille au tuteur nommé, dans le cas où il n'aurait pas été présent à la délibération (Art. 882 C. p. c.)	»	» »	» »	Papier employé.	» »	» »
					Enregistrement.	2 20	2 20
					Original.	1 50	1 25
					Copie, le quart.	» 38	» 32
					Copie de pièces.	» »	» »
	621. Procès-verbal d'acceptation de la tutelle par le tuteur nommé, s'il n'a pas été présent à l'acte de nomination (Art. 882 C. p. c.).						
29.	622. Assignation en réformation de la délibération du conseil de famille (Art. 883 C. p. c.) L'instruction et le reste de la procédure, comme en matières ordinaires.	»	» »	» »	Papier.	» 70	» 70
					Enregistrement.	» »	» »
					Original.	2 »	1 50
					Copie, un quart chaque.	» »	» »
					Copie de pièces.	» »	» »
78.	623. Requête à fin d'homologation de conseil de famille (Art. 883 C. p. c. et 467 C. civ.)	3 65	7 50	5 50	Papier.	» 35	» 35
					Enregistrement.	3 30	3 30
					Émolument.	7 50	5 50
						11 15	9 15
90.	624. Vacation à communiquer au procureur du roi	» »	1 50	1 15			
	625. Jugement d'homologation.						

ARTICLES de TARIF.	DÉSIGNATION DES ACTES.	JOURNÉES.	ÉMOLUMENS. Paris et villes assimilées.	Villes d'arrondissem.t	DÉTAIL.	A PARIS et villes assimilées.	VILLES D'ARRONDISS.t
		fr. c.	fr. c.	fr. c.		fr. c.	fr. c.
29.	626. Acte extrajudiciaire, contenant opposition à l'homologation de la délibération du conseil de famille (Art. 888 C. p. c.). . . . . Exploit d'assignation en validité de l'opposition, ou demande en main-levée, et le reste de la procédure, suivant la loi en matières sommaires.	1 90	2 80	1 88	Papier. . . . . . . Enregistrement. . . . . . Original. . . . . . . Copie, le quart.	» 70 2 20 2 » » 80 — 5 40	» 70 2 20 1 80 » 38 — 4 78
72.	627. Requête d'opposition au jugement qui a homologué la délibération du conseil de famille, signifiée d'avoué à avoué. . . . . Le reste de la procédure, suivant la loi en matières sommaires.	1 25	2 80	2 13	Papier. . . . . . . Droit des huissiers et enregistrement. Original. . . . . . . Copie, le quart.	» 70 » 85 2 » » 80 — 4 65	» 70 » 80 1 80 » 38 — 3 38

CHAPITRE XLIV.

Correspondant au Titre II du Livre I.er, deuxième partie.

DE L'INTERDICTION.

ARTICLES de TARIF.	DÉSIGNATION DES ACTES.	JOURNÉES.	ÉMOLUMENS. Paris et villes assimilées.	Villes d'arrondissem.t	DÉTAIL.	A PARIS et villes assimilées.	VILLES D'ARRONDISS.t
79.	628. Requête en interdiction (Art. 890 C. p. c.). . . . . (Si l'accusé plaide, le droit est de 10 fr. et de 8 fr.)	4 »	15 »	12 »	Comme au n° 606 ci-dessus.	19 »	16 »
80.	629. Assistance au jugement qui ordonne la convocation du conseil de famille (Art. 892 C. p. c.).	» »	5 »	2 25			
	630. Coût du jugement.						
81.	631. Citation aux parens composant le conseil de famille.	» »	» »	» »	Papier employé. . . . . . . Enregistrement. . . . . . . Original. . . . . . . Copie, le quart, pour chaque. . . . Copie du jugement. . . .	» » » » 1 50 » 38 » »	» » » » 1 25 » 32 » »
82.	632. Vacation de l'avoué à la délibération du conseil de famille, qui suit la demande en interdiction et avant l'interrogatoire.	» »	6 »	4 30			
	633. Expédition de la délibération du conseil de famille. Nota. La vacation pour communiquer au procureur du roi est comprise dans la taxe de la requête (Art. 79 du Tarif).						
	634. Jugement qui ordonne l'interrogatoire (Art. 496 C. civ. et 803 C. p. c.).						
20.	635. Signification de la requête à fin d'interdiction de la délibération du conseil de famille et du jugement qui ordonne l'interrogatoire (Art. 895 C. p. c.). . . . . Si sur cette signification le défendeur constitue avoué et conteste l'interdiction, l'instruction se suit comme en matières ordinaires.	» »	» »	» »	Papier employé. . . . . . . Enregistrement. . . . . . . Original. . . . . . . Copie, le quart. . . . . . . Copie de pièces.	2 20 2 » » 80 » » » »	2 20 1 80 » 38 » » » »

ARTICLES du TARIF.	DÉSIGNATION DES ACTES.	DÉBOURSÉS.	ÉMOLUMENS. Paris et villes assimilées.	ÉMOLUMENS. Villes d'arrondissement.	DÉTAIL.	A PARIS et villes assimilées.	VILLES d'arrondissement.
		fr. c.	fr. c.	fr. c.		fr. c.	fr. c.
78.	636. Requête à fin de faire nommer un administrateur provisoire (Art. 497 C. civ.). *La vacation pour communiquer au ministère public est comprise dans l'émolument (Art. 78 du Tarif).*	» »	7 50	5 50			
86.	637. Assistance au jugement qui nommera un administrateur provisoire. *(Lorsque les avoués plaident eux-mêmes, le droit est de 10 fr. et de 6 fr.)*	» »	3 »	2 25			
	638. Coût du jugement.						
29.	639. Signification du jugement à l'administrateur provisoire.	» »	» »	» »	Papier employé.	» »	» »
					Enregistrement.	2 20	2 20
					Original.	2 »	1 50
					Copie, le quart.	» 50	» 38
					Copie du jugement.	» »	» »
86.	640. Assistance au jugement qui ordonnera l'enquête, si l'interrogatoire et les pièces produites sont insuffisantes (Art. 895 C. p. c.). *(Même observation qu'au n° 637.)*	» »	3 »	2 25			
	641. Jugement qui a ordonné l'enquête. *Le reste de la procédure sur l'enquête, jusqu'à sa confection, comme au titre des Enquêtes (Voyez). Dans le cas où le défendeur a constitué avoué, l'enquête lui est signifiée par acte d'avoué à avoué, contenant conclusions.*						
71.	642. Pour cet acte.	» »	» »	» »	Papier employé.	» »	» »
					Droit des huissiers.	» 30	» 25
					Enregistrement.	» 55	» 55
					Émolument.	5 »	3 75
					Copie, le quart.	1 25	» 94
					Copie de pièces.	» »	» »
	643. Acte en réponse, *idem*. *Si le défendeur n'a pas constitué d'avoué.*						
29.	644. Citation à l'effet d'être présent au jugement qui doit statuer sur la demande à fin d'interdiction (Art. 498 C. civ.).	» »	» »	» »	Papier employé.	» »	» »
					Enregistrement.	2 20	2 20
					Original.	2 »	1 50
					Copie, le quart.	» 50	» 38
					Copie de pièces.	» »	» »
86.	645. Assistance de l'avoué au jugement définitif.	» »	3 »	2 25			
	Si les avoués plaident eux-mêmes, le droit sera de.	» »	10 »	6 »			
	646. Coût du jugement définitif.						

ARTICLES du tarif.	DÉSIGNATION DES ACTES.	DÉBOURSÉS. (fr. c.)	ÉMOLUMENS. Paris et villes assimilées. (fr. c.)	ÉMOLUMENS. Villes d'arrondissem^t. (fr. c.)	DÉTAIL.	À PARIS et villes assimilées. (fr. c.)	VILLES d'arrondissem^t. (fr. c.)
29.	647. Signification du jugement à l'interdit	» »	» »	» »	Papier employé . . . . Enregistrement . . . . Original . . . . Copie , le quart . . . . Copie du jugement	» » 2 20 2 » » 50 » »	» » 2 20 1 50 » 38 » »
02.	648. Vacation pour faire l'extrait du jugement qui prononcera une interdiction; le faire insérer dans le tableau de l'auditoire et des études des notaires de l'arrondissement, et dans un journal ; *le tout ensemble.*	» »	6 »	4 50			
	649. Coût de l'insertion au tableau dans l'auditoire du tribunal qui a prononcé l'interdiction.						
	650. Coût de l'insertion dans un journal.						
	651. Coût du récépissé du secrétaire de la chambre des notaires de l'arrondissement. *Le jugement d'interdiction ou de nomination de conseil ne sera point signifié aux notaires de l'arrondissement; l'extrait en sera remis au secrétaire de la chambre, qui en donnera son récépissé, et qui le communiquera à ses collègues, qui seront tenus d'en prendre note et de l'afficher dans leurs études (Art. 42 du Tarif).* *Pour la nomination d'un tuteur et d'un subrogé tuteur à l'interdit, suivre les règles prescrites au titre des Avis de parens (Art. 895 C. p. c.).* *La demande en main-levée de l'interdiction sera instruite et jugée dans la même forme que celle à fin d'interdiction (Voyez le présent titre).*						

CHAPITRE XLV.

Correspondant au Titre 12 du Livre 1er, deuxième partie.

DU BÉNÉFICE DE CESSION.

ARTICLES du tarif.	DÉSIGNATION DES ACTES.	DÉBOURSÉS. (fr. c.)	ÉMOLUMENS. Paris et villes assimilées. (fr. c.)	ÉMOLUMENS. Villes d'arrondissem^t. (fr. c.)	DÉTAIL.	À PARIS et villes assimilées. (fr. c.)	VILLES d'arrondissem^t. (fr. c.)
29.	652. Vacation à déposer au greffe le bilan et les titres actifs, s'il y en a, du débiteur qui demande à être admis au bénéfice de cession (Art. 898 C. p. c.)	» »	6 »	4 50			
20.	653. Assignation aux créanciers afin d'être admis au bénéfice de cession	» »	» »	» »	Papier employé . . . . Enregistrement . . . . Original . . . . Copie , le quart par chaque	» » » » 2 » » »	» » » » 1 50 » »
98	654. Consultation . . . . *Le reste de la procédure, jusques et compris le jugement définitif et la signification, comme en matières ordinaires sujettes à communication au ministère public* (Art. 898-899 C. p. c.).	» »	10 »	7 50			
94.	655. Vacation pour faire l'extrait du jugement qui admet à la cession de biens, et le faire insérer au tableau du tribunal de commerce, ou du tribunal de première instance qui en fait les fonctions, dans le lieu des séances de la maison commune, et dans un journal; *le tout ensemble* (Art. 903 C. p. c.)	» »	6 »	4 50			

ARTICLES du TARIF.	DÉSIGNATION DES ACTES.	DÉBOURSÉS.	ÉMOLUMENS. Paris et villes assimilées.	ÉMOLUMENS. Villes d'arrondissem.t	DÉTAIL.	A PARIS et villes assimilées.	VILLES d'arrondissem.t
		fr. c.	fr. c.	fr. c.		fr. c.	fr. c.
	656. Coût du certificat du greffier, constatant l'insertion de l'extrait du jugement qui admet au bénéfice de cession (Art. 905 C. p. c.).						
	657. Coût du certificat du maire constatant l'insertion.						
	658. Coût de l'insertion dans un journal. *(Sur quittance de l'imprimeur.)*						
29.	659. Sommation aux créanciers du failli de se trouver au tribunal du commerce, pour être présens à la réitération de la cession par le débiteur en personne (Art. 901 C. p. c. et 571 C. de comm.) . . . . . *(On ajoutera le transport de l'huissier, s'il y a lieu.)*	» »	» »	» »	Papier employé . . . . . Enregistrement . . . . . Original . . . . . Copie, le quart; pour chaque . .	» » » » 2 » » »	» » » » 1 50 » »
63.	660. Procès-verbal d'extraction du débiteur s'il est détenu, pour réitérer sa cession au tribunal de commerce (Art. 909 C. p. c.)	2 90	6 »	5 »	Papier . . . . . Enregistrement . . . . . Original	» 70 2 90 6 »	» 70 2 20 5 »
						8 90	7 90
64.	661. Procès-verbal de réitération de la cession par le débiteur failli à la maison commune, s'il n'y a pas de tribunal du commerce, dressé par l'huissier et signé par le maire (Art. 901 C. p. c.)	2 90	4 »	5 »	Papier . . . . . Enregistrement . . . . . Émolument	» 70 2 20 4 »	» 70 2 20 3 »
						6 90	5 90
63.	662. Procès-verbal de représentation du débiteur détenu au concierge pour lui donner sa décharge	2 90	6 »	5 »	Papier . . . . . Enregistrement . . . . . Émolument	» 70 2 20 6 »	» 70 2 20 5 »
	663. Insertion des noms, prénoms, profession et demeure du débiteur aux tableaux placés dans l'auditoire du tribunal de commerce, du tribunal civil qui en fait les fonctions, de la bourse et de la maison commune (Art. 905 C. p. c. et 575 C. de comm.)					8 90	7 90

CHAPITRE XLVI.

Correspondant aux Titres 1er, 2, 3 et 4 du Livre II, deuxième partie.

DE L'APPOSITION ET LEVÉE DES SCELLÉS APRÈS DÉCÈS.

ARTICLES du TARIF.	DÉSIGNATION DES ACTES.	DÉBOURSÉS.	ÉMOLUMENS. Paris et villes assimilées.	ÉMOLUMENS. Villes d'arrondissem.t	DÉTAIL.	A PARIS et villes assimilées.	VILLES d'arrondissem.t
					V		
78.	664. Requête d'un créancier qui n'a qu'un titre privé, pour obtenir la permission de faire apposer les scellés après le décès de son débiteur (Art. 909 C. p. c.)	3 65	7 50	5 50	Papier . . . . . Enregistrement . . . . . Émolument	» 55 3 30 7 50	» 55 3 30 5 50
						11 15	9 15

ARTICLES du TARIF.	DÉSIGNATION DES ACTES.	DÉBOURSÉS.	ÉMOLUMENS. Paris et villes assimilées.	ÉMOLUMENS. Villes d'arrondissem'.	DÉTAIL.	A PARIS et villes assimilées.	VILLES d'arrondiss'.
		fr. c.	fr. c.	fr. c.		fr. c.	fr. c.
94.	665. Vacations aux appositions, levées de scellés ou inventaires, dans les cas prévus et autorisés par la loi, ou sur la réquisition expresse et par écrit des parties. . . . . . Dans ces cas, il est dû une vacation pour requérir l'apposition. Une vacation à l'apposition, par trois heures. Une vacation pour requérir la levée des scellés, avec ou sans description. Une vacation, par trois heures, pendant tout le temps de l'opération. Une vacation, par chaque référé, qui peut avoir lieu lors de l'apposition ou lors de la levée des scellés.	» »	6 »	4 50			
18.	686. Opposition aux scellés par déclaration au procès-verbal, droit du greffier du juge de paix (Art. 926 C. p. c.).	» »	» 50	» 40			
29.	687. Opposition aux scellés par acte extrajudiciaire (Art. 926 C. p. c.).	4 80	3 50	2 65	Original. . . . . Copie, le quart. . . . . Enregistrement. . . . . Papier. . . . . Visa.	2 » » 50 2 90 » 70 1 »	1 50 » 38 2 90 » 70 » 75
						6 40	5 53

CHAPITRE XLVII.

Correspondant au Titre 5 du Livre II, deuxième partie.

VENTE DU MOBILIER.

ARTICLES du TARIF.	DÉSIGNATION DES ACTES.	DÉBOURSÉS.	ÉMOLUMENS. Paris et villes assimilées.	ÉMOLUMENS. Villes d'arrondissem'.	DÉTAIL.	A PARIS et villes assimilées.	VILLES d'arrondiss'.
77.	668. Requête au président pour obtenir permission de vendre (Art. 946 C. p. c.). . . Pour les actes et les droits relatifs à la vente, voyez au titre des *Saisies-exécutions*, n° 358 du présent Tableau.	3 65	5 »	2 25	Papier. . . . . Enregistrement. . . . . Emolument	» 38 3 50 3 »	» 38 3 30 2 25
						6 65	6 00

CHAPITRE XLVIII.

Correspondant au Titre 6 du Livre II, deuxième partie.

VENTE DE BIENS IMMEUBLES.

ARTICLES du TARIF.	DÉSIGNATION DES ACTES.	DÉBOURSÉS.	ÉMOLUMENS. Paris et villes assimilées.	ÉMOLUMENS. Villes d'arrondissem'.	DÉTAIL.	A PARIS et villes assimilées.	VILLES d'arrondiss'.
	669. Expédition de la délibération du conseil de famille.						
78.	670. Requête à fin d'homologation (Art. 953 C. p. c.). . . . . NOTA. *L'émolument pour prendre les ordonnances et communiquer au ministère public est compris dans la taxe (Dernier alinéa de l'art. 78 du Tarif).*	» »	7 50	5 50	Papier. . . . . Emolument.	» » 7 50	» » 5 50
86.	671. Vacation de l'avoué au jugement d'homologation	» »	3 »	2 25			
	672. Expédition du jugement.						
76.	673. Requête au juge-commissaire, pour la prestation de serment des experts (Art. 958 C. p. c.). . . . . NOTA. *La vacation, pour demander l'ordonnance du président ou du commissaire, et se la faire remettre, est comprise dans la taxe.* Pour la sommation aux experts, et pour tous les actes et droits relatifs à l'expertise, voyez au titre des *Rapports d'experts*, n°° 207 et suivans du troisième Tableau.	5 67	2 »	1 50	Papier. . . . . Enregistrement. . . . . Emolument	» 35 3 30 2 »	» 35 3 30 1 50
						5 65	5 15
	674. Expédition du procès-verbal d'experts.						

ARTICLES du tarif.	DÉSIGNATION DES ACTES.	DÉBOURSÉ	ÉMOLUMENS. Paris et villes assimilées.	ÉMOLUMENS. Villes d'arrondissem.	DÉTAIL.	À PARIS et villes assimilées.	VILLES d'arrondissem.
		fr. c.	fr. c.	fr. c.		fr. c.	fr. c.
109.	675. Cahier des charges, suivant le nombre des rôles, contenant 25 lignes à la page et 12 syllabes à la ligne. Le rôle est de. . . . . Il ne sera signifié de copie ni à la partie saisie, ni aux créanciers inscrits (Art. 958 C. p. c.).	» »	2 »	1 50			
110.	676. Vacation de l'avoué pour déposer au greffe le cahier des charges (Art. 958 C. p. c.).	» »	3 »	2 45			
	677. Droit payé au greffier pour l'acte de dépôt	10 50					
106.	678. Extrait du cahier des charges pour être imprimé et placardé, et servir d'original (Art. 684-962 C. p. c.).	» »	6 »	4 50			
	679. Impression des placards indicatifs de l'adjudication préparatoire (Art. 960 C. p. c.)						
50.	680. Papier timbré des toutes affiches pour les trois premières appositions. *(Suivant le nombre prescrit par la loi.)*						
64.	681. Procès-verbal d'apposition de placards (Art. 961 C. p. c.).	2 55	5 »	3 75	Original. . . . . Papier. . . . . Enregistrement. . . . . Visa.	4 » » 35 2 30 1 » — 7 35	5 » » 35 2 20 » 75 — 6 30
	682. Afficheur. *(Sur quittance.)* Le Tarif ne comprend point son émolument, laissé à l'arbitraire du juge. *Les articles sous les n°s 681 et 682 ci-dessus seront répétés deux fois encore, à cause de l'apposition par trois dimanches successifs.*						
105.	683. Copie des placards pour être insérée dans un journal avant l'adjudication préparatoire (Art. 683-962 C. p. c.).	» »	2 »	1 50			
	684. Coût de l'insertion. *(Sur quittance.)*						
105.	685. Vacation pour faire légaliser la signature de l'imprimeur par le maire, s'il y a lieu. *Nota. L'imprimeur fait légaliser lui-même sa signature, car il faut qu'il signe en présence du maire. On conçoit dès-lors que la présence d'un avoué serverait comme une cinquième roue à un carrosse; aussi le Tarif dit-il : s'il y a lieu.*						
112.	686. Vacation de l'avoué à l'adjudication préparatoire.	» »	6 »	1 50			
134.	687. Droit des huissiers audienciers, pour chaque publication du cahier des charges, dans toutes espèces de ventes.	» »	1 »	» 75			
154.	Pour la publication, lors de l'adjudication préparatoire.	» »	3 »	2 25			
155.	Pour la publication, lors de l'adjudication définitive, y compris les frais de bougies (Art. 965 C. p. c.). . . . . L'article 106 du Tarif dit : *Qu'il ne doit entrer en taxe qu'une seule impression de placards, et que l s additions, lors des appositions subséquentes, doivent être manuscrites (Art. 684-686 C. p. c.).* *(Il ne sera fait qu'une seule impression de placards, afin de ne pas multiplier les frais.)*	» »	8 »	5 75			
115.	688. Vacation de l'avoué du poursuivant à l'adjudication définitive. . . . . *Si les enchères ne s'élèvent pas au prix de l'estimation, il faudra assembler de nouveau le conseil de famille; nouveau jugement d'homologation, nouvelle impression et apposition de placards, et nouvelles insertions dans les journaux, comme aux n°s 669 et suivans.*	» »	15 »	12 »			
115-128.	689. L'émolument dû aux avoués, pour les ventes des biens immeubles, est le même que celui fixé pour la saisie immobilière (Art. 701 et suivans et 965 C. p. c.).						

ARTICLES du TARIF.	DÉSIGNATION DES ACTES.	DÉBOURSÉS.	ÉMOLUMENS. Paris et villes assimilées.	ÉMOLUMENS. Villes d'arrondissement.	DÉTAIL.	A PARIS et villes assimilées.	VILLES d'arrondissement.
		fr. c.	fr. c.	fr. c.		fr. c.	fr. c.
	CHAPITRE XLIX. Correspondant au Titre 7 du Livre II, deuxième partie. DES PARTAGE ET LICITATION.						
77.	690. Requête à fin d'assigner à bref délai, s'il y a lieu d'introduire un provisoire (Art. 72 C. p. c.)	4 »	5 »	2 25	Papier . . . » 70 / » 70 Enregistrement. 3 30 / 3 30 Émolument . . 3 » / 2 25 7 » / 6 25	» 70 3 30 3 » 7 »	» 70 3 30 2 25 6 25
29.	691. Exploit de demande à fin de partage et licitation (Art. 966 C. p. c.) (S'il y a plusieurs parties, il faut multiplier les trois derniers articles.)	2 90	2 50	1 18	Comme au n° 3 du deuxième tableau.	5 40	4 78
80.	692. Vacation au greffe au visa de l'exploit de demande, et droit de greffe, dans le cas où il y aurait deux demandeurs, parce qu'alors la poursuite appartiendrait à celui qui aurait fait viser le premier l'original de son exploit (Art. 967 C. p. c.). *Cette demande donne lieu à tous les actes et droits des matières ordinaires, jusqu'à la signification du jugement qui opère le partage s'il y a lieu, ou qui ordonne la visite.* *La visite et estimation des immeubles donnent lieu à tous les droits qui sont rapportés au titre des Rapports d'experts, depuis le n° 207 jusques et compris le coût du procès-verbal, et la signification, n° 232 bis du présent Tableau.*	» »	1 50	1 18			
75.	693. Requête de simples conclusions d'avoué à avoué, à fin d'entérinement du rapport (Art. 972 C. p. c.) Le rôle, à Paris et villes assimilées, est de . . . 2 fr. Et dans les villes d'arrondissement . . . 1 fr. 50 c. (L'art. 971 du Code de procédure civile et l'art. 75 du Tarif sont en contradiction; le premier dit de simples conclusions, et le second des conclusions motivées.) *Réponse, idem.* *Sommation d'audience, appel de cause et tous les droits et actes jusques et y compris la signification du jugement.* *Si les immeubles sont déclarés non partageables, la vente par licitation est ordonnée par le jugement.*	» »	» »	» »	Droit des huissiers . . . . » 30 / » 35 Enregistrement. . . . . . » 55 / » 55 Papier employé. . . . . . » » / » » Émolument en raison du nombre de rôles. . . . . . » » / » » Copie, le quart. . . . . . » » / » »	» 30 » 55 » » » » » »	» 35 » 55 » » » » » »
	PREMIÈRE PARTIE. LICITATION.						
100.	694. Cahier des charges, suivant le nombre de rôles, à raison : A Paris et villes assimilées . . . 2 fr. Villes d'arrondissement . . . 1 fr. 50 c. (Art. 958-792 C. p. c.)	» »	» »	» »	Papier employé. . . . . . Enregistrement. . . . . . rôles.	» » » » » »	» » » » » »
110.	695. Vacation au greffe pour déposer le cahier des charges (Art. 958-972 C. p. c.) 696. Coût de l'acte de dépôt.	» »	5 »	2 45			

ARTICLES du TARIF.	DÉSIGNATION DES ACTES.	DÉBOURSÉS.	ÉMOLUMENS. Paris et villes assimilées.	Villes d'arrondissement.	DÉTAIL.	A PARIS et villes assimilées. fr. c.	VILLES d'arrondiss. fr. c.
	697. Signification du cahier des charges aux avoués des colicitans, par un simple acte (Art. 979 C. p. c.) *(La copie du cahier des charges, signifiée aux avoués colicitans, sera calculée à raison de 600 syllabes au rôle, comme copie de pièces (art. 7 du Tarif.)* *Les autres droits et actes de la poursuite sont absolument les mêmes que ceux rapportés ci-dessus au titre de la Vente des biens immeubles, depuis l'extrait du cahier des charges pour être imprimé et placardé, n° 678, jusques et y compris le droit des huissiers et la vacation de l'avoué à l'adjudication définitive, n° 688.* *Si l'enchère ne s'élève pas au prix de l'estimation, et si la poursuite est faite à la requête d'un tuteur, il faudra une délibération du conseil de famille pour autoriser le tuteur à demander la vente au-dessous de l'estimation.* *Après cet avis de parent, ou sans qu'il soit nécessaire d'y recourir, si la poursuite est faite à la requête d'un majeur, la vente au-dessous de l'estimation sera ordonnée sur requête signifiée d'avoué à avoué.* *(Cette formalité est la conséquence de l'art. 972 du Code de procédure, qui renvoie à l'exécution des formalités prescrites au titre de la vente des biens immeubles. La règle de l'article qui ne s'applique qu'aux biens de mineurs, se falsifie au moyen pour les biens de majeurs.)*	» »	» »	» »	Huissiers . . . . . Enregistrement . . . . Papier employé . . . . Copie du cahier . . . . Émolument de l'acte . . . Copie, le quart, chaque . .	» 30 » 55 » » » » 1 » » »	» 95 » 55 » » » » » 75 » »
113..126	658. Les droits de vente dus aux avoués, en matière de licitation, sont réglés comme pour les poursuites de saisie immobilière, à la différence qu'ils sont partagés entre les avoués des parties, savoir : moitié pour le poursuivant ; et la seconde moitié pour les avoués qui ont occupé dans la licitation, y compris le poursuivant, qui prend, en outre, une part dans la seconde moitié. Pour les émolumens, voyez le n° 438 du présent.						

DEUXIÈME PARTIE.

PARTAGE.

Si les immeubles ont été déclarés partageables, le rapport des experts a dû fixer les parts qu'on en peut faire. Dans le cas où ces portions d'immeubles devraient, par l'opération du partage, être jointes avec d'autres natures de biens pour former des lots, eu égard aux droits des co-partageans, il y a lieu de suivre la forme indiquée aux n° 705 et suivans ci-après. Si, au contraire, les lots faits par les experts sont définitifs, le jugement d'homologation a dû nommer un juge pour présider au tirage au sort, en lui laissant toutefois la faculté de renvoyer l'opération devant le notaire qui doit procéder au partage dans ce dernier cas.

ARTICLES du TARIF.	DÉSIGNATION DES ACTES.	DÉBOURSÉS.	ÉMOLUMENS. Paris et villes assimilées.	Villes d'arrondissement.	DÉTAIL.	A PARIS fr. c.	VILLES fr. c.
92	699. Requête au juge-commissaire, à l'effet de requérir son ordonnance pour fixer le jour du tirage au sort ou le renvoi devant notaire (Art. 466=834 C. civ.). *Si le juge retient l'opération.*	3 85	2 »	1 50	Papier . . . . Enregistrement . . . . Émolument	» 55 3 30 2 » ———— 5 85	» 55 3 30 1 50 ———— 5 45
	700. Signification de ladite ordonnance aux co-partageans, avec sommation de participer au tirage au sort ; par acte d'avoué, à l'égard de ceux qui en ont constitué, et par acte d'huissier, à l'égard de ceux qui n'ont point d'avoué	» »	» »	» »	Droit de signification . . . Enregistrement . . . . . Papier . . . . Original . . . . Copie . . . . Copie de la requête et de l'ordonnance	» » » » » » » » » » » »	» » » » » » » » » » » »
92	701. Vacation de l'avoué poursuivant et de chacun des avoués co-licitans à l'opération du tirage au sort ; par chaque vacation de trois heures	» »	6 »	4 50			

ARTICLES du TARIF.	DÉSIGNATION DES ACTES.	DÉBOURSÉS.	ÉMOLUMENS.		DÉTAIL.	A PARIS et villes assimilées.	VILLES d'arrondiss'.
			Paris et villes assimilées.	Villes d'arrondissem'.			
		fr. c.	fr. c.	fr. c.		fr. c.	fr. c.
	702. Expédition du procès-verbal et de l'ordonnance du juge commissaire, portant délivrance des lots (Art. 466 C. civ.). *(Cette expédition pour chacun des co-partageant est le titre qui attribue le lot à chacun.)* *Si le jugement, en statuant sur la demande en licitation, a statué également sur la demande en partage, il y a lieu aux actes et droits ci-après.*						
76.	**703.** Requête à M. le commissaire pour appeler devant lui les parties intéressées, à l'effet de convenir d'un notaire, si elles peuvent ou le veulent, pour procéder aux opérations du partage (Art. 976 C. p. c.) . . . . *(Cette procédure serait inutile si le jugement qui aurait ordonné le partage avait nommé le notaire d'office, dans le cas d'incapacité de l'un des co-partageans.)*	4 »	4 »	1 50	Requête. . . . . Papier. . . . . Enregistrement.	2 » » 70 3 30	1 50 » 70 3 30
						6 »	5 50
70.	**704.** Signification de l'ordonnance, avec sommation de comparaître devant le juge-commissaire. . . . . *(À calculer suivant le nombre des copies.)*	» »	» »	» »	Original. . . . . Copie. . . . . Huissier. . . . . Enregistrement. . . . . Papier. . . . . Copie des requête et ordonnance . .	» » » » » » » » » » » »	» » » » » » » » » » » »
92.	**705.** Vacation de l'avoué poursuivant et de chacun des avoués des co-partageans au procès-verbal et à l'ordonnance du juge-commissaire. . . . . *Si, à défaut de capacité d'un des co-partageans pour convenir d'un notaire, le juge-commissaire renvoie à l'audience, il y a lieu aux actes et droits ci-après.*	» »	6 »	4 50			
90.	**706.** Vacation à la mise au rôle, pour faire statuer sur le renvoi à l'audience du juge-commissaire pour nommer le notaire . . . . *Pour l'assistance à l'audience, la plaidoirie, les qualités du jugement, coût de signification, etc., comme en matières ordinaires (Voyez ce titre).* *S'il s'élève des difficultés devant le notaire dans le cours de l'opération, de quelque nature qu'elles soient; s'il y a lieu de nommer un expert pour la composition des lots; s'il s'élève des difficultés pendant l'opération de l'expert sur la formation des lots, il doit être du tout dressé procès-verbal des dires des parties, lesquelles doivent être renvoyées devant le juge-commissaire, qui indique un jour à l'effet d'être statué par le tribunal sur les difficultés. Dans tous les cas et pour chacun il est dû des vacations devant le commissaire, vacation à l'expertise, et il y a lieu aux procédures, droits et actes énoncés au précédent article.* *Lorsqu'il ne s'agit plus que d'homologuer le partage, le notaire délivre l'expédition de son procès-verbal au poursuivant, qui la remet avec les pièces au juge-commissaire, pour être par lui pris connaissance de l'opération, et indiquer le jour où il fera son rapport à l'audience sur l'homologation; audit cas sont dus tous les droits et actes énoncés au titre des Matières ordinaires (Voir ce titre).* *Si le partage en nature des objets mobiliers est fait devant le juge, il donne lieu aux mêmes droits et actes que le tirage au sort des lots immobiliers (Voyez le n° 699).*	» »	1 50	1 18			

CHAPITRE L.

Correspondant au Titre 5 du Livre II, deuxième partie.

DU BÉNÉFICE D'INVENTAIRE.

ARTICLES du tarif.	DÉSIGNATION DES ACTES.	DÉBOURSÉS.	ÉMOLUMENS. Paris et villes assimilées.	ÉMOLUMENS. Villes d'arrondissem'.	DÉTAIL.	À PARIS et villes assimilées.	VILLES d'arrondissem'.
		fr. c.	fr. c.	fr. c.		fr. c.	fr. c.
77	707. Requête au président du tribunal pour avoir permission de vendre le mobilier, sans attribution de qualité (Art. 986 C. p. c.)	3 65	3 »	2 25	Papier évalué.	» 35	» 35
					Enregistrement.	3 30	3 30
					Emolument	3 »	2 20
						6 65	5 85
91	708. Vacation de l'avoué à la déclaration de bénéfice d'inventaire (Art. 793-794 C. civ.)	» »	3 »	2 25			
74	709. Requête au tribunal, pour être autorisé à vendre les immeubles (Art. 987 C. p. c.)	» 35	7 50	5 50	Papier.	» 35	» 35
					Emolument.	7 50	5 50
						7 85	5 85
80	710. Vacation et assistance de l'avoué à l'audience, au rapport et au jugement (Art. 967 C. p. c.)	» »	3 »	2 25			
	711. Expédition du jugement.						
76	712. Requête au juge-commissaire pour la prestation du serment des experts (Art. 986 C. p. c.)	3 95	2 »	1 50	Papier.	» 35	» 35
					Enregistrement.	3 30	3 30
					Emolument.	2 »	1 50
						5 65	5 15
	Pour la sommation aux experts et pour tous les actes et droits relatifs à l'expertise, voyez au titre des Rapports d'experts, nos 207 et suivans.						
78	713. Requête au juge pour demander l'entérinement du rapport (Art. 988 C. p. c.)	» 35	7 50	5 50	Papier.	» 35	» 35
					Emolument	7 30	5 50
						7 85	5 85
	714. Expédition du jugement d'entérinement.						
	Pour le cahier des charges et tous les actes et droits de la poursuite, voyez au titre de la Vente des biens immeubles, depuis et y compris le cahier des charges, n° 678, jusques et y compris le droit dû aux huissiers audienciers, n° 688.						
	L'émolument dû à l'avoué est le même que celui fixé pour la poursuite de saisie immobilière (Voyez n° 438).						
77	715. Requête pour faire nommer, s'il y a lieu, un curateur au bénéfice d'inventaire (Art. 996-998 C. p. c.)	» 35	3 »	2 25	Papier.	» 35	» 35
					Emolument	3 »	2 25
						3 35	2 60
	Vacation à la communication, assistance au jugement, s'il y a plaidoirie, expédition, etc.						

ARTICLES du TARIF.	DÉSIGNATION DES ACTES.	DÉBOURSÉS.	ÉMOLUMENS. Paris et villes assimilées.	ÉMOLUMENS. Villes d'arrondissem.t	DÉTAIL.	A PARIS et villes assimilées.	VILLES d'arrondiss.t
		fr. c.	fr. c.	fr. c.		fr. c.	fr. c.
	CHAPITRE LI. Correspondant au Titre 9 du Livre II, deuxième partie. RENONCIATION A COMMUNAUTÉ OU A SUCCESSION.						
91.	716. Vacation de l'avoué pour assister la femme qui renonce à la communauté, ou l'héritier qui renonce à une succession (Art. 997 C. p. c.)	» »	3 »	2 25			
	CHAPITRE LII. Correspondant au Titre 10 du Livre II, deuxième partie. SUCCESSION VACANTE.						
77.	717. Requête au juge pour faire nommer un curateur à la succession vacante (Art. 812 C. civ., et 998 C. p. c.) . . . . Vacation à la communication à M. le procureur du roi, assistance et expédition, comme ci-dessus, n° 710. La vente des immeubles a lieu suivant les formes prescrites au titre des héritiers bénéficiaires, qui se reportent à celles du titre de Ventes d'immeubles (Voyez n.os 670 et suivans)—(Art. 789 C. p. c.).	» 35	3 »	2 25	Papier . . . . Émolument	» 35 3 » — 3 35	» 35 2 25 — 2 60
	CHAPITRE LIII. Correspondant aux art. 2183 et 2185 du Code civil, et à l'art. 832 du Code de procédure civile. FRAIS EXTRAORDINAIRES DE TRANSCRIPTION ET DE NOTIFICATION. § 1.						
	718. Vacation de l'avoué à la transcription de l'acte de mutation, à la réquisition et au retrait de l'état des inscriptions . . . . (Les frais extraordinaires de transcription et de notification, dont lesquels on comprend la purge des hypothèques légales, ne sont ni réglés ni tarifés, attendu que plusieurs parties peuvent être faites par les avoués, tous les officiers ministériels et tous les simples particuliers pouvant remplir ces formalités indiquées dans le Code civil ; elles sont tarifées à leur égard ; mais lorsque l'on emploie le ministère d'un avoué, il sera fait droit de rétribuer comme ci-après, si son ministère n'est pas moins utile pour faire commettre un huissier afin de signifier l'acte de dépôt à la femme, ou subrogé-tuteur et à M. le procureur du roi.)	» »	6 »	4 50			
	719. Vacation à la réquisition et au retrait du certificat de quinzaine	» »	6 »	4 50			
76.	720. Requête de l'avoué de l'adjudicataire ou acquéreur, pour faire commettre un huissier pour notifier l'acte de mutation (Art. 832 C. p. c.)	3 65	2 »	1 50	Papier . . . . Enregistrement . . . . Émolument	» 35 3 30 2 » — 5 65	» 35 3 30 1 50 — 5 15

ARTICLES du TARIF.	DÉSIGNATION DES ACTES.	DÉBOURSÉS.	ÉMOLUMENS. Paris et villes assimilées.	ÉMOLUMENS. Villes d'arrondissement.	DÉTAIL.	A PARIS et villes assimilées.	VILLES d'arrondiss'.
		fr. c.	fr. c.	fr. c.		fr. c.	fr. c.
	721. Composition de l'extrait de l'acte de mutation (Art. 2195 C. civ.)	» »	15 »	11 75			
	Et pour chaque inscription extraite.	» »	1 »	» 75			
20.	722. Exploit de notification de l'acte de mutation et du tableau des inscriptions aux créanciers inscrits (Art. 2183 C. civ.).	» »	» »	» »	Papier.	» »	» »
	La cinquième chambre du tribunal civil de première instance de Paris a décidé par son jugement du 18 avril 1836, que les significations faites aux avoués des co-licitans, du procès-verbal d'adjudication aux criées des tribunaux, doivent être considérées comme nulles et frustratoires, et qu'il y avait lieu de les retrancher des mémoires des avoués.				Enregistrement.	2 90	2 90
	Les considérans de ce jugement suffisent même en doute si le procès-verbal d'adjudication doit être signifié aux vendeurs. En effet, le cahier des charges n'est-il pas la réunion des conditions de la vente qu'ils font? ne connaissent-ils pas ces conditions? Qu'est-il donc besoin de le leur signifier, si ce n'est pour fournir aux avoués l'occasion de percevoir un droit qui est un véritable abus? Rigoureusement, il n'y a point de signification à faire de ce procès-verbal. (P. 11 de l'Introd.)				Original.	2 »	1 50
					Copie, le quart, chaque.	» »	» »
					Copie de pièces.	» »	» »
	§ II. — *Frais de purge d'hypothèque légale.*						
72.	723. Copie collationnée de l'acte de mutation, pour être déposée au greffe du tribunal (Art. 2194 C. civ.).	» »	» »	» »	Papier employé.	» »	» »
	Par rôle, à Paris . . . 50 c.				Droit de copie, par rôle de 300 syllabes (Art. 72 du Tarif).	» »	» »
	dans les arrondissemens . . . 25 c.						
	724. Vacation de l'avoué au dépôt de la copie collationnée.	» »	3 »	2 25			
	725. Acte de dépôt.						
29.	726. Signification de l'acte de dépôt à la femme, au subrogé tuteur et à M. le procureur du roi.	» »	» »	» »	Papier employé.	» »	» »
	Si la femme ou le subrogé tuteur ne sont pas connus, la signification à M. le procureur du roi en contiendra la déclaration, et annoncera que la signification sera publiée par voie d'insertion dans les journaux.				Enregistrement.	2 90	2 20
					Original.	2 »	1 50
					Trois copies, le quart; chaque.	1 50	1 13
					Copie de l'acte de dépôt.	» »	» »
					Visa.	1 »	» 75
	727. Rédaction de l'extrait de la signification, pour être inséré au journal judiciaire, s'il y a lieu (Avis du Conseil d'État, du 1er juin 1807).	» »	2 »	1 50			
	728. Vacation à l'insertion dudit extrait.	» »	2 »	1 50			
	729. Frais d'insertion. (Suivant quittance.)						
	730. Vacation à la légalisation de la signature de l'imprimeur, s'il y a lieu.	» »	2 »	1 50			
	731. Vacation de l'avoué au retrait du certificat d'exposition.	» »	3 »	2 25			
	Coût dudit certificat.						
	732. Vacation de l'avoué au bureau des hypothèques, pour requérir et retirer le nouveau certificat.	» »	6 »	4 50			
	732 bis. Coût du certificat.						

ARTICLES du TARIF.	DÉSIGNATION DES ACTES.	DÉBOURSÉS.	ÉMOLUMENS. Paris et villes assimilées.	Villes d'arrondissem¹.	DÉTAIL.	A PARIS et villes assimilées.	VILLES D'ASSONENS¹.
		fr. c.	fr. c.	fr. c.		fr. c.	fr. c.
	CHAPITRE LIV. Correspondant au Livre III, deuxième partie ARBITRAGE.						
	733. Papier et enregistrement du compromis (Art. 1003-1005-1006 C. p. c.). *Devant les arbitres, on observe la procédure, les délais et les formes établis pour les tribunaux, à moins que les parties n'en soient autrement convenues (Art. 1009 C. p. c.).*						
77.	734. Requête au président, pour faire nommer un tiers-arbitre dans le cas prévu par l'article 1017 du Code de procédure civile	3 65	3 »	2 25	Papier. . . . . Enregistrement. . . . . Émolument.	» 35 3 30 3 »	» 35 3 30 2 25
						6 65	5 90
91.	735. Vacation pour demander l'ordonnance d'*exequatur* (Art. 1020 C. p. c.)	» »	3 »	2 25			
	736. Expédition de la décision arbitrale (Art. 1020 C. p. c.).						
	737. Signification à domicile . . . . *S'il y a lieu à demander la nullité de la décision arbitrale, dans les cas prévus par l'article 1027 du Code de procédure civile, il faudra se pourvoir comme en matières ordinaires.*	» »	» »	» »	Papier employé. . . . . Enregistrement. . . . . Original. . . . . Copie, le quart. . . . . Copie de la sentence.	» » » » 2 » » 50 » »	» » » » 1 50 » 38 » »

ARTICLES du tarif.	DÉSIGNATION DES ACTES.	DÉBOURSÉS.	ÉMOLUMENS. Paris et villes assimilées.	ÉMOLUMENS. Villes d'arrondissem.	DÉTAIL.	A PARIS et villes assimilées.	VILLES D'ARRONDISS.
		fr. c.	fr. c.	fr. c.		fr. c.	fr. c.
	Il ne sera rien alloué aux avoués pour l'état des dépens adjugés en matière sommaire, qu'ils doivent remettre aux greffiers, à l'effet d'en faire insérer la liquidation dans l'arrêt ou jugement.						
	Pour chaque article entrant en taxe des dépens en matière ordinaire, il sera alloué. . .	» »	» 10	» 10			
	Nota. Il ne pourra être fait qu'un seul article pour chaque pièce de la procédure, tant pour l'avoir dressée que pour l'original, copie et signification, et tous les droits qui en résultent.						
	Chaque article sera divisé en deux parties ; la première comprendra les déboursés, y compris le salaire des huissiers, et la seconde l'émolument net de l'avoué ; en conséquence, les états seront formés sur deux colonnes, l'une des déboursés, l'autre de l'émolument à l'avoué.						
	Pour la sommation à l'avoué de la partie qui a obtenu la condamnation de dépens, de lever le jugement. . .	1 85	1 25	» 94	Papier. . . .	» 70	» 70
					Enregistrement. . . .	» 55	» 55
					Droit des huissiers. . . .	» 30	» 25
					Droit de l'avoué. . . .	1 »	» 75
					Un quart pour la copie. . . .	» 25	» 19
						2 80	2 44
	Pour l'original de l'acte contenant opposition soit à un exécutoire de dépens, soit au chef du jugement qui les a liquidés, avec sommation de comparaître à la chambre du conseil, pour être statué sur ladite opposition. . .	1 55	1 25	» 94	Papier. . . .	» 70	» 70
					Enregistrement. . . .	» 55	» 55
					Droit des huissiers. . . .	» 30	» 25
					Émolument. . . .	1 »	» 75
					Un quart pour la copie. . . .	» 25	» 19
						2 80	2 44
29.	Et si l'opposition est faite par le ministère d'huissier sur la signification d'un état taxé. . .	2 90	2 50	1 88	Papier. . . .	» 70	» 70
					Enregistrement. . . .	2 20	2 20
					Émolument de l'original. . . .	2 »	1 50
					Un quart pour la copie. . . .	» 50	» 38
						5 40	4 78
	Pour assistance et plaidoirie à la chambre du conseil. . .	» »	7 50	5 65			
	Pour les qualités et signification à avoué du jugement qui interviendra, s'il n'y a qu'une partie ; *le tout ensemble*. . .	» »	» «	» »	Papier. . . .	» »	» »
					Enregistrement. . . .	» 55	» 55
					Droit des huissiers. . . .	» 30	» 25
					Émolument. . . .	5 »	4 »
	S'il y a plusieurs avoués, pour chacune des autres copies tant des qualités que du jugement. . .	» »	1 »	» 75	Par copie. . . .	1 »	» 75
	Il ne sera passé aucun autre droit pour la taxe des frais.				Papier. . . .	» »	» »

AVOUÉS DE LA COUR D'APPEL DE PARIS.

Art. 147.

Les émolumens des avoués de la Cour d'appel seront taxés au même prix et dans la même forme que ceux des avoués du tribunal de première instance de Paris, avec une augmentation sur chaque espèce de droits ; savoir, dans les matières sommaires, du double, et dans les matières ordinaires, du double pour le droit de consultation, ainsi que pour le port de pièces, lorsque les parties seront domiciliées hors de l'arrondissement du tribunal de première instance de Paris; et pour les autres droits, d'une moitié seulement de ceux attribués aux avoués en première instance.

Néanmoins, dans les demandes de condamnation de frais d'un avoué contre sa partie, il ne sera alloué que moitié du droit ci-dessus fixé pour les matières sommaires.

Art. 148.

Les frais des demandes à fin de défenses contre les jugemens mal à propos qualifiés en dernier ressort, ou dont l'exécution provisoire a été mal à propos ordonnée, hors les cas prévus par la loi, ainsi que ceux des demandes à fin d'exécution provisoire de jugement non qualifiés ou mal à propos qualifiés en premier ressort, et de ceux qui n'auraient pas prononcé l'exécution provisoire dans le cas où elle devait l'être, seront liquidés comme en matières sommaires (Art. 457=458=459 C. p. c.).

Art. 149.

Il en sera de même des frais faits sur les appels d'ordonnances de référés (Art. 809 C. p. c.).

Art. 150.

Les requêtes en prise à partie, et celles de pourvoi contre un jugement qui a statué sur une demande en rectification d'un acte de l'état civil, quand il n'y a d'autre partie que le demandeur en rectification, seront taxées 15 f. (Art. 858 C. p. c.).

DISPOSITIONS COMMUNES AUX AVOUÉS DES COURS ET TRIBUNAUX.

Art. 151.

Tous les avoués seront tenus d'avoir un registre qui sera coté et paraphé par le président du tribunal auquel ils seront attachés, ou par un des juges du siége, qui sera par lui commis; sur lequel registre ils inscriront eux-mêmes, par ordre de date et sans aucun blanc, toutes les sommes qu'ils recevront de leurs parties.

Ils représenteront ce registre toutes les fois qu'ils en seront requis et qu'ils formeront des demandes en condamnation de frais; et faute de représentation ou de tenue régulière, ils seront déclarés non recevables dans leurs demandes.

Le Tarif ne comprend que l'émolument net des avoués et autres officiers; les déboursés seront payés en outre.

Les officiers ne pourront exiger de plus forts droits que ceux énoncés au présent Tarif, à peine de restitution, dommages et intérêts, et d'interdiction, s'il y a lieu.

Il ne sera passé aux juges de paix, aux experts, aux avoués, aux notaires, et à tous officiers ministériels, que trois vacations par jour quand ils opèreront dans le lieu de leur résidence ; deux par matinée, et une seule l'après-dîner.

DÉCRET

Relatif à la liquidation des dépens en matières sommaires et ordinaires.

Le 16 février 1807.

Article 1er.

La liquidation des dépens en matières sommaires sera faite par les arrêts et jugemens qui les auront adjugés; à cet effet, l'avoué qui aura obtenu la condamnation, remettra dans le jour, au greffier tenant la plume à l'audience, l'état des dépens adjugés; et la liquidation en sera insérée dans le dispositif de l'arrêt ou jugement.

Art. 2.

Les dépens, dans les matières ordinaires, seront liquidés par un des juges qui aura assisté au jugement; mais le jugement pourra être expédié et délivré avant que la liquidation soit faite.

Art. 3.

L'avoué qui requerra la taxe remettra au greffier l'état des dépens adjugés, avec les pièces justificatives.

Art. 4.

Le juge chargé de liquider taxera chaque article en marge de l'état, sommera le total au bas, le signera, mettra le *taxé* sur chaque pièce justificative, et paraphera; l'état demeurera annexé aux qualités.

Art. 5.

Le montant de la taxe sera porté au bas de l'état des dépens adjugés; il sera signé du juge qui y aura procédé, et du greffier lorsque ce montant n'aura pas été compris dans l'expédition de l'arrêt ou jugement; il en sera délivré exécutoire par le greffier.

Art. 6.

L'exécutoire ou le jugement au chef de la liquidation seront susceptibles d'opposition; l'opposition sera formée dans les trois jours de la signification à avoué, avec citation; il y sera statué sommairement, et il ne pourra être interjeté appel de ce jugement que lorsqu'il y aura appel de quelques dispositions sur le fond.

Art. 7.

Si la partie qui a obtenu l'arrêt ou le jugement néglige de le lever, l'autre partie fera une sommation de le lever dans les trois jours.

Art. 8.

Faute de satisfaire à cette sommation, la partie qui aura succombé pourra lever une expédition du jugement, sans que les frais soient taxés, sauf à l'autre partie à les faire taxer dans la forme ci-dessus prescrite.

Art. 9.

Les demandes des avoués et autres officiers ministériels en paiement de frais contre les parties pour lesquelles ils auront occupé ou instrumenté, seront portées à l'audience, sans qu'il soit besoin de citer en conciliation; il sera donné, en tête des assignations, copie du mémoire des frais réclamés.

Art. 10.

Notre grand-juge ministre de la justice est chargé de l'exécution du présent décret.

DÉCRET

Qui rend commun à plusieurs cours et tribunaux le Tarif des frais et dépens de ceux de Paris, et en fixe la réduction pour les autres, le 16 février 1807.

Article 1er.

Le Tarif des frais et dépens en la Cour d'appel de Paris, décrété aujourd'hui, est rendu commun aux cours d'appel de Lyon, Bordeaux, Rouen et Bruxelles.

Toutes sommes portées en ce Tarif seront réduites *d'un dixième* pour la taxe des frais et dépens dans les autres cours d'appel.

Art. 2.

Le Tarif des frais et dépens, décrété pour le tribunal de première instance et pour les justices de paix établis à Paris, est rendu commun aux tribunaux de première instance et aux justices de paix établis à Lyon, Bordeaux, Rouen et Bruxelles.

Toutes les sommes portées en ce Tarif seront réduites *d'un dixième* dans la taxe des frais et dépens pour les tribunaux de première instance et pour les justices de paix établis dans les villes où siège une cour d'appel, ou dans les villes dont la population excède 30,000 âmes.

Art. 3.

Dans tous les autres tribunaux de première instance et justices de paix, le Tarif des frais et dépens sera le même que celui décrété pour les tribunaux de première instance et les justices de paix du ressort de la cour d'appel de Paris, autres que ceux établis dans cette capitale.

Art. 4.

Le Tarif des frais de taxe, décrété également cejourd'hui pour le ressort de la cour d'appel de Paris, est aussi déclaré commun à tout le royaume; en conséquence, dans tous les chefs-lieux de cour d'appel, les droits de la taxe seront perçus comme à Paris, et partout ailleurs ils seront perçus comme dans le ressort de la cour d'appel de Paris.

Art. 5.

Notre grand-juge ministre de la justice est chargé de l'exécution du présent décret.

TABLE DES MATIÈRES.

Pages.

PRÉFACE et croix d'honneur aux avoués . 1 à 8

INTRODUCTION.

Exposé 1 2

DROITS ILLÉGAUX.

1° Excédant sur la mise au rôle. 3
2° Droit de Chambre sur les requêtes. 3
3°   Ibid.   sur les adjudications aux criées. 3
4° Droit de Chambre sur les purges légales. 4
5° Droit de Chambre sur les taxes de la Chambre 4

DROITS PRÓSCRITS MAIS TOLÉRÉS.

1° Le placet et les conclusions jointes. 4 à 5
2° Le bulletin d'audience. 5 6
3° Le droit d'articles. 6
4° Honoraires de l'avocat dans les affaires sommaires 6 7
Transcription des contrats et purge légale 7 13
Demande des frais dus aux avoués. . . 13 14
État des droits illégaux perçus par les avoués de Paris chaque année. 15 18
Aperçu général des droits légaux et illégaux perçus par les avoués de Paris chaque année. 18 20
Nécessité d'augmenter le nombre des avoués 20
Le procureur d'autrefois et l'avoué d'aujourd'hui. 21
Vœu de l'auteur. 22

OBSERVATIONS

Sur la conduite que les clients ont à tenir avec les avoués, pour éviter de payer ce qu'ils ne doivent pas.

Vacations aux expertises, visites de lieux, appositions, levées de scellés, et aux inventaires . . . . 22 à 23
Affaires sommaires 23 26

Pages.

Taxe légale des mémoires de frais d'avoués, le journal *la Loi*, Me Vervoort, avocat, et Bellant, avoué. . . 26 41
Tableau des avoués réduits dans leurs mémoires 39
Droit d'articles des mémoires de frais. 41
Honoraires des avoués et des avocats. 41 46
Liberté de la défense devant les tribunaux. 46 47
Adjudications aux criées des tribunaux 47 51
Ordre. 51 52
Référés. 53 55
Greffe de première instance. 55 59
Chambre des avoués. 59 68
Les délégués de la Chambre. 68 69
Enregistrement des jugemens sur la minute 69 70
De l'amitié d'un avoué pour son client, et *vice versâ*. 70 72
Des mémoires de frais qu'on règle à l'amiable avec les avoués. 72
Des ventes d'immeubles renvoyées par les tribunaux aux notaires. 72
Justices de paix. 73 79
Des huissiers. 79
Le protêt 80
Notice de la Chambre des huissiers. . 83

PREMIER TABLEAU.
JUSTICES DE PAIX.

Chapitres.   Articles.

1er Juges de paix. . . . . 1 à 10
2. Greffiers des juges de paix. . . 11 21
3. Huissiers des juges de paix. 22 33
4. Témoins, experts et gardiens des scellés 34 36

DEUXIÈME TABLEAU.
HUISSIERS ORDINAIRES.

                                    Articles.

Actes de première classe ou exploits simples. 1 78
Actes de deuxième classe et procès-verbaux. 79 119
Dispositions générales. 120 121

TROISIÈME TABLEAU.

AVOUÉS DE PREMIÈRE INSTANCE.

Chapitres. — Articles.

1er Matières sommaires .... 1 à 33
2. Matières ordinaires 34 104
3. Délibéré ou instruction par écrit 105 139
4. Vérification d'écritures 140 158
5. Faux incident civil 159 187
6. Enquêtes 188 199
7. Descentes sur les lieux 200 206
8. Rapport d'experts 207 223
9. Interrogatoire sur faits et articles 224 231
10. Incidens 232 234
11. Reprise d'instance 235 239
12. Désaveu 240 247
13. Règlement de juges 248 249
14. Renvoi à un autre tribunal pour parenté et alliance 250 254
15. Récusation de juges 255 264
16. Péremption 265 266
17. Désistement 267 273
18. Tierce-opposition 274
19. Requête civile 275 281
20. Réception de caution 282 291
21. Liquidation des dommages et intérêts 292 298
22. Liquidation des fruits et reddition de compte 299 316
23. Liquidation des dépens en matières ordinaires 317 321
Idem en matières sommaires. 321 bis
24. Saisies-arrêts ou oppositions. 322 354
25. Saisie-exécution 355 368
26. Saisie-brandon 369 373
27. Saisie des rentes constituées sur particuliers 374 385
28. Poursuite de contribution ... 386 403
29. Saisie immobilière 404 444
30. Incident sur la poursuite de saisie immobilière 445 455
31. Poursuite d'ordre 455b.573
32. Emprisonnement 474 494

Chapitres. — Articles.

33. Référé 495 500
34. Offres de paiement et consignation 501 507
35. Saisie-gagerie et saisie-arrêt sur débiteurs forains 508 510
36. Saisie-revendication 511 514
37. Surenchère sur aliénation volontaire 515 546
38. Expédition ou réformation des actes 517 532
39. Envoi en possession des biens d'un absent et d'une succession irrégulière 533 542
40. Autorisation de la femme mariée 543 550
41. Séparation de biens 551 568
42. Séparation de corps 569 646
43. Avis de parens 617 627
44. Interdiction 628 651
45. Bénéfice de cession 652 663
46. Apposition et levée de scellés après décès 664 667
47. Vente du mobilier 668
48. Vente de biens immeubles ... 669 689
49. Partage et licitation 690 708
50. Bénéfice d'inventaire 707 715
51. Renonciation à communauté et succession 716
52. Succession vacante 717
53. Frais extraordinaires de transcription et notification 718 752
54. Arbitrage 733 757

    Pages.

Tarif des frais de taxe 194
Décret sur la liquidation des dépens 195
Avoués de la Cour d'appel de Paris 196
Dispositions communes aux avoués des cours et tribunaux .... Ib.
Décret qui rend le Tarif commun à plusieurs cours et tribunaux 198

ERRATA.

Page 5, ligne 7, *au lieu de* : s'étaient, *lisez* s'étayent.
— 13, — 43, — roulaient, — voulait.
— 26, — 18, — un 20, — 20 centimes.
— 56, — 32, — quoi, — que.
— 59, — 44, — elle se borne, — ils se bornent.
— 60, — 9, — devrait, — devait.

ARTICLES du Tarif	DÉSIGNATION DES ACTES.		ÉMOLUMENS. Paris et villes assimilées.	ÉMOLUMENS. Villes d'arrondissement.	DÉTAIL.	A PARIS et villes assimilées.	VILLES d'arrondissement.
			fr. c.	fr. c.		fr. c.	fr. c.
	249. Jugement (Art. 369 C. p. c.). Assignation en règlement de juges, copie du jugement, etc., jusqu'à la signification du jugement qui statue sur le règlement de juges (Art. 363 C. p. c.).						
	CHAPITRE XIV. Correspondant au Titre 20 du Livre II, première partie. RENVOI A UN AUTRE TRIBUNAL POUR PARENTÉ OU ALLIANCE.						
	250. Pouvoir spécial authentique. (Déboursés au notaire.)						
	251. Acte au greffe, contenant les moyens de demande en renvoi. (Droit de greffe.)						
92.	**252.** Vacation de l'avoué audit acte (Art. 370 C. p. c.).	»	6 »	4 50			
	253. Expédition du jugement qui ordonnera 1° la communication aux juges, 2° la communication au ministère public, 3° le rapport à jour indiqué par un des juges nommé par ledit jugement (Art. 371 C. p. c.). (Faut-il un droit de jugement à l'avoué? L'affirmative est douteuse, car tout se passe entre les magistrats ; l'art. 371 du Code de procédure civile paraît pour la négative)						
70. 72 et 89.	**254.** Signification à la partie de l'acte de demande en renvoi, des pièces justificatives et du jugement, par acte d'avoué (Art. 372 C. p. c.). . . . . Plus, la copie des pièces, conformément aux art. 73 et 89 du Tarif (Art. 372 C. p. c.) Actes de procédure, etc.	25	1 85	1 19	Original. . . . . Copie , le quart. . . . . Signification et enregistrement. . . Papier.	1 » » 25 » 85 » 70	» 78 » 19 » 80 » 70
						2 80	2 44
	CHAPITRE XV. Correspondant au Titre 21 du Livre II, première partie. RÉCUSATION DE JUGES.						
	255. Pouvoir spécial authentique. (Droit du notaire.)						
	256. Acte au greffe, contenant les moyens de récusation. (Droit du greffier.)						
92.	**257.** Vacation audit acte (Art. 385 C. p. c.)	»	6 »	4 50			
86.	**258.** Assistance de l'avoué au jugement qui rejette la récusation et ordonne la communication au juge récusé. Cette assistance sera rétribuée dans les termes et dans les circonstances indiquées par l'art. 86 du Tarif (Voir le n° 89 du présent État).						
	259. Jugement (Art. 385 C. p. c.)						

9 782016 186923